"双碳"目标导向的数智供应链运作管理

邱玉琢 ◎ 著

中国财经出版传媒集团
中国财政经济出版社
·北京·

图书在版编目（CIP）数据

"双碳"目标导向的数智供应链运作管理／邱玉琢著．--北京：中国财政经济出版社，2023.12

ISBN 978-7-5223-2451-7

Ⅰ.①双… Ⅱ.①邱… Ⅲ.①智能技术-应用-供应链管理 Ⅳ.①F252.1-39

中国国家版本馆CIP数据核字（2023）第246229号

责任编辑：贾延平　　　　　　责任校对：徐艳丽
封面设计：陈宇琰　　　　　　责任印制：党　辉

"双碳"目标导向的数智供应链运作管理
"SHUANGTAN" MUBIAO DAOXIANG DE SHUZHI
GONGYINGLIAN YUNZUO GUANLI

中国财政经济出版社 出版

URL：http://www.cfeph.cn

E-mail：cfeph@cfeph.cn

（版权所有　翻印必究）

社址：北京市海淀区阜成路甲28号　邮政编码：100142

营销中心电话：010-88191522

天猫网店：中国财政经济出版社旗舰店

网址：https://zgczjjcbs.tmall.com

中煤（北京）印务有限公司印刷　各地新华书店经销

成品尺寸：170mm×240mm　16开　15.25印张　265 000字

2023年12月第1版　2023年12月北京第1次印刷

定价：62.00元

ISBN 978-7-5223-2451-7

（图书出现印装问题，本社负责调换，电话：010-88190548）

本社质量投诉电话：010-88190744

打击盗版举报热线：010-88191661　　QQ：2242791300

序

在当前全球环境问题日益严峻的背景下，实现碳减排已成为全球共同的目标。截至 2023 年年底，已有 130 多个国家、110 多个地区、230 多个城市提出碳中和目标。碳排放与供应链关系紧密，企业原材料的采购、生产过程、物流运输以及产品的使用和废弃等环节都会产生碳排放。供应链作为支撑经济发展和物流运作的重要环节，其碳排放成为亟待解决的问题。通过数智化转型推动制造业绿色低碳高质量发展，是形成"双碳"目标高质量发展的重要抓手。如何在"双碳"目标的导向下，实现数智供应链的高效运作和低碳发展，成为供应链管理领域急需研究的重点。

"双碳"目标导向的数智供应链运作管理研究具有重要的意义。该研究包括碳减排和碳足迹管理、资源效率提高和循环经济的促进、材料选择和供应商评估、风险管理和韧性建设、创新和竞争优势，以及可持续发展和企业形象等。开展"双碳"目标导向的数智供应链运作管理研究，不仅能提高供应链低碳智能运作管理效率、环境治理效率、资源利用效率及促进生态可持续发展，而且可以促进企业供应链的低碳转型，实现"双碳"目标，为企业带来巨大的经济和社会效益。

"双碳"目标导向研究涉及国际化共识。国际权威组织如国际标准化组织（ISO）、世界资源研究所（WRI）和世界可持续发展工商理事会（WBCSD）、英国标准协会（BSI）等均已发布相关的碳排放核算标准。研究"双碳"目标下供应链数智化运作，首先要考虑国际共识与政府承诺的背景，要考虑气候变化的威胁、温室气体排放的增加、可持续发展需求以及技术进步与创新的机遇等。

"双碳"目标导向研究涉及企业绿色生产。随着欧洲碳边境调节机制（CBAM）法律生效后，欧盟已开始着手利用碳边境调节机制对进口产品实行碳定价。"双碳"目标与数智供应链运作管理正在深化到企业供应链运作的各个环节。企业既要考虑供应链实时和准确信息的需求以及客户需求多样化和个性化，又要考虑全球绿色生产下的环境复杂性、可持续发展以及技术进步和数字化转型的机遇。

《"双碳"目标导向的数智供应链运作管理》一书,通过对供应链运作管理理论和方法的系统研究,以及对"双碳"目标对数智供应链的挑战和机遇进行了分析,提出了一套适应"双碳"目标的数智供应链策略和框架;深入讨论了数智供应链运作管理的核心过程与方法,包括预测与需求管理、生产和物流规划、采购与供应管理、库存管理与优化、运输与配送管理等,为读者提供了实践指导;还关注了数智供应链运作的碳排放管理与控制,介绍了碳排放监测与数据分析技术、碳足迹和生命周期评估方法、碳交易市场和碳抵消机制的应用等内容,旨在帮助读者理解和应对碳排放问题;探讨了数智供应链运作韧性提升的策略,包括风险识别和评估、风险预警与应急响应策略等,以提升供应链运作的韧性和可持续性。本书的应用篇还进行了具体企业案例研究,深入探讨了"双碳"目标导向下的低碳供应链、绿色供应链、平台供应链、粮食供应链运营管理等,并提出了相应的解决方案。

邱玉琢教授是中国物流学会的常务理事,教育部物流管理与工程类专业教学指导委员会物流管理工作组副组长,长期从事供应链管理研究,包括供应链系统优化、供应链韧性和安全、低碳与数智供应链运作管理等领域,承接过国家自科基金和国家社科基金项目多项,在国内外权威学术期刊发表过很多文章,是供应链管理领域有一定影响的学者。《"双碳"目标导向的数智供应链运作管理》是邱教授科技部国家外国专家项目中"高端外国专家引进计划"项目"极端气象条件下智慧物流中的数据科学技术研究"、国家社科基金项目"双碳目标驱动的智慧供应链运作管理研究"的阶段性研究成果。从"双碳"目标角度研究企业数智供应链运作管理在国内还不多见,具有一定的开创性。虽然研究的样本企业有限,数据的覆盖性还不够完善,可能会影响数智供应链运作管理结论的普适性,但是,整体的研究框架、研究方法和研究结论值得肯定。此项成果为学术界和供应链企业提供了一份宝贵的参考资料,对于指导企业开展"双碳"目标下数智供应链运作管理有相当大的现实意义。相信通过共同努力,我们能够实现数智供应链的低碳化,为可持续发展作出贡献。

于上海海事大学

2023 年 12 月

前　言

当前，我们正面临极端气候变化、温室气体排放增加、可持续发展需求不断扩大的挑战，同时也面临国际共识与政策承诺以及技术进步与创新发展的复杂情境。2023年10月1日欧盟碳边境调节机制（CBAM）正式启动实施，美国、加拿大、英国等国也在积极探索实施碳关税政策的可能性。碳关税的实施对国际供应链产生了很大影响。另外，数字技术运用广泛，数据呈现爆炸式增长，产业数字化转型速度不断加快，以数据导向决策的需求也日益增加。在这样的背景下，管理科学和运筹学不断发展，技术进步和计算能力不断提升，商业竞争和经营效率的压力持续增加，这使以"双碳"目标为导向的数智管理问题受到越来越多的关注。

此外，全球化和复杂性的增加，对实时和准确信息的需求，客户需求的多样化和个性化，以及可持续发展和数字化转型所带来的机遇，共同推动了数智供应链运作管理研究的发展。因此，对以"双碳"目标为导向的数智供应链运作管理的特点和规律进行深入探究，对于推动供应链实现低碳智能运作和促进其发展具有重要意义。

本书基于对数智供应链运作管理、平台供应链渠道、气象灾害对我国粮食供应链韧性的影响等相关问题的梳理，提出了"双碳"目标导向的数智供应链运作管理概念。同时，结合相关因素进行研究，旨在揭示供应链低碳智能运作管理的相关规律，构建"双碳"目标导向的数智供应链运作管理的理论体系，总结供应链低碳智能运作管理的经验和教训，并为我国相关企业的供应链低碳智能运作管理活动提供理论支撑和实践指导。

本书主要内容如下：

一、"双碳"目标导向的数智供应链运作管理理论探索

本书从数智供应链运作管理的基本概念与框架出发，对"双碳"目标对数智供应链运作管理所带来的挑战和机遇进行了分析。在此基

础上，识别了数智供应链运作管理的核心过程与方法，并构建了"双碳"目标导向的供应链运作策略。同时，研究讨论了数智供应链运作中的碳排放管理与控制问题，并探索了"双碳"目标导向的数智供应链运作风险管理。通过这些研究，为"双碳"目标导向的数智供应链运作管理应用提供了理论依据。

二、碳排放规制下数智供应链协调决策应用研究

首先，本书构建了博弈模型，研究了不同供应链权利结构和制造商绿色技术研发合作模式下供应链成员的决策变化，以探讨横向绿色技术研发合作对供应链的影响，并提出了一种改进的两部定价契约，用以同时协调低碳供应链的绿色技术投入和定价决策。其次，本书构建了一个包含单个供应商和两个制造商的绿色供应链模型，在碳税政策、碳限额与交易政策以及碳标签政策下，运用逆向归纳法探究了供应商和制造商的最优定价和研发决策，并分析了市场权力结构（买方市场和卖方市场）对绿色供应链决策的影响。最后，考虑到制造商的资金约束和政府对制造商不同的补贴政策是影响供应链成员定价及渠道决策的重要因素，本书提出了制造商作为领导者的Stackelberg博弈模型，以分析制造商和平台在不同政府补贴下进行在线渠道决策的情况。这些研究为"双碳"目标导向的数智供应链运作管理、协调决策提供了理论依据。

三、碳排放规制下数智供应链韧性提升应用研究

本书将我国粮食供应链分为生产、贸易、存储和加工、批发以及零售五个阶段。在每个阶段，建立了四种气象灾害对该阶段供应链系统的动力学模型，并使用从国家粮食和物资储备局、农业农村部、国家统计局、国家气象局等网站收集整理的数据进行模型参数系统仿真实验。通过分析四种气象灾害对我国粮食供应链韧性的影响，我们提出了提升各个主体在应对气象灾害时的韧性的相关建议。

本书适合从事供应链管理、运营管理和物流管理等方面的研究人员，特别是高校师生、科研机构，以及企业技术和管理部门的相关人员阅读和参考。

邱玉琢

2023 年 11 月

目 录

第一篇 理论篇

第1章 绪论 ……………………………………………………………（ 3 ）
  1.1 研究背景与动机 ……………………………………………（ 3 ）
  1.2 研究目标和意义 ……………………………………………（ 7 ）
  1.3 研究内容及框架 ……………………………………………（ 9 ）
  1.4 研究方法及技术路线 ………………………………………（ 11 ）

第2章 数智供应链运作管理的基本概念与框架 ………………（ 14 ）
  2.1 供应链运作管理的基本原理与目标 ………………………（ 14 ）
  2.2 数智供应链运作管理的概念和特点 ………………………（ 19 ）
  2.3 数智供应链运作管理的框架与要素 ………………………（ 23 ）
  2.4 数智供应链运作管理的关键技术与工具 …………………（ 31 ）

第3章 "双碳"目标对数智供应链运作管理的挑战和机遇 …（ 35 ）
  3.1 "双碳"目标下数智供应链运作管理的关键问题和挑战 …（ 35 ）
  3.2 数智供应链运作管理为实现"双碳"目标提供的机遇 …（ 42 ）
  3.3 "双碳"目标导向的数智供应链运作策略和框架 ………（ 43 ）
  3.4 "双碳"目标管理下数智供应链运作的实施路径和要点 …（ 47 ）

第4章 数智供应链运作管理的核心过程与方法 ………………（ 49 ）
  4.1 数智供应链中的预测与需求管理 …………………………（ 49 ）
  4.2 数智供应链中的生产和物流规划 …………………………（ 52 ）
  4.3 数智供应链中的采购与供应管理 …………………………（ 53 ）
  4.4 数智供应链中的库存管理与优化方法 ……………………（ 55 ）
  4.5 数智供应链中的运输与配送管理 …………………………（ 57 ）
  4.6 数智供应链中的智能优化决策与动态资源配置 …………（ 58 ）
  4.7 数智供应链的可视化和实时监控 …………………………（ 60 ）

第5章 "双碳"目标导向的供应链运作策略 …………………………（62）
5.1 "双碳"目标导向的供应链生产和物流规划 ……………………（62）
5.2 "双碳"目标导向的供应链采购与供应管理 ……………………（64）
5.3 "双碳"目标导向的供应链规划与设计 …………………………（66）
5.4 "双碳"目标导向的供应链库存管理与优化 ……………………（67）
5.5 "双碳"目标导向的供应链运输与配送管理 ……………………（71）

第6章 数智供应链运作的碳排放管理与控制 …………………………（73）
6.1 碳排放监测与数据分析技术 ……………………………………（73）
6.2 碳足迹和生命周期评估方法 ……………………………………（74）
6.3 碳交易市场和碳抵消机制的应用 ………………………………（75）
6.4 碳中和目标下的供应链碳排放管理 ……………………………（76）
6.5 "双碳"目标导向的供应链可持续性评估和优化方法 …………（77）
6.6 "双碳"目标导向的可持续性供应链设计与循环经济 …………（79）
6.7 "双碳"目标导向的可持续性供应链与绿色能源 ………………（81）

第7章 "双碳"目标导向的数智供应链运作韧性管理 …………………（83）
7.1 数智供应链运作中的风险识别和评估 …………………………（83）
7.2 数智供应链运作中的风险预警与应急响应策略 ………………（84）
7.3 智能化的风险管理与应对策略 …………………………………（85）
7.4 碳税和环境政策法规风险的识别与管理 ………………………（87）
7.5 碳中和目标的供应链风险管理 …………………………………（88）
7.6 供应链运作的可持续性风险评估和管理 ………………………（89）
7.7 "双碳"目标导向的数智供应链韧性提升运作策略 ……………（90）

第二篇 应用篇

第8章 绿色技术研发合作对低碳供应链可持续发展的影响及两部定价契约的改进 …………………………………………（95）
8.1 绿色技术研发合作背景 …………………………………………（95）
8.2 绿色技术研发文献综述 …………………………………………（100）
8.3 模型及均衡解 ……………………………………………………（107）
8.4 制造商绿色技术合作的影响 ……………………………………（112）

  8.5 绿色技术溢出效应的影响 ……………………………………………（118）
  8.6 供应链协调 …………………………………………………………（122）

第9章 碳减排政策下绿色供应链决策模型及市场权力结构
    影响研究 ……………………………………………………………（149）
  9.1 碳减排政策下绿色供应链决策文献综述 …………………………（150）
  9.2 绿色供应链决策问题描述与假设 …………………………………（151）
  9.3 模型及均衡解 ………………………………………………………（153）
  9.4 数值分析 ……………………………………………………………（159）

第10章 绿色制造商领导下的平台供应链渠道决策：基于
     Stackelberg博弈模型的政府补贴影响分析 ……………………（172）
  10.1 平台供应链渠道文献综述 …………………………………………（173）
  10.2 平台供应链渠道问题描述与假设 …………………………………（177）
  10.3 模型及均衡解 ………………………………………………………（179）
  10.4 数值分析 ……………………………………………………………（186）

第11章 气象灾害对我国粮食供应链韧性的影响及提升策略：
     基于系统动力学模型的分析 ……………………………………（192）
  11.1 粮食供应链韧性领域文献综述 ……………………………………（193）
  11.2 粮食供应链韧性模型和方法 ………………………………………（197）
  11.3 仿真实验设计 ………………………………………………………（206）
  11.4 实验结果及分析 ……………………………………………………（208）

第12章 结束语 ………………………………………………………………（216）
  12.1 主要结论 ……………………………………………………………（216）
  12.2 研究展望 ……………………………………………………………（217）

参考文献 …………………………………………………………………………（219）

后记 ………………………………………………………………………………（233）

第一篇　理论篇

第1章 绪 论

1.1 研究背景与动机

1.1.1 研究背景

1.1.1.1 "双碳"目标导向

"双碳"目标,是指实现碳排放的净零化,也就是将人类活动导致的碳排放量减至与大气中碳吸收量相当的水平。开展"双碳"目标导向研究要基于以下背景。

(1) 气候变化威胁。极端气候变化已经成为一个全球性的问题。温室气体的排放导致地球变暖,引发更频繁和严重的极端天气事件,如热浪、洪水和干旱。开展"双碳"目标导向研究旨在减缓气候变化的影响并保护地球生态系统的健康。

(2) 温室气体排放增加。人类活动,如能源生产、工业生产和交通运输,会产生大量温室气体,尤其是二氧化碳。这些气体导致了温室效应,加剧了气候变化。开展"双碳"目标导向研究的目的是找到减少温室气体排放的方法,以实现气候稳定。

(3) 可持续发展需求。随着全球人口和经济的增长,能源需求也在迅速增加。对传统化石燃料能源的依赖导致了环境污染和资源的过度开采。开展"双碳"目标导向研究可满足对可持续发展的需求,包括可再生能源和资源的循环利用以及能源效率的提升。

(4) 国际共识与政策承诺。很多国家和国际组织已经意识到应对气候变化的紧迫性,并制订了具体的减排目标和行动计划。例如,《巴黎协定》制定了将全球平均气温上升控制在2摄氏度以内,追求1.5摄氏度的目标。开展"双碳"目标导向研究为各国制定和实施减排政策提供了科学依据。

(5) 技术进步与创新。技术的不断进步，包括可再生能源利用、碳捕获和利用、能源存储等领域的创新，使实现"双碳"目标变得更加可行。开展"双碳"目标导向研究可提出利用技术进步来推动低碳发展的解决方案。

总而言之，开展"双碳"目标导向研究的背景包括气候变化威胁、温室气体排放增加、可持续发展需求、国际共识与政策承诺以及技术进步与创新的机遇等，这些因素共同推动了"双碳"目标导向课题的研究工作。

1.1.1.2 数智管理

数智管理，是指利用数据科学、人工智能和机器学习等技术，以数据驱动的方式来管理和决策。

开展数智管理研究的背景如下：

(1) "数据爆炸"和数字化转型。随着互联网和信息技术的迅猛发展，大量数据被收集、存储和处理，形成了所谓的"数据爆炸"。同时，许多组织正在进行数字化转型，将业务、流程和活动数字化，数据的规模和复杂性急剧增加。数智管理的研究应运而生，旨在帮助组织有效分析和利用这些海量数据。

(2) 数据驱动决策的需求。传统的决策常常基于经验、直觉和局部的信息，难以应对复杂、动态的管理问题。随着数据的积累和技术的进步，人们越来越希望通过数据来辅助决策，以提高决策的精度和效果。数智管理的研究旨在开发数据驱动的决策模型和方法，从而帮助管理者作出更明智的决策。

(3) 管理科学和运筹学的发展。数智管理借鉴了管理科学和运筹学等领域的理论和方法。这些领域在过去几十年里取得了重大进展，涉及决策分析、优化模型、模拟和仿真等方面。数智管理的研究就构建在管理科学和运筹学的基础上，将管理科学和运筹学与数据科学和人工智能相结合，可尝试解决现代管理中的复杂问题。

(4) 技术进步和计算能力提升。随着计算机硬件和软件的快速发展，特别是云计算和分布式计算的兴起，算力和存储能力大幅提升，为数据处理和分析提供了强有力的支撑。数智管理的研究受益于这些技术进步，能够更高效地处理大规模数据，并构建复杂的数学模型和算法。

(5) 商业竞争和经营效率的压力。在日益激烈的商业竞争环境下，组织需要提高自身的经营效率和竞争力。数智管理通过有效利用数据资源和提供的实时决策支持，可以提高业务运营的效率和质量，帮助组织在市场中取得优势。

综上所述，开展数智管理的研究背景包括"数据爆炸"和数字化转型、数据驱动决策的需求、管理科学和运筹学的发展、技术进步和计算能力的提升,以及商业竞争和经营效率的压力。这些因素共同推动了对数据驱动的管理方法和工具的研究。

1.1.1.3 数智供应链运作管理

数智供应链运作管理是利用物联网、大数据分析、人工智能等技术来优化供应链运作和管理的方法。

开展数智供应链运作管理研究的背景如下:

(1) 全球化和复杂性增加。供应链逐渐发展为全球化的网络,涉及多个地区、多个环节和多个参与方。这种复杂性引入了更多的不确定性和挑战,如物流延迟、库存管理、供应风险等。数智供应链运作管理研究旨在通过技术和创新找到应对复杂性、提高供应链效能的方法。

(2) 实时和准确信息的需求。供应链中的各个环节都需要准确、实时的信息来作出决策。然而,传统的供应链管理往往面临信息流通不畅、数据收集和整合难题。数智供应链运作管理的背景之一是通过物联网、传感器和大数据分析等技术来实现信息的即时收集、传输和分析,以提供准确的决策支持。

(3) 客户需求多样化和个性化。消费者对产品的需求日益多样化和个性化,要求供应链能够灵活地响应市场需求。传统的供应链往往以流程和成本为导向,忽视了对快速交付和定制化的需求。数智供应链运作管理研究旨在通过技术和创新,加强供应链的灵活性和快速响应能力,满足个性化需求。

(4) 可持续发展的关注。随着环境保护和可持续发展重要性的日益突出,供应链管理也需要更加注重环境和社会责任。数智供应链运作管理考虑到环境影响、资源利用和社会利益等方面,通过优化运输路线、减少能耗和废物产生等措施,方可实现可持续发展目标。

(5) 技术进步和数字化转型。物联网、人工智能、大数据等技术的快速发展和应用,为数智供应链运作管理提供了基础和支持。例如,传感器网络可以实时监测和跟踪物流环节,人工智能可以分析数据并进行预测,大数据分析可以提供决策支持和优化方案。数智供应链运作管理研究与技术进步和数字化转型密切相关。

综上所述,数智供应链运作管理研究的背景包括全球化和复杂性增加、实时和准确信息的需求、客户需求多样化和个性化、可持续发展的关注,以及技术进步和数字化转型的机遇。这些因素共同推动了对数智供应链运作管理的研究与发展。

为此,本书将开展"双碳"目标导向的数智供应链运作管理研究,以期提高供应链低碳智能运作管理效率、环境治理效率、资源利用效率及促进生态可持续发展。

1.1.2 研究动机

随着全球气候变化的加剧和环境问题的不断凸显，减缓气候变化成为全球关注的焦点。实现"双碳"目标需要全球各个行业和企业的共同努力。在此背景下，数智供应链运作管理成为推动企业实现"双碳"目标的重要途径之一。通过数智供应链运作管理，企业能够在供应链中实现资源的高效利用、能源消耗的降低，以及碳排放的减少。这一领域的研究和实践对加快企业的碳减排、提高供应链可持续性具有重要意义。

因此，本专著的研究动机就是在面对气候变化和"双碳"目标的背景下，深入探讨如何利用数智供应链运作管理的理念和方法，优化供应链的设计和运作，实现企业的"双碳"目标。以此为基础，帮助业界和学术界更好地理解和应对全球碳减排的挑战，推动可持续发展的进程。研究动机可细分为以下几点：

1.1.2.1 塑造可持续发展的未来

实现"双碳"目标不仅仅是一项适应环境和法规的要求，更是探索构建可持续发展未来的关键之一。深入研究数智供应链运作管理，可以为企业提供有效的工具和方法，以满足碳减排和环保需求，实现经济、社会和环境的协调发展。

1.1.2.2 提高企业竞争力

在全球范围内，越来越多的企业将可持续发展作为核心战略。实现"双碳"目标，不仅仅是履行社会责任，更是提高企业竞争力的重要因素。深入研究数智供应链运作管理，可以帮助企业优化供应链流程，降低企业成本和风险，提高效率和灵活性，从而帮助企业在市场竞争中赢得更多机会。

1.1.2.3 推动行业标准和政策制定

随着可持续发展的重要性不断凸显，政府和行业组织正在积极制定相应的标准和政策，以规范和推动企业的碳减排工作。深入研究数智供应链运作管理，可以为标准和政策的制定提供理论基础和实践经验，促进产业生态的协同发展，推动行业标准的完善和落实。

1.1.2.4 响应全球议程

实现"双碳"目标是应对全球气候变化的重要手段之一，也是全球议程的一部分。随着全球气候变化严重程度的加剧，各国政府都纷纷加大对碳减排的支持力度，这也催生了新的机遇和挑战。本专著的研究成果有助于加深业界对碳减排和可持续发展的重视程度，响应全球议程，为实现全球可持续发展目标作出积极贡献。

1.1.2.5 推动技术创新

数智供应链运作管理是一个综合性的管理领域，它需要企业在技术、管理和组织等方面实现全面创新，这样才能真正实现碳减排和可持续发展目标。深入研究数智供应链运作管理的实践案例，能帮助企业分析推广其成功的关键因素和方法，也可以为各行业的技术创新和管理体系升级提供借鉴和启示。

总的来说，本专著的研究可以为企业提供具有实际意义和指导性的思路和方法，支持各行业在碳减排和可持续发展方面实施更好的应对策略，也可以促进行业的合作和创新，提高企业的竞争力和产业的发展水平，还可以为更广泛的环保事业和可持续发展贡献力量。

1.2 研究目标和意义

1.2.1 研究目标

在研究并撰写本专著的过程中，我们设定了以下研究目标。

1.2.1.1 研究数智供应链运作管理的基本概念和原理

我们深入研究了数智供应链运作管理的核心概念和原理，包括供应链的全面优化、信息技术的应用、能源资源的高效利用等。通过系统整理和归纳，本专著为读者提供一个清晰而全面的数智供应链运作管理的理论体系。

1.2.1.2 探索数智供应链运作管理在实现"双碳"目标方面的应用

我们调研和分析了数智供应链运作管理在实现"双碳"目标方面的具体应用案例。通过深入研究成功案例和最佳实践，我们总结出一系列可行的方法和策略，以帮助企业在供应链运作中减少碳排放、提高资源利用效率。

1.2.1.3 分析数智供应链运作管理对企业竞争力和可持续发展的影响

我们通过定量和定性分析，评估数智供应链运作管理对企业竞争力和可持续发展的影响，同时考察了供应链运作优化对企业成本、效率、质量、响应能力等方面的影响，并通过实证研究证明了数智供应链运作管理在可持续发展中的重要性。

1.2.1.4 提出推进数智供应链运作管理的策略和建议

基于研究成果和实践经验，我们提出了一系列推进数智供应链运作管理的策略和建议。这些建议将涵盖政策层面、技术层面和管理层面，旨在促进数智供应链运作管理的广泛应用，帮助企业实现"双碳"目标，提高竞争力和可持续发展能力。

总的来说，我们的研究目标是全面深入地研究数智供应链运作管理在实现"双碳"目标方面的应用，系统评估其对企业竞争力和可持续发展的影响，并提出实用的策略和建议，以推动数智供应链运作管理在各行业的广泛应用，为实现全球碳减排目标和可持续发展作出贡献。

1.2.2 研究意义

开展"双碳"目标导向的数智供应链运作管理研究的意义如下：

1.2.2.1 减排和碳足迹管理

数智供应链运作管理可以帮助企业对能源消耗和温室气体排放进行实时监测和管理。通过优化物流和运输路径，可减少能源消耗和废物产生，降低供应链的碳足迹并实现减排目标。

1.2.2.2 资源效率和循环经济

数智供应链运作管理可以通过优化库存管理、减少能耗和废物产生等手段，提高资源的利用效率。此外，科学的供应链设计和管理可以促进循环经济的实施，实现资源的再利用和循环利用。

1.2.2.3 材料选择和供应商评估

数智供应链运作管理可以利用数据分析和决策模型来评估和选择环境友好的材料和供应商，考虑供应链伙伴的环境绩效和碳排放水平，实现整个供应链的协同减排效果。

1.2.2.4 风险管理和韧性建设

数智供应链运作管理可以帮助企业识别、评估和管理与气候变化相关的风险，提升供应链的韧性和适应性，也可通过建立预警系统、灾难应急响应机制以及备份供应商和物流路径，减轻供应链的气候风险。

1.2.2.5 创新和竞争优势

"双碳"目标导向的数智供应链运作管理研究为企业提供了创新和获取竞争优势的机会。通过采用新的技术和模型来优化供应链运作，企业可以实现更高效的碳管理和资源利用，降低成本，提升客户满意度，从而增强市场竞争力。

1.2.2.6 可持续发展和企业形象

践行"双碳"目标的数智供应链运作管理对企业的可持续发展和企业形象至关重要。通过减排和环保行动，企业可以建立和提升对环境和社会的责任感，增强品牌形象和顾客忠诚度。

综上所述，开展"双碳"目标导向的数智供应链运作管理研究具有重要的意义,包括减排和碳足迹管理、资源效率提高和循环经济的促进、材料选择和供应商评估、风险管理和韧性建设、创新和竞争优势,以及可持续发展和企业形象等方面。这些研究可以促进供应链的低碳转型,实现"双碳"目标,并为企业带来经济、环境和社会的益处。

1.3 研究内容及框架

1.3.1 研究内容

基于"双碳"目标导向的数智供应链运作管理的目标,本书拟定了如下研究内容。

1.3.1.1 碳排放评估与优化

开展供应链碳排放的评估与管理研究,建立碳排放计算模型,量化供应链中各环节的碳排放量。通过优化算法和策略,减少供应链中的碳排放,实现碳减排与成本的平衡。

1.3.1.2 智能路径规划与运输优化

提出智能路径规划算法,以最优的路径和运输方案为基础,降低供应链中的碳排放和运输成本;引入实时交通信息和物联网技术,实现供应链运输过程的监测和优化,提高运输效率和可持续性。

1.3.1.3 跨组织协同与合作机制

研究供应链中的跨组织合作机制,促进信息共享、资源协同和合作决策。通过认证机制、奖励机制等激励手段,推动供应链各方在达成"双碳"目标方面的合作与共同努力。

1.3.1.4 智慧技术应用与平台构建

利用物联网、大数据分析和人工智能等智慧技术,在供应链中构建智慧平台。实现对供应链数据的实时监测和分析、智能预测和决策支持,为供应链运作管理提供科学依据和智能化的解决方案。

1.3.1.5 系统仿真与实证研究

基于供应链管理软件和仿真工具,开展供应链运作管理的系统仿真和实证研究。模拟不同场景和策略对供应链碳排放和运作效果的影响,评估研究成果的可行性和有效性。

1.3.1.6 政策与法规分析

分析国内外相关政策和法规对供应链碳减排和可持续发展的影响。通过政策推动和法规制定，优化供应链运作管理的环境和条件，为"双碳"目标的实现提供政策支持和合规指导。

以上研究内容，可以根据具体研究的实际情况进行进一步细化和调整。对这些研究内容的深入探索和实践应用，有助于推动"双碳"目标导向的数智供应链运作管理的发展与应用。

1.3.2 研究框架

对"双碳"目标导向的数智供应链运作管理的研究可以按照以下步骤进行。

1.3.2.1 研究背景与问题定义

一是确定研究的背景和目的，明确"双碳"目标导向的数智供应链运作管理的重要性。二是定义研究的问题和目标，如降低碳排放、提高供应链效率、实现碳减排与成本优化的平衡等。

1.3.2.2 文献综述与理论构建

一是进行"双碳"目标导向的数智供应链运作管理领域的文献综述，了解已有研究成果和理论基础。二是基于文献综述和理论构建，建立适应研究目标的理论框架，包括碳排放计算模型、路径规划算法、优化方法等。

1.3.2.3 数据收集与分析

一是收集供应链相关的数据，包括物流数据、交通数据、碳排放数据等。二是运用数据分析技术对供应链数据进行处理和分析，识别碳排放热点，发现改进空间，为后续优化提供依据。

1.3.2.4 模型建立与优化

一是基于理论框架和数据分析结果，建立描述"双碳"目标导向的数智供应链运作管理的数学模型，考虑供应链网络拓扑、碳排放约束、运输成本、交通状况等因素。二是设计优化算法和策略，如整数规划、线性规划、智能算法等，用于求解模型并获得最优的供应链配置和决策方案。

1.3.2.5 智慧技术应用

一是运用物联网、人工智能、大数据分析等智慧技术，实时监测供应链数据，包括车辆位置、交通状况等。二是通过智能预测模型，预测交通状况、供应链需求等变化，为路径规划和决策制定提供准确的信息和支持。三是利用智慧技术实现供应链的动态调整和优化，以减少碳排放和提高供应链效率，例如实时调整路径规划、优化订单分配等。

1.3.2.6 模拟与实验

一是利用供应链管理软件和仿真工具，对"双碳"目标导向的数智供应链进行模拟和仿真实验。二是设计不同场景的实验，评估不同策略的碳排放情况、供应链效率和韧性，为决策提供可行性和可靠性的验证。

1.3.2.7　综合优化与决策支持

一是运用多指标综合评价方法，结合供应链效率、碳排放量、成本等指标，综合评估不同策略的综合性能。二是制定最优的供应链运作管理策略，促进"双碳"目标的达成，并提供决策支持工具和策略。三是持续监测和优化供应链运作管理方案，根据实际情况进行调整和改进，以实现可持续性和长期性的"双碳"目标。

综上所述，"双碳"目标导向的数智供应链运作管理的研究框架包括研究背景与问题定义、文献综述与理论构建、数据收集与分析、模型建立与优化、智慧技术应用、模拟与实验以及综合优化与决策支持等步骤。这个框架可以指导研究人员在实现"双碳"目标的数智供应链运作管理方面进行研究和实践。

1.4　研究方法及技术路线

1.4.1　研究方法

"双碳"目标导向的数智供应链运作管理研究涉及以下几种研究方法。

1.4.1.1　模型建立与优化

研究人员可以建立数学模型来描述"双碳"目标导向的数智供应链运作管理问题。这些模型包括供应链网络拓扑结构、供应链流程、碳排放约束条件等。通过优化算法，如整数规划、线性规划、混合整数线性规划等，可以求解模型并获得最优的供应链运作管理策略，以实现"双碳"目标。

1.4.1.2　数据分析与决策支持

基于实际供应链数据，研究人员可以利用数据分析技术来识别和评估供应链中的碳排放热点和潜在的改进空间。数据分析方法包括回归分析、时序分析、统计分析等。通过数据分析的结果，可以制定相应的决策支持工具和策略，帮助供应链管理者作出优化决策。

1.4.1.3　智能算法与优化技术

数智供应链的发展离不开智能算法和优化技术的应用。例如，遗传算法、模拟退火算法、粒子群优化等可用于优化供应链运作规划，以实现"双碳"目标。这些算法可以在不确定条件下，通过迭代搜索找到最佳的供应链配置和决策方案，以最小化碳排放。

1.4.1.4 模拟与仿真

通过使用供应链管理软件和仿真工具，研究人员可以对"双碳"目标导向的数智供应链进行模拟和仿真实验。通过不同场景的模拟和仿真，可以评估不同策略的碳排放情况、供应链效率和韧性。这些实验结果可以有效指导供应链管理者制定决策，并优化供应链运作管理。

1.4.1.5 综合评估与系统优化

"双碳"目标导向的数智供应链运作管理需要进行综合评估与系统优化。研究人员可以采用多指标综合评价方法，如层次分析法、权重法等，对碳排放、成本、效率等多个指标进行综合评估，从而找到最优的供应链运作管理方案。

综上所述，"双碳"目标导向的数智供应链运作管理研究需要运用多种研究方法，可以从模型建立与优化、数据分析与决策支持、智能算法与优化技术、模拟与仿真以及综合评估与系统优化等方面，全面深入研究和改进"双碳"目标导向的数智供应链运作管理问题，推动供应链的碳减排和可持续发展。

1.4.2 技术路线

"双碳"目标导向的数智供应链运作管理研究的技术路线可以概括为以下几个阶段。

1.4.2.1 数据收集与分析阶段

（1）收集供应链网络、物流数据以及相关碳排放数据。

（2）运用数据分析技术，分析供应链中的碳排放热点和潜在改进空间。

（3）建立碳排放计算模型，提供准确的碳排放量计算方法。

1.4.2.2 模型建立与优化阶段

（1）建立"双碳"目标导向的数智供应链模型，至少包括供应链网络拓扑、碳排放约束、供应链流程等。

（2）设计优化算法和策略，如整数规划、线性规划、智能算法等，可以实现供应链运作管理的"双碳"目标。

（3）通过模型求解和优化，得出最优的供应链配置和决策方案。

1.4.2.3 智慧技术应用阶段

（1）应用物联网、人工智能、大数据分析等智慧技术，实现供应链数据的实时监测和分析。

（2）建立智能预测模型，预测交通状况、供应链需求等变化，为路径规划和决策提供支持。

（3）利用智能技术实现供应链的动态调整和优化，减少碳排放和提升能源利用效率。

1.4.2.4 模拟与实验阶段

（1）使用供应链管理软件和仿真工具，对"双碳"目标导向的数智供应链进行模拟与仿真实验。

（2）设计不同场景的实验，评估不同策略的碳排放情况、供应链效率和韧性。

（3）基于实验结果，指导供应链管理者制定决策，并优化供应链运作管理。

1.4.2.5 综合优化与决策支持阶段

（1）运用多指标综合评价方法，如层次分析法、权重法等，对碳排放、成本、效率等进行综合评估。

（2）针对综合评估结果，制定最优的供应链运作管理策略，促进"双碳"目标的达成。

（3）提供决策支持工具和策略，帮助供应链管理者作出优化决策。

综上所述，"双碳"目标导向的数智供应链运作管理研究的技术路线涵盖了数据收集与分析、模型建立与优化、智慧技术应用、模拟与实验以及综合优化与决策支持等多个阶段。通过这些阶段的研究和应用，可以实现供应链的碳减排和可持续发展目标，提高供应链运作的效率和韧性。

第 2 章　数智供应链运作管理的基本概念与框架

2.1　供应链运作管理的基本原理与目标

2.1.1　供应链运作管理的基本原理

供应链运作管理的基本原理包括资源横向集成原理、系统原理、多赢互惠原理、合作共享原理、需求驱动原理、快速响应原理、同步运作原理和动态重构原理。

2.1.1.1　资源横向集成原理

资源横向集成原理，指的是企业在供应链中实施资源整合，即把相关的资源、功能和技术进行有机整合，以提高整个供应链的运营效率和效果。

资源横向集成原理是供应链管理的基本原理之一，它揭示了一种新型的管理模式，即将相关企业的资源进行有机整合，形成一种可以共同创造价值的合作关系。

在这种模式下，企业将不再局限于自身的能力和资源，而是与其他具有竞争优势的企业建立联盟关系，充分利用彼此的优势资源，共同开发新产品或服务，提高供应链的整体效益。

具体来说，这种模式主要包括以下几个方面。

（1）建立合作机制：企业需要确定合作伙伴，并建立良好的沟通渠道，以便双方更好地了解对方的需求，并确保合作顺利开展。

（2）整合资源：企业需要在各自的优势领域内投入适当的资源，并将其融入整个供应链中，形成一个完整的解决方案。

（3）共享收益：当企业和合作伙伴共同创造的价值得到回报时，它们可以根据事先约定的比例分配收益。

总的来说，通过采用资源横向集成原理，企业可以更有效地利用外部资源，并且可以通过合作获得更多的机会和更大的成功概率。因此，在经济全球化的背景下，越来越多的企业开始采用这种新型的管理模式，以更好地应对市场的竞争压力，并取得更大的成功。

2.1.1.2　系统原理

系统原理是指把供应链作为一个整体来考虑，并对各环节之间的关系和影响进行深入分析，从而作出最佳决策。

系统原理是供应链管理的另一个基本原理，它强调的是将供应链视为一个整体，而不仅仅是一个独立的部分。在这个过程中，企业必须考虑整个供应链的各个部分如何互相配合，以实现总体效益的最大化。

系统原理的具体内容包括以下几个方面。

（1）宏观视角：企业需要从宏观的角度看待整个供应链，而不只是专注于自己的部门或者职能领域。

（2）跨部门协作：企业需要鼓励跨部门协作，并制定相应的流程和支持机制，以便于各部门之间的协调与沟通。

（3）数据共享：企业还需要建立一套有效的数据共享机制，以便于各个部门可以实时获取最新的信息，并基于这些信息作出正确的决策。

（4）持续改进：企业需要不断地进行自我评估和持续改进，以确保整个供应链始终保持高效和可持续发展。

总之，系统原理要求企业必须全面考虑整个供应链的各个环节，并在此基础上制订合理的战略计划，以确保整个供应链能够达到最大的效益。只有这样，才能在激烈的市场竞争中取得成功。

2.1.1.3　多赢互惠原理

多赢互惠原理，指的是在供应链各环节之间建立合作关系，以达到双赢或多赢的目的。合作共享原理则是在各环节之间建立信任关系，以达到资源共享的效果。

多赢互惠原理是供应链管理的重要原理之一，它强调供应链各方之间的互利共赢。具体来说，这个原理表明供应链各方应当相互支持，通过协作和沟通，实现各自的商业目标，同时也为其他各方带来价值。

这个原理对供应链的成功至关重要，因为它可以帮助各方建立长期的信任和合作关系。例如，如果一家制造商想要在市场上推出一款新的产品，它可以与零售商和其他供应商建立合作关系，共同推广这款产品。这种情况下，各方都可以从中受益，因为制造商可以获得更多销售量，而零售商和其他供应商也可以借此扩大业务范围。

然而，要实现多方共赢并非易事，这需要各方共同努力，并确保公平公正。为此，各方需要达成共识，并采取一些措施来保障公平性。例如，各方可以在合同中明确约定各自的权利和义务，以及分配利益的方法。

总之，多赢互惠原理是一种重要的供应链管理原则，它可以促进供应链各方之间的合作和共赢，从而使供应链更加稳定和可持续。

2.1.1.4 合作共享原理

合作共享原理是供应链运作管理中的一种基本原理，指的是供应链中各个环节的参与者之间通过合作和共享资源，实现互利共赢的目标。它强调供应链中各方之间的紧密联系和协作，通过信息共享、资源共享和风险共担等方式，优化供应链的效率和效益。

（1）合作共享原理的实施依赖于以下几个关键要素。

①信息共享：供应链中的各个环节需要及时、准确地共享信息，包括市场需求、库存水平、物流状况等。通过共享信息，供应链上的各方可以更好地协调和调整自己的生产计划、采购计划和配送计划，以适应市场需求的变化。

②资源共享：合作共享原理鼓励供应链中的各个环节共享资源，例如生产设备、仓储设施、运输工具等。资源共享可以减少重复投资，提高资源利用率，降低供应链的成本。同时，资源共享还可以增加供应链的灵活性和反应速度，使其更能适应市场的变化。

③风险共担：供应链中存在各种风险，如市场风险、供应风险、质量风险等。合作共享原理强调供应链中各方应共同承担风险，并通过合作来降低风险的影响。例如，供应商可以与客户建立长期稳定的合作关系，共同开发新产品，共同承担市场推广的风险；供应商和物流服务提供商可以共同制订紧急情况下的备份计划，以应对供应链中断的风险。

（2）通过合作共享原理，供应链可以实现以下几个方面的优势。

①提高效率：合作共享原理可以减少信息滞后、资源浪费和风险扩大等问题，提高供应链的整体效率。各个环节之间的协调和合作可以减少重复工作和不必要的环节，提高运作效率。

②降低成本：资源共享和风险共担可以降低供应链的成本。通过资源共享，可以减少不必要的投资，提高资源的利用效率；通过风险共担，可以降低因风险带来的损失和成本。

③增加灵活性：合作共享原理可以增加供应链的灵活性和反应速度。各个环节之间的紧密联系和协作可以使供应链更具适应性，更好地应对市场需求的变化。

总之，合作共享原理是供应链运作管理中的重要原则，通过信息共享、资源共享和风险共担等方式，实现供应链各方的协调合作，提高供应链的效率，降低成本，并增加供应链的灵活性。

2.1.1.5 需求驱动原理

需求驱动原理是指供应链的所有活动都应由最终客户需求所驱动，即企业的一切活动都应该以满足消费者的需求为出发点。这是因为消费者的需求是企业生存和发展的重要基础，只有深入了解消费者的需求并以此为基础进行生产和服务，才能更好地满足消费者的需求，赢得市场份额。

需求驱动原理要求企业积极关注市场动态，并及时了解消费者的新需求和趋势。为此，企业应该定期收集有关市场及消费者的反馈信息，并对其进行分析，以便及时调整生产和营销策略。

另外，为了更好地满足消费者的需求，企业还可以采用先进的技术和工具来提高产品质量和服务水平。例如，使用大数据分析技术可以更好地理解消费者的行为特征，并据此确定更精准的产品定位和服务方案。

总之，需求驱动原理强调供应链管理应以最终消费者的需求为核心，并以此为基础进行生产和服务。只有这样，企业才能获得更好的业绩表现，并在市场上占据领先地位。

2.1.1.6 快速响应原理

快速响应原理则是指当市场需求发生变化时，供应链需要迅速作出反应，调整生产和配送计划，以满足最终客户的需求，确保供应链高效运转和客户满意。快速响应原理是供应链运作中的基本原理之一。

为了实现快速响应原理，供应链需要具备以下能力。

（1）预测能力：供应链需要对市场需求趋势和客户需求进行预测，以及对条目需求、库存水平和交货时间进行监控。

（2）灵活性：供应链需要具有灵活性，可以根据需求变化迅速调整生产计划或配送计划，并及时更新库存、库存需求和交货时间等信息。

（3）协同能力：供应链各环节需要紧密协作，基于实时信息共享，实现实时响应。同时，小批量、频繁的运输和生产计划调整需要协调双方的合作关系。

（4）可视化：供应链需要确保实时跟踪生产和配送的进度，以及库存和条目的需求信息，以便实现快速响应。

在实践中，快速响应原则能够提高供应链的灵活性和协同能力，减少库存和缺货的风险，并帮助企业提高客户满意度。

2.1.1.7 同步运作原理

同步运作原理是指在供应链管理中,各参与方、各环节之间应保持一致的步伐和节奏,从而确保供应链的有效运作,实现最优的整体运行效率。具体来说,企业应在生产、采购、销售等环节之间建立紧密的联系,并实时传递信息,以便及时发现并解决问题。

为了实现同步运作,企业首先应建立完善的信息化管理系统,以便实时监控供应链的各项活动,并及时发现问题,企业还应建立有效的沟通机制,以便各个参与方能够在出现问题时及时进行交流,并找出最佳解决方案。

此外,企业还应加强对供应链的安全管理,防止未经授权者窃取或篡改关键信息。为此,企业应制定完善的数据保护措施,并定期进行安全审计,以便及时发现潜在的安全漏洞。

总的来说,同步运作原理要求企业建立一套完整的信息管理和安全管理体系,并通过实时监控、有效沟通等方式,确保供应链的正常运转。只有这样,企业才能充分挖掘供应链的巨大潜力,并获得更高的经济效益。

2.1.1.8 动态重构原理

动态重构原理是指供应链需要根据市场环境的变化不断调整自身结构和运行机制,以适应新的竞争形势。具体来说,企业应密切关注市场变化,并在适当的时候对供应链进行全面的改造,以确保供应链始终保持竞争力。企业应经常进行组织结构变革,以保持组织内部的良好协调。此外,企业还应及时更新技术、人才等方面的投资,以跟上市场的步伐,并在竞争激烈的情况下继续保持领先地位。

为了实现动态重构,企业需要具备高度的灵活性和敏捷性,并在短期内对市场变化作出反应。此外,企业还应加强新技术的研究和应用,以便不断创新和提升自身的技术实力。

总之,动态重构原理强调企业应不断调整供应链,以适应不断变化的市场环境。只有这样,企业才能在竞争激烈的市场环境中获得更大的优势,并在市场上占据领先地位。

2.1.2 供应链运作管理的目标

供应链运作管理的主要目标是使供应链运作达到最优化,以最小的成本、最高的效率实现产品的生产、销售和服务,以及最大限度地满足客户的需求。为了实现这一目标,供应链管理不仅需要注重物流、信息流、资金流的集成,还需要利用信息技术来实现管理目标,同时更加强调以市场和客户需求为导向，通过协同商务、协同竞争的方式，提高竞争力、市场占有率、客户满意度并获取最大利润。

供应链运作管理要通过降低运营成本、缩短交付周期、提高服务质量，以及确保供应稳定性，来提升供应链的整体绩效。具体而言，主要体现在以下几个方面。

（1）提升供应链的效率：企业应努力降低成本、减少浪费，以提高供应链的运作效率。这包括采用精益生产、自动化技术和标准化流程等多种手段，以提高生产的效率。

（2）缩短交付周期：企业应尽量缩短交付周期，以满足客户的订单需求，并提高客户满意度。这需要企业建立强大的信息系统，以实时跟踪供应链的情况，及时调整生产和运输流程。

（3）提高服务质量：企业应努力提高服务质量，以便吸引和留住更多客户。这需要企业提高服务质量，如提供高质量的产品、灵活的服务和优质的支持等。

（4）确保供应稳定性：企业应确保供应链的稳定性，以避免因原材料短缺等问题导致的延误和损失。这需要企业加强风险管理，以预测并处理各种可能的风险。

总之，供应链运作管理的目标在于提升供应链的综合性能，从而为企业带来更大的竞争优势。只有做好供应链管理，企业才能在激烈的市场竞争中取得成功。

2.2 数智供应链运作管理的概念和特点

数智供应链运作管理是指应用先进的信息技术和现代化的管理理念，实现供应链成员之间的协作和互动，通过计划、组织、指挥、控制等方式实现供应链整体运作的过程。它是基于供应链管理的理念，并结合物联网、云计算、大数据等新型技术手段，将企业的生产和经营活动融入整个产业链中，从而提高供应链的运作效率和经济效益。

数智供应链运作管理具有以下几个主要特点。

2.2.1 技术的渗透性更强

数智供应链通常会以互联网、云计算、大数据、人工智能等新一代信息化技术为支撑点，使各个环节都得到新技术的加持。

技术的渗透性更强，是数智供应链的主要特点之一，是指数智供应链能够积极地采纳现代技术，如物联网、互联网、人工智能等，并将它们更好地融入供应链管理过程，以应对新技术所带来的挑战。

数智供应链将新技术与其他元素相结合，可以更好地提高企业的运营效率和服务质量。例如，物联网技术可以帮助企业实时收集和分析数据，从而更好地理解市场需求和客户需求。此外，通过大数据分析和机器学习技术，企业可以从海量的数据中获取有价值的信息，进而作出更好的决策。

此外，通过云计算技术，企业可以在一个安全的环境中存储和处理大量数据，无须投资昂贵的硬件设备。这不仅有助于降低企业的成本，还可以提高其运营效率。

总之，技术的渗透性是数智供应链的重要特点之一，它可以通过积极采纳新技术并将其更好地融入供应链管理过程，帮助企业提高运营效率和服务质量，进而增强竞争力。

2.2.2 可视化、移动化特征更加明显

数智供应链更倾向于使用可视化的手段来表现数据，采用移动化的手段来访问数据。

可视化和移动化特征更加明显也是数智供应链的重要特点之一。可视化主要是指利用计算机图形学、图像处理和视觉感知技术，将抽象的信息和复杂的关系转化为易于理解和解释的图表和模型。这种可视化方法可以帮助企业管理者更好地理解和掌控供应链中的各种变量和关系。

另外，移动化则是指通过智能手机和平板电脑等移动终端设备，提供供应链管理和操作功能的应用程序。这些应用程序不仅可以方便地访问供应链数据和信息，而且可以随时随地进行监控和控制，使管理者能够迅速作出反应，及时解决问题。

通过可视化和移动化技术，数智供应链可以更好地满足企业和客户的需求。例如，可视化可以帮助企业管理者快速识别潜在的问题和风险，并制订有效的解决方案。而移动化则可以使供应链管理者随时随地了解供应链的状态，以便他们能够及时调整策略，优化资源分配，降低成本。

总的来说，可视化和移动化是数智供应链的重要特点之一，它们可以帮助企业和客户更好地了解供应链的状态和趋势，及时发现潜在的问题和风险，从而有效提升供应链的整体效率和效益。

2.2.3 更人性化

在主动吸收物联网、互联网、人工智能等技术的同时,数智供应链能更加系统地考虑问题,考虑人机系统的协调性,形成人性化的技术和管理系统。

更人性化是数智供应链的重要特点之一,指的是在设计和实施供应链管理时,充分考虑人的因素和需求,使供应链的管理和运作更加贴近用户的需求和期望。

一方面,数智供应链可以通过对用户的个性化需求进行深入研究,分析用户的购买行为、偏好、需求等,并根据这些信息进行定制化的产品设计和生产,提供更为个性化的服务和产品。例如,通过对消费者的购物历史和行为习惯进行分析,数智供应链可以预测出消费者可能需要的产品和服务,并提前做好准备,为消费者提供更为便捷的服务体验。

另一方面,在供应链管理过程中,也可以采取更加人性化的方法,比如在供应链的各个环节中,充分考虑到员工的工作环境和工作强度,尽可能减轻员工的负担,创造一个更加舒适的工作环境。此外,还应加强供应链各环节间的沟通和协作,提高供应链的协作效率和效果,使供应链管理更加高效、便捷。

总之,数智供应链的"更人性化"这一特点是其核心竞争力的一部分,它能够帮助企业更好地满足用户的需求和期望,提高供应链的管理效率和效益,最终提升企业的市场竞争力。

2.2.4 多相关行业或同水平层级多主体协同

数智供应链跨越了单一纵向的供应链,呈现出多相关行业或者同水平层级多主体协同特征。

多相关行业或同水平层级多主体协同也是数智供应链的特点之一。在传统的供应链中,通常是上游供应商和下游客户的单线联系,但是,在数智供应链中,企业之间形成了一个多维度、多层次的合作关系,包括供应商、生产商、物流商、销售商等多个相关行业的合作。

例如,在制造业中,数智供应链可以让多个相关行业共同参与到产品的研发、生产、营销、售后服务等各个环节中,形成一个完整的生态系统。在食品行业中,数智供应链可以将种植户、加工商、零售商等相关方联合在一起,共同完成食品安全追溯体系的建立。

此外,在数智供应链中,各个参与者不再是简单的上下游关系,而是形成了一个同水平层级的多主体协同网络。这意味着每个参与者都有平等的权利和责任，可以通过共享资源、共享信息、协商解决冲突等方式，达到共赢的目的。

总之，多相关行业或同水平层级多主体协同是数智供应链的一大特点，它可以让企业更有效地整合资源、协调利益、提高效率、降低成本，从而增强竞争优势，推动企业发展。

2.2.5 跨企业流程实现集成化

供应链管理强调几个流程必须集成起来，只有跨企业流程实现集成化，才能实现供应链企业协调运作的目标。

跨企业流程实现集成化也是数智供应链的特点之一。这意味着供应链中的所有参与者都可以在一个统一的技术平台上共享信息、协同作业，从而实现从采购到交付全过程的一体化管理。

首先，跨企业流程实现集成化有利于优化资源配置和降低成本。在传统的企业流程中，由于缺乏统一的技术平台和标准，不同企业之间的交流存在时间和空间上的障碍，导致资源浪费和成本增加。通过跨企业流程实现集成化，企业可以把更多的精力放在创新和发展上，而不是烦琐的行政管理工作上。

其次，跨企业流程实现集成化也有利于加快信息流动速度和确保信息安全。在一个统一的技术平台上，所有参与者都可以实时获得最新的信息和数据，避免因信息滞后而导致的误判和损失。同时，通过加强数据保护和安全管理，可以确保企业的敏感信息不被泄露，保障企业的商业秘密和权益。

最后，跨企业流程实现集成化还有助于促进产业的发展和社会的进步。在一个统一的技术平台上，不同的参与者可以相互交流和学习，不断推出新的产品和服务，满足市场和消费者的需求。同时，通过跨企业的合作和协同，可以更好地平衡社会利益，推动社会和谐发展。

总之，跨企业流程实现集成化是数智供应链的一大特点，它不仅可以优化资源配置、降低成本，还可以加快信息流动速度、确保信息安全，以及促进产业发展和社会进步。

2.2.6 借助信息技术实现目标管理

数智供应链运用先进的信息技术实现了实时监控、智能决策等功能，提高了供应链运行的效率和效果。

借助信息技术实现目标管理也是数智供应链的特点之一。这意味着企业可以根据自身的发展战略，利用现代信息技术手段来分析供应链的运营状况，并设定明确的目标,实现高效管理和高效运作。

首先,借助信息技术实现目标管理可以帮助企业实现自动化运营管理。借助信息技术,企业可以实时监测供应链的运营状况,及时发现问题并采取相应的行动,减少人工干预,节省人力物力成本,提高供应链的整体效率和效益。

其次,借助信息技术实现目标管理,也可以帮助企业实现精准管理。通过分析大量数据,企业可以获得客观真实的结论,并据此制定合理的目标,实现精确可控的目标管理。此外,利用数据分析结果,企业还可以根据市场变化和竞争态势及时调整目标,实现动态管理。

最后,借助信息技术实现目标管理还可以帮助企业实现科学决策。利用人工智能和大数据技术,企业可以通过模拟实验和数据建模等方式,探索供应链的最佳实践路径,选择最优解,避免盲目决策带来的风险和成本。

总之,借助信息技术实现目标管理是数智供应链的一大特点,它可以使企业更有效地管理和监控供应链,提高供应链的整体效率和效益,实现企业可持续发展的目标。

2.3 数智供应链运作管理的框架与要素

2.3.1 数智供应链运作管理的框架

数智供应链运作管理的框架涉及许多方面,包括计划、执行、监控、评估以及优化等多个环节。具体而言,它包括以下几个方面的内容。

2.3.1.1 计划

数智供应链运作管理需要建立一个完整的计划体系,明确各部分的目标、任务、策略和措施,确保整个供应链系统的正常运行和发展。

在数智供应链运作管理的框架中,"计划"是重要的第一步,因为它是指导所有后续活动的基础。以下是一些具体的计划方面的内容。

(1)需求预测:基于历史数据和未来趋势的分析,预测未来的市场需求,为生产计划提供依据。

(2)生产计划:根据需求预测,制订生产计划,确定生产数量、时间表和设备资源等。

(3)物流规划:设计物流网络,安排运输方式、路线和时间,确保产品能够及时送达客户手中。

（4）库存控制：合理设置库存水平，以平衡供应与需求之间的波动，避免出现缺货或过度库存的情况。

（5）合作伙伴选择：评估潜在合作伙伴的能力和信誉，并选择最合适的供应商、承运商和分销商等。

（6）协调和沟通：建立有效的协调机制和沟通渠道，促进供应链各方的合作和信息共享。

通过上述各个方面的计划工作，可以确保数智供应链运作有序进行，减少不确定性因素的影响，提高整体效率，取得更好的效果。

2.3.1.2 执行

在计划的基础上，数智供应链运作需要进行有效的执行，包括物流配送、生产组织、供应商关系管理等方面的工作。

在数智供应链运作管理的框架中，"执行"是一个关键环节，因为只有将计划转化为实际行动，才能实现预期的目标和效果。以下是关于执行方面的具体内容。

（1）生产执行：按照生产计划组织原材料采购、加工制造、质量检验等工作，保证产品的质量和交货期。

（2）物流执行：安排货物运输和配送，跟踪货物状态，处理突发情况，确保按时交付给客户。

（3）仓库管理：执行库存管理流程，定期盘点和调整库存，保证库存准确性，降低库存成本。

（4）客户服务：维护良好的客户关系，处理订单和退货请求，解决客户投诉，提供优质的客户服务。

（5）数据采集与分析：收集并整理运营数据，进行实时监控和分析，识别问题并提出解决方案。

（6）质量控制：执行质量管理体系，确保产品质量符合标准，防止不合格品流入市场。

（7）安全管理：加强安全管理，预防安全事故的发生，保护人员和财产安全。

通过这些执行层面的努力，数智供应链运作得以顺利开展，为企业的持续发展提供有力保障。

2.3.1.3 监控

数智供应链运作需要对各个环节进行实时监控和数据分析，以便及时发现并解决问题，提高整体效率，取得更好的效果。

在数智供应链运作管理的框架中，"监控"是确保计划执行有效性的重要手段。以下是一些关于监控的具体内容。

（1）运营绩效监控：跟踪各项运营指标，如生产效率、库存周转率、物流成本等，对运营绩效进行评价。

（2）决策支持系统：利用大数据和人工智能技术，构建决策支持系统，提供实时的数据分析和决策建议。

（3）风险预警：通过风险评估模型，对供应链中的各种风险进行监测和预警，及时采取防范措施。

（4）业务流程监控：检查业务流程的合规性和有效性，发现并纠正存在的问题。

（5）能源消耗监控：监测能源使用情况，优化能源管理，减少能源浪费和环境污染。

（6）设备监控：利用物联网技术，远程监控生产设备的状态，提前预防设备故障，降低维修成本。

（7）供应商绩效监控：定期评估供应商的绩效，发现问题并督促改进，保持合作关系的稳定和健康。

通过这些监控方面的努力，数智供应链运作可以得到持续的改进和优化，提高整体效益，加强竞争优势。

2.3.1.4 评估

通过对数智供应链运作的定期评估，可以了解其实际效果和存在问题，从而有针对性地进行改进和完善。

在数智供应链运作管理的框架中，"评估"是一个重要环节，因为它可以帮助我们了解运营的效果和存在的问题，从而采取针对性的改善措施。以下是一些关于评估的具体内容。

（1）综合绩效评估：定期进行全面的综合绩效评估，对供应链运作的各个方面进行评价和比较。

（2）成本效益分析：计算投入产出比，评估各项投资和改革举措的成本效益。

（3）竞争力分析：对比竞争对手的表现，分析自身的竞争优势和劣势，寻求改善的空间。

（4）客户满意度调查：通过问卷调查或其他方式，收集客户的反馈意见，了解他们对产品和服务的需求和期望。

（5）投诉处理：妥善处理客户投诉，记录和分析投诉的原因和频率，找出问题所在并加以改进。

（6）内部审计：定期进行内部审计，检查各项规章制度和操作规程的遵守情况，确保合规性。

（7）培训效果评估：定期评估员工培训的效果，检查知识技能的掌握程度和应用能力，改进培训方法和内容。

通过这些评估方面的努力，我们可以更好地理解数智供应链运作的实际效果和存在问题，为未来的改进和创新提供参考。

2.3.1.5 优化

根据评估结果，数智供应链运作需要不断进行优化，调整相关策略和措施，进一步提高整体效率，取得更好的效果。

在数智供应链运作管理的框架中，"优化"是最具挑战性的一步，因为它的目标是不断提升整个供应链的效率和效能。以下是一些关于优化的具体内容。

（1）供应链结构调整：通过整合或拆分供应链结构，重新分配资源和责任，达到优化的效果。

（2）流程再造：分析现有流程的瓶颈和冗余环节，简化和优化流程，提高运营效率。

（3）技术改造：采用新的技术和工具，如人工智能、云计算和物联网等，提升供应链的智能化水平和反应速度。

（4）数据驱动决策：利用大数据和数据分析技术，更精准地预测市场需求和供应链动态，为决策提供有力的支持。

（5）绿色供应链：推行环保理念，从源头上减少污染和浪费，建立可持续发展的绿色供应链。

（6）协同创新：加强与供应链伙伴的协同合作，共同探索创新的商业模式和技术方案，实现共赢。

（7）人才培养：加大对人才的培养和引进力度，提高员工的专业素质和创新能力，推动供应链的发展。

通过这些优化方面的努力，我们可以逐步提升数智供应链运作的水平，增强企业的核心竞争力，实现长期的稳健发展。

通过实施以上几个方面的措施，数智供应链运作管理的框架可以帮助企业更好地应对复杂的市场环境和客户需求，提升供应链的整体效能和竞争力。

2.3.2 数智供应链运作管理的要素

数智供应链运作管理的要素主要包括以下几个方面。

2.3.2.1 数据来源和集成

数智供应链需要从多个数据来源获取相关信息，例如供应商、生产商、运输商、零售商和顾客等。为了使这些数据能够高效地共享和利用,需要建立数据集成的平台,将这些数据整合到一个统一的数据仓库中并进行标准化处理,以便快速地分析和决策。

在当前的大数据时代背景下,数智供应链运作管理的重要性不言而喻。而在其各个关键环节之中,"数据来源和集成"这一要素尤为突出。数据作为数智供应链的重要组成部分,其质量和准确性将直接影响到整个供应链体系的运行效率和有效性。

具体来说,在数智供应链运作管理过程中,数据来源主要包括以下几个方面。

(1) 供应商提供的数据。供应商是供应链的核心环节之一,他们能够提供诸如产品规格、库存水平、交货时间等方面的数据。这些数据对于整个供应链而言具有极高的价值。

(2) 客户提供的数据。客户是供应链的终端环节,他们的需求和反馈对整个供应链有着重要的影响。因此,收集并利用好客户的相关数据是十分必要的。

(3) 电商平台和社交媒体上的公开数据。这些平台上的数据可以帮助企业了解市场需求、消费者行为以及行业趋势等方面的信息,为企业制定有效的营销策略和市场拓展计划提供了有力的支持。

(4) 内部运营产生的数据。企业在日常运营过程中会产生大量的内部数据,如销售数据、库存数据等。这些数据同样需要被有效管理和整合,并与外部数据相结合,以便更好地支持整个供应链的运作。

综上所述,数据来源和集成在数智供应链运作管理过程中起着至关重要的作用。为了提高整个供应链体系的运行效率和有效性,企业必须重视数据的质量和准确性,并采取有效措施进行数据的收集、整理、整合和分析。同时,企业还应该注重加强与其他供应链伙伴之间的数据共享和协作,以实现整个供应链的价值最大化。

2.3.2.2 实时监控和可视化

通过传感器、物联网和大数据技术等手段,可以实时监控供应链中的物流、库存、生产进度等关键数据,并针对性地进行数据分析和处理。同时,通过可视化的方式可将数据展示给决策者,以更好地了解当前供应链状态,并及时采取相应行动。

在数智供应链运作管理中,"实时监控和可视化"是非常关键的一个要素。它可以帮助企业实现对整个供应链体系的实时追踪和控制,从而确保供应链的稳定性和可靠性。

首先，实时监控是指通过先进的信息技术手段，对企业供应链各个环节进行持续监测和分析，及时发现潜在风险和问题，并迅速作出应对。这不仅可以帮助企业提高运营效率，还可以降低生产成本，提升整体竞争力。

其次，可视化则是指通过对供应链各个环节的各种数据进行汇总、整理和分析，将其转化为易于理解和操作的形式，比如图表、图形等，从而使企业管理者能够更加直观、清晰地了解整个供应链的运行状态和业务流程。

实时监控和可视化在数智供应链运作管理中的应用主要有以下几个方面。

（1）对供应商进行实时跟踪和监控。通过实时监控供应商的生产和交付情况，企业可以及时发现可能出现的问题和风险，并迅速采取相应的措施加以解决，确保供应链的稳定性和可靠性。

（2）实时监测库存水平。通过实时监控企业的库存状况，企业可以有效地控制库存量，避免过度采购或短缺的情况发生，从而节约资金和资源。

（3）实时监控物流运输过程。通过实时监控物流车辆的位置和状态，企业可以提前预测可能存在的交通拥堵、意外事故等情况，从而减少运输时间和成本，提高物流效率。

（4）实时监控市场需求和消费者行为。通过实时监控市场和消费者的反应，企业可以准确把握市场需求变化和消费者偏好，从而及时调整生产和营销策略，满足市场需求。

总之，实时监控和可视化是数智供应链运作管理中不可或缺的一部分。只有通过实时监控和可视化，才能确保整个供应链体系的有效运行，达到提高生产效率、降低成本、增强竞争力的目的。

2.3.2.3　预测与优化

利用数据挖掘、机器学习和预测算法等技术，可以对供应链中的各种因素进行预测和优化。例如，可以预测物料供应状况、需求量以及运输状态等，采用最优化调度方案，以提高全链路运输效率，降低成本。

在当今竞争激烈的商业环境中，数智供应链已成为企业发展的重要推动力。其中，"预测与优化"作为数智供应链运作管理的关键要素，对企业的战略决策和运营效益产生了深远的影响。

预测是数智供应链的核心功能之一，它旨在通过深入研究市场、经济和技术等因素，对未来供应链活动和市场趋势进行预测。这种预测有助于企业在面临不确定性时作出正确的决策，从而实现利润最大化。

优化则是在预测的基础上，根据实际情况对供应链网络结构、库存策略、运输路径等进行改进和完善的过程。通过优化可以提高供应链的整体效率，企业可降低运营成本，提高产品质量和服务水平，进一步增强企业的竞争力。

预测与优化在数智供应链运作管理中的应用主要体现在以下几个方面。

（1）需求预测。通过对市场和消费者行为进行深入研究，企业可以预测未来的需求趋势，从而提前安排生产计划，降低库存风险，增加销售收入。

（2）库存优化。通过对历史销售数据的分析和预测，企业可以确定最佳的安全库存水平，减少仓储成本和缺货损失，提高服务水平。

（3）运输优化。通过预测货物的流量和流向，企业可以选择最合适的运输方式和路线，缩短交货时间，降低运输成本，提高物流效率。

（4）生产计划优化。通过对市场需求的预测，企业可以根据实际需求调整生产计划，降低产能过剩的风险，提高生产效率。

总之，预测与优化是数智供应链运作管理的关键要素，它们为企业提供了前瞻性的决策支持，提高了供应链的整体效率和绩效，从而助力企业实现可持续发展。

2.3.2.4 协同合作和决策支持

数智供应链涉及多个参与方，需要建立协同合作平台来整合各方之间的交流和决策，以实现高效运作。同时，还需要利用人工智能等技术，提供决策支持工具，帮助决策者更好地分析数据和情况，作出明智决策。

在数智供应链运作管理中，"协同合作和决策支持"是一个极为重要的要素。它不仅有助于提高企业的整体运作效率，还能为企业带来显著的竞争优势。

首先，协同合作是数智供应链的基本原则之一。通过建立跨部门、跨企业的合作伙伴关系，各方可以共享资源、技术、信息等，共同解决复杂的供应链问题，降低运营成本，提高整体效率。

其次，决策支持是数智供应链的核心功能之一。通过运用大数据分析、人工智能等先进技术，企业可以从海量的数据中获取有价值的信息，为高层管理者提供科学合理的决策依据。此外，借助模拟仿真等工具，企业还可以评估不同的决策方案对供应链整体性能的影响，从而选择最优解。

协同合作和决策支持在数智供应链运作管理中的应用主要体现在以下几个方面。

（1）协同设计新产品。通过与供应商、分销商等合作伙伴紧密协作，企业可以更快速地推出符合市场需求的新产品，并通过有效的成本控制实现盈利最大化。

（2）共享库存信息。通过构建信息共享平台，各节点企业可以实时掌握彼此的库存情况，合理安排生产和发货，降低库存成本和缺货风险。

（3）联合运输调度。通过与物流公司、运输公司等合作伙伴共同协调运输任务，企业可以最大限度地提高运输效率，缩短交货时间，降低运输成本。

（4）智能定价决策。通过运用大数据分析工具，企业可以根据市场的供求情况和竞争对手的行为动态调整价格策略，实现收益最大化。

总之，在日益复杂的商业环境下，协同合作和决策支持已成为数智供应链运作管理的关键要素。只有建立良好的合作关系，运用先进的技术和工具，企业才能充分发挥其竞争优势，实现可持续发展。

2.3.2.5 可持续发展和风险管理

数智供应链需要考虑可持续发展和风险管理的问题。为了实现可持续发展，需要在供应链系统中精细化管理，优化资源利用效率，减少环境污染。针对供应链环境中的各种不确定性因素和风险，需要进行风险识别、分析和应对，采取风险管理措施，确保供应链运作的稳定性和可靠性。

在当今社会，"可持续发展"和"风险管理"已经成为各行各业关注的重点话题。在数智供应链运作管理领域，这两个因素同样重要，因为它们关乎企业的发展前景和长期稳定性。

首先，可持续发展是指企业在追求经济效益的同时，要充分考虑环境保护和社会责任等方面的问题，努力做到经济效益、社会效益和环境效益的平衡发展。在数智供应链管理中，可持续发展要求企业从原材料采购、产品设计、制造、包装、运输等多个环节着手，尽可能降低能源消耗，减少环境污染，提高资源利用率，为社会贡献更多的正能量。

其次，风险管理是指企业要全面识别、评估并控制可能对自身产生负面影响的各种风险因素，包括自然风险、市场风险、经营风险、法律风险等，以确保企业的长期稳定发展。在数智供应链管理中，企业可以通过建立完善的风险管理体系，运用数据分析等手段，定期对各类风险进行排查，找出风险源头，并制定有效的应对措施，最大限度地规避风险带来的损失。

可持续发展和风险管理在数智供应链运作管理中的应用主要体现在以下几个方面。

（1）绿色采购。企业应优先选择那些符合环保标准的供应商和原材料，减少对环境的污染。

（2）节能减排。企业应采用高效节能的技术和设备，降低能源消耗，减少废弃物排放。

（3）风险预警。企业应通过各种渠道获取市场信息，对可能存在的风险进行预判，及时作出应对。

（4）法律合规。企业应遵守相关法律法规，保护劳动者权益，维护公平竞争秩序。

总之，在数智供应链运作管理中，"可持续发展"和"风险管理"是两个不容忽视的因素。只有在保证经济发展的同时兼顾社会责任和环境保护，企业才能实现真正的可持续发展；只有建立健全的风险管理体系，企业才能有效应对各种不确定因素，确保自身的稳定发展。

综上所述，数智供应链运作管理的要素包括数据来源和集成、实时监控和可视化、预测与优化、协同合作和决策支持，以及可持续发展和风险管理。这些要素紧密相联，彼此依存，共同构成了数智供应链运作管理的核心。只有将这些要素合理利用，才能达到数智供应链的高效、节省成本、提高利润、缩短周期、提高客户满意度和避免风险等目标。

2.4 数智供应链运作管理的关键技术与工具

2.4.1 物联网与供应链可视化

物联网（Internet of Things，IoT）与供应链可视化（Supply Chain Visibility）作为数智供应链运作管理的关键技术和工具，在现代企业经营管理和战略决策中发挥着重要作用。

首先，物联网是一种将各种物体或设备通过传感器、软件、网络等方式连接起来，实现数据共享和智能交互的技术。通过物联网技术，供应链上各节点之间的信息流动变得更加及时、准确和全面，从而提高供应链的整体效率和服务质量。

其次，供应链可视化是指利用信息技术手段实时获取和分析供应链上各个节点的数据信息，使整个供应链的运作状态清晰可见，并通过预测模型对未来趋势进行预判，为决策者提供有力的支持。它不仅能够帮助管理者更好地理解和掌握供应链的现状，还可以及时发现潜在的问题并提出改进措施。

最后，在物联网与供应链可视化结合运用的过程中，二者优势互补，形成一种高度集成化的数智供应链管理系统。例如，在产品生产过程中，通过物联网收集到的实时数据可以实时更新供应链可视化的相关信息，使决策者能够实时了解生产进度和库存状况。同时，通过供应链可视化提供的历史数据分析报告，有助于优化生产计划和资源配置，降低运营成本和风险。

总之，物联网与供应链可视化的有机结合是数智供应链运作管理的重要组成部分。随着科技的发展和社会的进步，这两种技术和工具将为企业带来更高的效益和竞争力。

2.4.2 大数据分析技术

大数据分析技术是数智供应链运作管理的关键技术和工具之一。大数据是指由大规模、高速度和多样性组成的数据集。在当今信息化社会中，许多企业积累了大量的数据资源，这为企业提供了宝贵的洞察力和决策支持。

在数智供应链中，大数据分析可以帮助企业快速、准确地识别市场趋势、需求变化等重要信息，以便采取相应的策略调整和行动。以下是一些具体的应用场景。

2.4.2.1 预测性分析

通过对历史销售数据、社交媒体情绪分析、市场调查结果等多源数据的整合，企业可以构建出强大的预测模型，预测未来市场需求的变化趋势，为生产和采购计划提供指导。

2.4.2.2 客户行为分析

通过对客户的购买记录、浏览历史、评价反馈等数据进行深度挖掘和学习，企业可以了解客户的喜好和需求，从而提供个性化的推荐和服务，提高客户满意度和忠诚度。

2.4.2.3 供应商评估和选择

通过对供应商的历史表现、信用评级、价格波动等数据进行分析，企业可以更客观、公正地选择优质的合作伙伴，确保供应链的稳定性和可靠性。

2.4.2.4 运营优化

通过实时监控运输路线、仓储容量、物料流转等情况，企业可以及时发现问题并采取纠正措施，降低运营成本和风险，提高整体供应链效率。

综上所述，大数据分析技术已经成为数智供应链运作管理的核心技术之一。通过深入挖掘和充分利用数据资源，企业可以获得更多的商业洞察力，提高自身的竞争优势。因此，持续投资和培养大数据分析能力将成为未来企业的关键任务之一。

2.4.3 人工智能与智能决策支持系统

人工智能（Artificial Intelligence，AI）和智能决策支持系统（Intelligent Decision Support System，IDSS）是数智供应链运作管理的关键技术和工具，它们能够通过模拟人类的思维和决策过程，帮助企业和管理者应对复杂的业务环境，提升供应链绩效。

首先，人工智能通过机器学习、自然语言处理、图像识别等技术，可以从海量的供应链数据中提取有价值的信息，并通过模型预测、优化和决策，为企业提供智能化的解决方案。例如，使用人工智能可以预测未来的市场趋势和客户需求，以优化生产和采购计划；使用机器学习技术可以分析供应链的风险因素，以及针对这些风险提出有效的应对策略。

其次，智能决策支持系统则是在人工智能的基础上发展出来的一种高级决策支持系统，它可以融合专家经验、业务规则、数据分析等多种方法，为决策者提供更全面、更精准的建议和支持。在供应链管理中，IDSS 可以根据实时的业务数据和外部环境，为决策者生成可行的决策方案，并通过模拟和优化找到最优解，大大提高了决策质量和效率。

此外，人工智能与智能决策支持系统的结合还为企业带来了许多新的机遇和挑战。例如，企业可以通过 AI 技术实时监测和预警供应链中的异常情况，提前预防可能发生的危机事件；而 IDSS 则可以帮助企业制定更加灵活和敏捷的响应策略，提高供应链的抗风险能力和竞争力。

总之，人工智能与智能决策支持系统已成为数智供应链运作管理的重要技术和工具。随着相关技术的不断发展和完善，我们期待看到更多创新的应用案例出现，助力企业和管理者在复杂多变的市场环境中取得成功。

2.4.4 区块链和供应链可追溯性

区块链作为一种分布式账本技术，以其独特的不可篡改、透明可信的特点，在多个领域得到广泛应用，包括供应链管理和运作管理。特别是在提升供应链可追溯性方面，区块链技术具有显著的优势。

在传统供应链体系下，信息流通受到限制，缺乏透明度和可追溯性，导致企业在追踪货物流向、溯源品质等方面面临诸多困扰。然而，区块链技术支持多方参与，能够在各个节点之间建立起安全可靠的信息交换平台，实现了供应链全程可追溯。

首先，区块链可以实现商品从源头到终端的全链条追溯。每一个参与者都可以通过访问区块链上的信息来查看某个商品在整个供应链中的流动路径，包括原材料采购、生产加工、物流运输等各个环节。这样既可以提高信息透明度，也有利于消费者确认商品的真实性和质量，保障消费者的权益。

其次，区块链技术可以有效防止信息被篡改和伪造，保证了供应链数据的真实性。所有交易记录都被写入区块链，一旦被确认就不能更改或删除。这种特性可以保护企业免受欺诈和假冒伪劣产品的威胁，并且有助于打击非法贸易和洗钱等活动。

最后，区块链还可以简化交易流程，提高供应链运作效率。通过智能合约等功能，企业可以在链上自动执行合同条款，减少人工审核和沟通的时间和成本，加速资金周转和订单交付速度。

综上所述，区块链与供应链可追溯性的结合是数智供应链管理的关键技术与工具之一，对于提升供应链的透明度、可信度和效率具有重要意义。在未来，区块链将继续推动供应链行业的数字化转型，帮助企业实现更高水平的竞争优势和发展潜力。

第3章 "双碳"目标对数智供应链运作管理的挑战和机遇

3.1 "双碳"目标下数智供应链运作管理的关键问题和挑战

3.1.1 "双碳"目标对供应链运营模式的影响

在"双碳"目标的大环境下,供应链运营模式正在经历深刻的变化。根据欧盟委员会对外公布的《欧盟碳边境调节机制(CBAM)过渡期实施细则》,碳排放证书并不是针对单一产品的,而是针对产品集成的整个供应链。这是因为供应链中的每一个环节都有可能产生碳排放,所以要达到碳中和的目标,就需要通过改变供应链运营模式来减少碳足迹。

首先,"双碳"目标可能导致供应链的简化。传统的供应链往往由多个环节组成,其中,每一个环节都可能产生碳排放。为了降低碳足迹,企业可能需要精简供应链中的环节,例如,通过直接与供应商合作或者采用直采的方式减少中间环节的运输。

其次,"双碳"目标也可能导致供应链更加智能化。利用数字化技术和物联网技术,企业可以更好地监控和管理供应链中的碳排放,从而采取相应的措施来降低碳足迹。例如,在物流环节中,企业可以通过智能调度系统来提高车辆装载率和路线规划的效率,从而降低燃油消耗和碳排放。

最后,"双碳"目标也可能促进绿色采购的发展。随着消费者对环保的关注度越来越高,企业也越来越重视产品的可持续性。因此,企业可能会选择那些能够提供绿色环保产品和服务的供应商,从而推动整个供应链朝着更环保的方向发展。

总之,在"双碳"目标的驱动下,未来的供应链运营模式将会变得更加简化、智能化和绿色化。只有这样，企业才能真正实现碳中和的目标，并在未来竞争中保持优势。

3.1.2 "双碳"目标下数智供应链面临的关键问题

3.1.2.1 数据获取和分析的问题

在实现"双碳"目标的过程中，数智供应链运作管理对企业的运营效率提升和节能减排至关重要。然而，在这个过程中，数据获取和分析是主要面临的一大关键问题。

首先，数据获取是一项重大的挑战。因为涉及大量的供应链节点，涵盖供应商、制造商、物流商等不同的角色，且每个角色都有自己的信息系统和数据标准，这就导致了数据格式不一致、质量参差不齐等问题。而且，许多企业的数据孤岛现象严重，数据流通性差，进一步加大了数据获取的难度。

其次，数据分析也是数智供应链运作管理的一个关键环节。只有通过有效的数据分析，才能洞察到供应链运作中的瓶颈和潜在的优化空间，从而制定更加科学合理的决策。但是，数据分析面临巨大的数据量和复杂的数据关系，如何快速准确地提取有价值的信息，并转化为可操作的建议，是一个很大的难题。

最后，数据安全也是一个不可忽视的问题。由于供应链涉及了大量的商业敏感信息，如何在保证数据共享和流通的同时，保护好数据的安全，防止数据泄露或者被滥用，是一个重要的课题。

总的来说，数据获取和分析问题是"双碳"目标下数智供应链运作管理的关键问题，需要企业投入足够的资源和技术去解决。同时，也需要政策层面的支持和引导，推动整个供应链数据生态的建设和发展。

3.1.2.2 低碳技术和设备的应用问题

在实现"双碳"目标的过程中，低碳技术和设备的应用问题是数智供应链运作管理主要面临的另一大关键问题。

首先，低碳技术的研发和应用需要大量的资金支持。虽然许多企业已经意识到了低碳转型的重要性，但低碳技术的研发周期长，风险高，很多企业在短期内难以看到回报，因此，对投入大量资金进行研发持谨慎态度。此外，一些先进的低碳设备往往价格昂贵，对于一些小型企业来说，购买和使用这类设备的成本压力较大。

其次，低碳技术和设备的应用还面临技术和人才的问题。一方面，低碳技术的研发和应用需要强大的技术研发实力作为支撑，而目前我国在这方面还有一定的差距。另一方面，具备低碳技术和设备应用知识的人才短缺，这也限制了低碳技术的应用。

最后,低碳技术和设备的应用还需要考虑市场接受度的问题。由于低碳技术和设备往往伴随着较高的初始投资和运行成本,客户是否愿意为此买单,需要时间和市场的验证。

总的来说,低碳技术和设备的应用问题是在"双碳"目标下数智供应链运作管理所面临的关键问题之一,需要企业在技术研发、人才培养和市场营销等方面作出努力,同时也需要政府给予相应的政策支持和引导。

3.1.2.3 供应链合作伙伴的协调和协作问题

在"双碳"目标下,数智供应链运作管理的关键问题之一是供应链合作伙伴的协调和协作问题。在面对日益复杂的市场环境和激烈的竞争压力时,企业需要与供应链合作伙伴进行有效的协调和协作,以实现共同的目标。

(1)供应链合作伙伴的协调和协作问题主要包括以下三个。

①资源共享和优化配置:企业需要与供应链合作伙伴共享资源,并通过优化资源配置来提高效率,降低成本。例如,企业可以通过共享仓储设施、物流运输和信息平台等资源来减少重复投资和浪费。

②协同计划和调度:企业需要与供应链合作伙伴协同制订计划和调度,以确保生产和交付的顺利进行。例如,企业可以与供应商协同制订采购计划,以确保物料供应的稳定性和可靠性,也可以与客户协同制订销售计划,以确保市场需求的满足度。

③风险管理和应急响应:企业需要与供应链合作伙伴共同应对风险和危机,并制定相应的应急响应措施。例如,企业可以与供应商建立风险预警机制,及时发现和处理潜在的质量问题,也可以与客户建立紧急订单处理机制,以应对突发事件的需求变化。

(2)为了解决这些问题,企业需要采取一系列措施。

①建立信任和合作关系:企业需要与供应链合作伙伴建立长期的信任和合作关系,通过互惠互利的合作模式来实现共同的利益和发展。

②强化信息沟通和共享:企业需要加强与供应链合作伙伴的信息沟通和共享,通过实时的数据交换和分析来提高决策的准确性和灵活性。

③提高供应链透明度和可视化:企业需要提高供应链的透明度和可视化,通过数据挖掘和智能分析来发现问题和机会,从而提高供应链的绩效和竞争力。

总之,在"双碳"目标下,数智供应链运作管理需要解决供应链合作伙伴的协调和协作问题,通过有效的合作和资源共享来提高供应链的效率和可持续性。

3.1.2.4 法规政策的适应性问题

在"双碳"目标下,数智供应链运作管理的关键问题之一是法规政策的适应性问题。随着国家对环境保护和可持续发展重视程度的不断提高,各种相关的法规政策也在不断出台和完善。这些政策对于企业来说既是挑战也是机遇,需要企业进行相应的调整和改进,以确保符合法规要求并获得竞争优势。

(1) 法规政策的适应性问题主要包括三个方面。

①环保法规的遵守:企业在生产和运营过程中需要遵守一系列环保法规,包括废物处理、排放标准等方面的要求。这些法规通常具有严格的执行力度和惩罚措施,企业需要及时了解和掌握相关法规,并采取有效的措施来确保合规性。

②节能减排的推进:国家正在积极推动节能减排,鼓励企业采用清洁能源、优化工艺流程等手段来降低碳排放量。企业需要制定相应的策略和计划,积极推广绿色技术和产品,以达到节能减排的目标。

③可持续采购的要求:越来越多的企业开始关注可持续采购,通过选择环保、低碳、社会责任等方面表现良好的供应商来实现供应链的可持续发展。企业需要建立相应的评估体系和机制,与供应商共同推动可持续采购的实施。

(2) 为了解决这些问题,企业需要采取一系列措施。

①建立法规政策的学习和跟踪机制:企业需要建立完善的学习和跟踪机制,定期关注和学习相关法规政策,以便及时调整和改进业务模式和流程。

②加强与政府和其他利益相关者的沟通和合作:企业需要加强与政府、行业协会、客户等相关方的沟通和合作,共同探讨和解决法规政策的适应性问题。

③引入先进的技术和管理方法:企业可以引入先进的技术和管理方法,如云计算、大数据、人工智能等,来提高供应链的效率和透明度,同时满足法规政策的要求。

总之,在"双碳"目标下,数智供应链运作管理需要解决法规政策的适应性问题,通过积极应对和调整来实现企业的可持续发展。

3.1.2.5 技术创新和应用的问题

在"双碳"目标下,数智供应链运作管理的关键问题之一是技术创新和应用的问题。随着信息技术的发展和应用,供应链管理已经从传统的实体管理转变为更加智能化的方式。然而,在实际操作过程中,技术创新和应用还存在许多难题,阻碍了数智供应链的发展和应用。

（1）技术创新和应用的问题主要包括三个方面。

①技术研发能力不足：部分企业在技术研发上投入不足，缺乏自主研发的技术成果，导致在供应链管理中无法发挥出最大的优势。

②技术应用水平低：一些企业在技术应用上仍然停留在初级阶段，没有充分利用现代信息技术的优势，导致供应链管理的效果不明显。

③技术更新换代慢：由于缺乏对新技术的研究和引进，一些企业在技术更新换代上速度较慢，导致无法跟上市场的步伐。

（2）为了解决这些问题，企业需要采取一系列措施。

①加大研发投入：企业应该加大对技术研发的投入，建立完善的研发团队和技术储备，增强和提升自身的研发能力和技术水平。

②提升技术应用水平：企业应该加强对新技术的应用研究，提升自身的技术应用水平，充分发挥现代信息技术的优势。

③加快技术更新换代：企业应该加快对新技术的引进和研究，及时更新换代现有的技术，保持与市场的同步发展。

总的来说，在"双碳"目标下，数智供应链运作管理的关键问题是技术创新和应用的问题。只有解决了这个问题，才能真正实现供应链的智能化和高效化，为企业带来更大的经济效益和社会效益。

3.1.3 "双碳"目标下数智供应链面临的挑战

3.1.3.1 经济效益和环保效果之间的平衡

在"双碳"目标下，数智供应链要面临经济效益和环保效果之间的平衡这一挑战。

一方面，实现碳达峰碳中和需要投入大量的资金和技术，这对于企业来说无疑增加了成本。因此，在实施绿色供应链管理时，企业需要考虑如何在保证环保效果的同时，尽可能地降低成本，提高经济效益。

另一方面，企业在追求经济效益的过程中，往往忽视了环保的重要性。然而，随着社会对环境保护意识的不断提高，企业的环保行为也成为其社会责任的重要组成部分。因此，企业在实施数智供应链管理时，也需要考虑在保证经济效益的同时，如何尽可能地减少环境污染，提高环保效果。

综上所述，实现经济效益和环保效果之间的平衡是"双碳"目标下数智供应链面临的一个重要挑战。为了应对这一挑战，企业需要采取一系列措施，如加大技术创新力度，降低绿色供应链的成本；加强环保教育，提高员工的环保意识；积极履行社会责任，树立良好的企业形象等。只有这样，企业才能在实现经济效益的同时，达到环保的目标，从而推动"双碳"目标的实现。

3.1.3.2 技术更新速度和企业适应能力之间的差距

在"双碳"目标下,数智供应链要面对技术更新速度和企业适应能力之间存在差距这一挑战。

随着科技的不断进步,绿色供应链管理的技术也在不断创新。新的技术和设备能够帮助企业更有效地实现节能减排、降低环境污染等环保目标。然而,这些新技术往往需要企业投入大量的资金进行研发和推广,并且需要员工具备相应的技术知识和技能。这对于许多企业来说是一个不小的挑战。

另外,由于技术更新的速度非常快,企业在短时间内很难跟上这种变化。这就导致了企业在实施绿色供应链管理时,可能会因为缺乏最新的技术支持而无法达到预期的环保效果。

综上所述,技术更新速度和企业适应能力之间的差距是"双碳"目标下数智供应链面临的一项重要挑战。为了应对这一挑战,企业需要采取一系列措施,如加大技术创新力度,提高自身的技术水平;加强员工培训,提升员工的技术素质;积极与科研机构合作,获取最新的技术支持等。只有这样,企业才能在技术快速发展的今天,保持足够的竞争力,从而推动"双碳"目标的实现。

3.1.3.3 公众接受度和社会责任的压力

在"双碳"目标下,数智供应链要面临公众接受度和社会责任的压力这一挑战。

随着社会对环保关注度的不断提高,企业的环保行为也越来越受公众的关注。这就意味着企业在实施绿色供应链管理时,必须考虑到公众的感受和接受程度。如果一个企业采取了不合理的环保措施,或者没有达到公众期望的效果,那么很可能会引发负面的社会舆论,影响到企业的声誉和发展。

此外,企业还要面临社会责任的压力。作为社区的一部分,企业不仅需要追求自身的经济效益,还需要关注社区的利益和发展。这意味着企业必须在其商业活动中兼顾环保和社会责任的要求,不能只注重短期的经济利益而忽视长期的社会影响。

综上所述,公众接受度和社会责任的压力是"双碳"目标下数智供应链面临的一项重要挑战。为了应对这一挑战,企业需要采取一系列措施,如加强与公众沟通,提高公众对企业环保行动的理解和支持;重视社会责任,将绿色环保理念融入企业文化中;寻求多方合作,共同推进绿色供应链的发展等。只有这样,企业才能在满足公众期待的同时,承担起应有的社会责任,从而推动"双碳"目标的实现。

3.1.3.4 竞争压力和技术保密性的矛盾

在"双碳"目标下，数智供应链要面临竞争压力和技术保密性的矛盾这一挑战。

随着绿色供应链管理的不断发展，企业之间的竞争也越来越激烈。为了在竞争中取得优势，许多企业都会采取各种手段来提高自身的竞争力，包括采用最新的技术、设备和方法等。然而，这些技术和信息往往涉及企业的商业秘密和核心竞争力，因此，企业在分享这些技术和信息时必须谨慎对待，以免泄露机密。

此外，在实施绿色供应链管理的过程中，企业还需要与其他企业和组织进行合作，共同推进环保事业的发展。这就意味着企业需要在保护自身利益的同时，也要考虑到合作伙伴的利益。如何在保持技术保密性的同时，实现有效的合作和交流，是企业面临的一个重要挑战。

综上所述，竞争压力和技术保密性的矛盾是"双碳"目标下数智供应链面临的一个重要挑战。为了应对这一挑战，企业需要采取一系列措施，如加强技术创新，提高自身的核心竞争力；建立严格的技术保密制度，防止技术外泄；积极寻求合作，共享资源和信息等。只有这样，企业才能在竞争中保持领先地位，同时也能有效地推动"双碳"目标的实现。

3.1.3.5 人才短缺和技术应用难度

在"双碳"目标下，数智供应链要面临人才短缺和技术应用难度较大这一挑战。

随着绿色供应链管理的不断发展，企业对于相关专业人才的需求越来越大。然而，由于绿色供应链管理属于新兴领域，相关的专业人才并不多，具有丰富经验的专业人才更是稀缺。这就使企业在招聘和培养人才方面面临很大的困难。

此外，绿色供应链管理涉及很多先进的技术和设备，如大数据分析、物联网技术、云计算等。这些技术的应用难度很大，需要专业的技术人员进行操作和维护。而且，由于技术更新的速度很快，企业需要不断地对员工进行培训和学习，以保持技术水平的先进性。

综上所述，人才短缺和技术应用难度较大是"双碳"目标下数智供应链面临的一个重要挑战。为了应对这一挑战，企业需要采取一系列措施，如扩大人才培养规模，提高员工的技术素质；加强技术研发，简化技术的操作和维护流程；寻求外部支持，与高校和研究机构进行合作等。只有这样，企业才能在人才和技术方面做好充足的准备，从而推动"双碳"目标的实现。

3.2 数智供应链运作管理为实现"双碳"目标提供的机遇

数智供应链运作管理可以通过提高效率、减少浪费、优化流程等方式为实现"双碳"目标提供机会。

3.2.1 提高运营效率

数智供应链运作管理可以帮助企业提高运营效率,具体表现在以下几个方面。

首先,利用先进的信息技术,可以实时监控整个供应链的运行状态,以及各种数据和信息的变化情况,及时发现潜在的问题和风险,及时作出反应,从而避免可能发生的损失和浪费。在此基础上进行预测分析,企业可提前发现问题并采取措施,从而避免不必要的损失和浪费。

其次,通过智能化的管理和决策支持系统,可以快速处理大量复杂的数据和信息,帮助企业作出正确的决策和判断,有效提高工作效率和工作质量。

最后,通过数智供应链运作管理,可以优化资源分配,降低成本,提高资源利用率,进一步促进节能减排,实现绿色发展。

总之,数智供应链运作管理可以帮助企业在提高运营效率的同时,推动企业向低碳、环保的方向发展,为实现"双碳"目标提供重要支持。

3.2.2 优化流程,降低生产成本,减少废物排放

数智供应链运作管理可以通过优化流程、降低生产成本、减少废物排放等方式,为企业实现"双碳"目标提供重要支持。

首先,通过数智供应链运作管理,企业可以全面梳理和优化其内部的生产和经营流程,包括但不限于采购、生产、销售、配送等环节,从而降低各个环节的成本,提高整体效益。

其次,通过采用先进的技术和设备,如自动化生产线、机器人等,可以显著降低人工成本,提高生产效率,同时也能够大大减少废弃物的产生。

最后,通过实施绿色采购和绿色制造等策略,可以有效控制生产过程中的环境污染,降低有害物质的排放,进一步促进节能减排,实现绿色发展。

综上所述,数智供应链运作管理不仅可以降低生产成本,提高经济效益,还可以减少废物排放,提高环境质量,对于实现"双碳"目标具有重要意义。

3.2.3 应对市场变化和消费者需求

面对市场的快速变化和消费者的多样化需求，数智供应链运作管理能提供更好的应变能力，提高企业的竞争力和盈利能力，进而有助于实现"双碳"目标。以下是具体的机遇。

首先，数智供应链能够借助大数据、云计算、人工智能等先进技术，精准预测市场需求，从而优化资源配置，避免过度生产和浪费。这不仅可以降低企业成本，还可以有效减少碳排放。

其次，数智供应链可以实现全链条的信息透明化和共享，使企业和消费者能够在第一时间了解产品的生产和运输过程，提高信任度和满意度。同时，这种透明化的模式也有助于发现潜在的环保问题，及时进行改进。

再次，数智供应链可以通过物联网、区块链等技术，实现供应链各环节的实时监控和跟踪，提高效率和安全性。这样既可以减少无效运输带来的能源浪费，也可以防止商品在运输过程中受到损坏或污染。

最后，数智供应链还能够利用智能仓储和配送系统，减少人工操作，提高作业效率。此外，还可以通过数据分析，合理规划物流路线，减少不必要的里程，降低碳排放。

总的来说，数智供应链通过科技创新，提高了企业的运营效率和服务质量，降低了成本和风险，也为实现"双碳"目标提供了有力的支持。因此，数智供应链运作管理在实现"双碳"目标方面具有巨大潜力，值得企业重视和发展。

3.3 "双碳"目标导向的数智供应链运作策略和框架

3.3.1 "双碳"目标导向的数智供应链运作策略

3.3.1.1 提高数据获取和分析的能力

"双碳"目标的实现需要对供应链进行全面的数据采集和深入分析。因此，"提高数据获取和分析的能力"是数智供应链运作策略的关键部分。

首先，对于数据的获取，数智供应链需要建立起一套全面的数据收集体系，包括但不限于原材料采购、生产加工、物流运输、销售消费等多个环节。只有拥有了全面而详细的数据，才能对整个供应链的碳排放情况有一个清晰的认识。

其次，数据的分析则更为重要。通过对数据的深度挖掘和解析，可以发现供应链中哪些环节的碳排放量最大，哪些环节的效率最低，从而找到需要改进的环节。例如，通过分析运输数据，企业可能会发现在某些路段或者时间段运输车辆的空驶率较高，那么就可以调整运输计划，尽可能地避免这种情况，从而降低碳排放。

再次，数据的分析还能帮助企业作出更科学的决策。比如，在选择供应商时，除了考虑价格和质量等因素外，还可以将供应商的碳排放水平纳入考量范围，优先选择那些碳排放低的供应商，推动供应链整体的绿色发展。

最后，数据的分析还可以帮助预测市场趋势，以便企业提前做好准备。例如，通过对历史销售数据的分析，企业可能会发现某些产品在某个季节的需求量有显著增加的情况，那么企业就可以提前加大这些产品的生产，避免因为供不应求而紧急赶工，从而造成更多的碳排放。

总之，提高数据获取和分析的能力是实现"双碳"目标的重要手段之一，也是数智供应链运作的核心策略。

3.3.1.2 积极引入低碳技术和设备

在实现"双碳"目标的过程中，积极引入低碳技术和设备是十分重要的一个环节，这对于数智供应链的运作具有深远影响。

首先，低碳技术和设备可以帮助企业大幅度降低碳排放。比如，采用节能型生产设备和工艺，可以显著减少生产过程中的能源消耗；使用清洁能源如太阳能、风能等，可以在不增加碳排放的同时满足生产所需的能源需求。

其次，引入低碳技术和设备还有助于提高生产效率和产品质量。许多新型的低碳技术和设备采用了先进的自动化和信息化技术，可以大幅减少人力和物力投入，提高生产效率，而且，由于减少了生产过程中的能源消耗，也使产品质量更加稳定可靠。

再次，低碳技术和设备还可以带来良好的经济效益。虽然初期投资可能会相对较大，但由于长期运行成本较低，总的经济效益往往要高于传统的高碳技术和设备。此外，随着社会对环保问题关注度的不断提高，采用低碳技术和设备的企业往往更容易获得政府和市场的认可和支持，可以进一步增强自身的竞争力。

最后，引入低碳技术和设备也有利于供应链的整体绿色化进程。一方面，供应链上的其他企业可能会受到示范效应的影响，也开始采用低碳技术和设备；另一方面，企业自身也可以借此机会加强与供应链伙伴的合作，共同推进绿色供应链的发展。

总之，积极引入低碳技术和设备是数智供应链运作中不可或缺的一个环节，对于实现"双碳"目标具有重要意义。

3.3.1.3 加强供应链合作伙伴的协调和协作

在实现"双碳"目标的过程中，加强供应链合作伙伴的协调和协作是十分重要的一个环节，这对于数智供应链的运作同样具有深远影响。

首先，通过与供应链伙伴的合作，可以共享资源、优化流程，从而提高整体效率，减少能源消耗和碳排放。例如，可以通过合理的物流规划，减少运输过程中的空驶率，或者通过共同研发低碳技术和设备，降低生产过程中的碳排放。

其次，合作还可以帮助企业更好地应对市场变化和消费者需求。例如，通过与销售商的合作，可以获得更准确的市场需求信息，从而调整生产和供应计划，避免过度生产和库存积压，减少浪费。

再次，合作还有助于提高企业的社会责任感和品牌形象。通过与其他企业一起推动绿色供应链的发展，可以显示出企业对环保问题的关注和责任感，赢得消费者的信任和支持。

最后，合作还可以帮助企业获得更多的政策支持和市场机会。政府往往会给予那些积极推动绿色发展的企业一定的优惠政策和资金支持。同时，随着社会对环保问题关注度的不断提高，采用绿色供应链的企业往往更容易获得市场的认可和青睐。

总之，加强供应链合作伙伴的协调和协作是数智供应链运作中不可或缺的一个环节，对于实现"双碳"目标具有重要意义。

3.3.1.4 跟踪法规政策的变化并及时调整

在实现"双碳"目标的过程中，跟踪法规政策的变化并及时调整是十分重要的一个环节。这对于数智供应链的运作也具有深远影响。

首先，法规政策的变化往往会直接影响企业的生产、运输和销售等各个环节，如果不能及时跟进，可能会导致企业的运营出现问题，甚至面临法律风险。例如，政府可能会出台新的环保法规，要求企业降低碳排放，或者对那些不符合环保标准的企业进行罚款或停产处理。

其次，法规政策的变化也会带来新的市场机会。例如，政府可能会推出一些鼓励绿色发展的优惠政策，如税收减免、补贴等，对于那些积极采取措施减少碳排放的企业来说，这无疑是一个很好的发展机会。

再次，通过关注法规政策的变化，企业可以更好地了解行业的发展趋势，提前做好规划和准备。例如，政府可能会加大对清洁能源的支持力度，那么企业就可以考虑投资相关技术和设备，以抢占市场的先机。

最后，关注法规政策的变化还可以帮助企业提高自身的社会责任感和品牌形象。目前，越来越多的消费者开始关注企业的环保表现，选择那些注重可持续发展的品牌。因此，企业如果能够积极响应政府的环保政策，将会赢得消费者的认可和支持。

总之，跟踪法规政策的变化并及时调整是数智供应链运作中不可或缺的一个环节，对于实现"双碳"目标具有重要意义。

3.3.1.5 推动技术创新和应用

在实现"双碳"目标的过程中，推动技术创新和应用是十分重要的一环，这对数智供应链的运作有着不可忽视的影响。

首先，技术创新可以使企业在生产过程中更有效地节约资源、减少污染、降低能耗，并且大大提高生产力。比如，通过采用智能制造、数字化管理等方式来替代传统的高耗能、高污染的方式；开发新型材料和技术来提升产品性能、延长使用寿命；运用大数据、人工智能等技术来优化生产流程、提高运营效率等。

其次，技术创新可以助力企业实现碳减排的目标。许多低碳技术和设备的研发和应用都需要依靠科技力量，如可再生能源技术、新能源汽车、高效节能设备等。这些新技术和设备的应用，可以大幅减少企业对化石燃料的依赖，从而降低碳排放。

再次，技术创新有利于改善供应链的整体绩效。通过采用新技术，企业不仅可以降低成本、提高效率，还可以改善客户体验，增强竞争优势。例如，运用物联网、区块链等技术可以实现实时追踪货物位置、确保货物安全；运用大数据、人工智能等技术可以实现精准预测和定制化服务等。

最后，技术创新是推动经济社会可持续发展的重要途径。只有不断更新和升级企业的技术体系，才能适应不断变化的社会环境，解决日益严重的环境问题，保障我们未来的生活质量和发展潜力。

总之，推动技术创新和应用是数智供应链运作中必不可少的一部分，它将为企业实现"双碳"目标提供强大的动力和支持。

3.3.2 "双碳"目标导向的数智供应链运作框架

"双碳"目标是一个全球性的挑战，也是一个巨大的机遇。为了应对这个挑战并抓住机遇，我们需要建立一种全新的运作框架——数智供应链运作框架。

这个框架基于一系列关键因素，包括科学技术、政策监管、市场需求和社会责任。

首先，在科学技术方面，企业应该积极引入低碳技术和设备，并运用大数据、人工智能等科技手段来提高数据获取和分析的能力，以便实时调整业务活动以达到减碳效果。

其次，在政策监管方面，企业需要密切跟踪法规政策的变化，并及时调整自己的经营策略，以此确保企业的合规性，同时也能把握住新的发展机遇。

再次，在市场需求方面，企业需要灵活应对市场变化和消费者需求，充分理解客户需求并相应调整自己的生产和服务方式，以便创造更大的价值。

最后，在社会责任方面，企业需要加强供应链合作伙伴的协调和协作，积极推动绿色环保理念，以实现可持续发展。

综上所述，数智供应链运作框架涉及多个方面的内容，通过科学的技术手段和综合管理，实现碳减排和业务增长的双重目标。

3.4 "双碳"目标管理下数智供应链运作的实施路径和要点

3.4.1 "双碳"目标管理下数智供应链运作的实施路径

实现"双碳"目标是一项复杂而又艰巨的任务，需要多方面的努力。针对这一任务，我们可以提出一个数智供应链运作的实施路径。

第一，企业应该明确自身的"双碳"目标，并制订出详细的行动计划。这些目标不仅要有具体的时间表和指标，还需要有明确的责任人和考核机制。

第二，企业应当引入低碳技术和设备，运用科技手段提高数据获取和分析的能力，以便实时调整业务活动以达到减碳效果。与此同时，也要紧密跟踪法规政策的变化，及时调整自身的经营策略。

第三，企业应当加强供应链合作伙伴的协调和协作，充分沟通和协商，共同探索和实践更高效的生产和服务模式，以便最大限度地减少碳排放。

第四，企业还要不断创新和完善自身的管理系统，提高管理水平，加强自我监督和控制，确保其活动符合环保和减排的要求。

第五，企业应当积极参与相关的公益活动，加强社会责任感和品牌形象，形成良好的社会影响力，树立起典范。

综上所述，"双碳"目标管理下的数智供应链运作需要全方位的努力，结合科技手段，协同多方资源，注重管理和控制，才能够取得成功。

3.4.2 "双碳"目标管理下数智供应链运作的实施要点

为了实现"双碳"目标,数智供应链运作的实施要点主要包括以下几个:

第一,企业应当对自身供应链进行全面的审视,评估自身的碳排放情况,找出关键环节,并制定相应的改进措施。比如,识别高碳源,开展节能减排项目,提高能源效率等。

第二,企业应当引入低碳技术和设备,运用科技手段提高数据获取和分析的能力,以便实时调整业务活动以达到减碳效果。比如,采用新型的低碳技术和设备,提高生产效率和质量。

第三,企业应当加强供应链合作伙伴的协调和协作,形成绿色供应链网络。比如,加强与供应链伙伴的交流,共建绿色供应链管理体系,实现资源共享和环保共识。

第四,企业还应当建立有效的监测和报告机制,以便及时了解和掌握自身的表现情况,并对关键指标进行跟踪和管理。

第五,企业应当积极宣传和推广绿色发展理念,吸引更多的人参与进来,形成良好的社会氛围。

总而言之,"双碳"目标管理下的数智供应链运作应当从全局出发,结合科技手段,注重协作和持续改进,形成完善的管理体系。

第4章 数智供应链运作管理的核心过程与方法

4.1 数智供应链中的预测与需求管理

数智供应链中的预测与需求管理,是指利用数字化技术和数据分析来预测市场需求,并根据预测结果进行供应链运作的管理过程。这一过程旨在提高供应链的灵活性和反应速度,以满足消费者需求并降低库存成本。

4.1.1 数智供应链中预测与需求管理的核心过程与方法

4.1.1.1 数据收集与整理

在数智供应链中,数据收集和整理是预测与需求管理的基础。企业需要收集、整理与供应链和市场相关的各种数据,包括历史销售数据、市场趋势数据、产品特征数据等。这些数据可以来源于企业内部的系统,如 ERP(企业资源规划)系统,也可以来自外部的市场调研数据或公共数据源。在收集数据时,需要确保数据的准确性和完整性,并根据需求进行适当的数据清洗和处理。

4.1.1.2 预测模型建立

建立预测模型是预测与需求管理的核心环节。基于收集到的数据,企业可以使用各种方法和技术来建立预测模型,以预测未来的市场需求趋势。常用的预测方法包括时间序列分析、回归分析、机器学习算法等。在建立预测模型时,需要选择合适的模型和算法,并使用历史数据进行训练和验证。通过不断地优化和调整模型,可以提高预测的准确性和精度。

4.1.1.3 需求计划与协同

在预测未来的需求趋势后,企业需要制订相应的需求计划,并与供应链中的各个环节进行协同。需求计划包括确定产品的数量、时间和地点等方面的信息,并与供应商、生产部门和物流部门等进行沟通和协调。在协同过程中,需要建立透明的信息共享平台和协同工作流程,以确保供应和需求的平衡。通过实时交流和信息共享,可以提高供应链的效率和准确性,减少订单延误和库存积压的风险。

4.1.1.4 供应链网络优化

在预测和需求计划的基础上,企业可以进行供应链网络的优化,以提高供应链的运作效率和灵活性。供应链网络优化包括优化库存管理、供应商选择、生产调度等方面。通过充分利用数据分析和优化算法,企业可以实现供应链的高效运作和资源的最优配置。例如,通过合理控制库存水平、精细管理供应商关系、优化运输方案等,可以降低成本并提高供应链的可持续竞争力。

4.1.1.5 监测和反馈

在实际运作中,企业需要不断监测市场需求和供应链的表现,并及时进行反馈和调整。通过建立实时的监控系统和性能指标,企业可以实现对市场需求的敏感度和供应链表现的可视化。基于监测和反馈结果,企业可以及时进行调整和改进,以满足动态变化的市场需求和供应链的要求。持续改进和学习也是数智供应链中的重要环节,通过不断优化预测和需求管理的方法和过程,企业可以提高供应链的反应速度和适应能力。

综上所述,数智供应链中的预测与需求管理是一个基于数据分析和数字化技术的核心过程,它通过预测市场需求、计划与协同供应链运作、优化供应链网络等方法,提高供应链的灵活性和反应速度,从而实现优化的供应链管理。

4.1.2 数智供应链中的预测模型

预测模型是数智供应链中预测与需求管理的核心。对于制造和零售企业来说,正确的预测将直接影响它们的生产和采购决策。下面是几种常见的预测方法。

4.1.2.1 时间序列分析

时间序列分析是一种统计方法,其基本原理是建立时间序列与预测值之间的关系。这种方法适用于需求数据量稳定、周期规律性强的情况,可以对时间序列中的趋势、周期、季节性等进行分解,并建立对应的数学模型进行预测。在最近的研究中,ARIMA(自回归移动平均)模型被广泛用于时间序列分析。

4.1.2.2 回归分析

回归分析也是一种统计方法，它通过建立变量之间的相互关系来预测未来的需求。这种方法需要预测变量和自变量之间的相关性。例如，以过去的销售量、广告投入、市场份额和价格等因素作为自变量，建立线性回归模型来预测未来的销售量。

4.1.2.3 机器学习

机器学习是一种自适应算法，能够自动学习和识别规律和模式，从而进行准确的预测，其中最常用的算法包括神经网络、决策树和支持向量机等。机器学习需要前期准备的数据较多，但能够应对更为复杂和动态的需求预测问题。

4.1.2.4 混合模型

混合模型将多种预测方法混合使用，以提高预测准确性。例如，将时间序列分析与回归分析相结合，或是将机器学习和时间序列分析相结合等。混合模型的优点在于可以充分利用多种预测方法的优点来提高预测准确性。

无论用哪种预测方法，都需要选择适当的预测变量和自变量，并根据数据的特点进行相应的调整和优化。在建立模型后，要对模型进行验证和评估，以保证其准确性和可靠性。同时，需要不断调整和优化模型，以适应市场需求的变化和供应链的动态变化。

4.1.3 数智供应链中的需求计划与协同

数智供应链中的需求计划与协同，是指通过现代信息技术手段，实现企业内部和供应链各方之间的需求计划和协同，以达到提高供应链效率、降低成本和提高客户满意度的目的。下面将结合具体方法进行详细介绍。

4.1.3.1 需求预测

需求预测是数智供应链中的一个重要环节。通过对市场趋势、客户需求、销售数据等信息的分析和挖掘，它可预测未来一段时间内的需求量，从而指导企业制订准确的生产计划和采购计划。常用的需求预测方法有时间序列分析法、回归分析法、神经网络模型等。

4.1.3.2 库存管理

库存管理是数智供应链中的一个关键环节，它通过对库存水平、库存周转率、安全库存等指标的监测和分析，及时调整库存水平和采购计划，以保证供应链的稳定运转，降低库存成本。常用的库存管理方法有 ABC 分析法、EOQ 模型、MRP 系统等。

4.1.3.3 生产计划

生产计划是数智供应链中的一个重要环节，它通过对需求量、库存水平、生产能力等因素的综合考虑，制订合理的生产计划，以保证生产效率和产品质量。常用的生产计划方法有 MRP 系统、ERP 系统、APS 系统等。

4.1.3.4 供应商协同

供应商协同是数智供应链中的一个重要环节，它通过与供应商之间建立紧密的合作关系，共同制订生产计划和采购计划，及时传递信息和解决问题，以提高供应链效率，降低成本。常用的供应商协同方法有 VMI 模式、CPFR 模式、SCM 系统等。

总之，数智供应链中的需求计划与协同是一个复杂而又重要的领域，需要结合企业实际情况和市场需求，灵活运用各种方法和工具，不断探索创新，以提高企业竞争力和市场份额。

4.2 数智供应链中的生产和物流规划

数智供应链中的生产和物流规划，是指通过现代信息技术手段，实现企业内部和供应链各方之间生产和物流活动的规划和调度，以达到提高供应链效率、降低成本和提高客户满意度的目的。下面结合具体方法进行介绍。

4.2.1 生产计划与调度

生产计划与调度是数智供应链中的一个重要环节，它通过对产品需求量、库存水平、生产能力等因素的综合考虑，制订出合理的生产计划和生产调度方案，以保证生产效率和产品质量。常用的生产计划与调度方法有以下几种。

（1）MRP 系统：MRP（材料需求计划）系统是一种基于计算机技术的生产管理工具，它可以对企业的生产计划和物料需求进行自动化管理和计算。

（2）APS 系统：APS（高级计划与调度）系统是一种基于智能算法和数据分析的生产计划与调度系统，它可以实时优化生产计划和调度方案，提高生产效率和产品质量。

（3）MES 系统：MES（制造执行系统）系统是一种基于现场数据采集和分析的生产管理工具，它可以实时监测生产过程和设备状态，提高生产效率和品质稳定性。

4.2.2 物流规划与调度

物流规划与调度是数智供应链中的一个关键环节，它通过对运输需求、运输距离、运输方式等因素的综合考虑，制订出合理的物流规划和运输调度方案，以保证物流效率和成本控制。常用的物流规划与调度方法有以下几种。

（1）TMS 系统：TMS（运输管理系统）系统是一种基于计算机技术的物流管理工具，它可以对运输需求和运输资源进行自动化管理和调度。

（2）WMS 系统：WMS（仓库管理系统）系统是一种基于现代信息技术的仓库管理工具，它可以实时监测货物进出库情况和库存水平，优化存储空间和货物流转。

（3）SCM 系统：SCM（供应链管理）系统是一种基于信息共享和协同合作的物流管理工具，它可以整合供应链各方的信息和资源，优化物流流程和成本控制。

举例来说，一家电商企业需要处理大量订单和配送任务，为了提高物流效率，降低成本，它可以引入 TMS 系统和 WMS 系统，实现对运输和仓库管理的自动化和智能化。同时，通过与物流服务商的协同合作，企业可建立起稳定的供应链关系，实现物流资源共享和优化，提高物流效率和客户满意度。

总之，数智供应链中的生产和物流规划与调度是一个复杂而又重要的领域，需要结合企业实际情况和市场需求，灵活运用各种方法和工具，不断探索创新，以提高企业竞争力，加大市场份额。

4.3 数智供应链中的采购与供应管理

数智供应链中的采购与供应管理，是指通过现代信息技术手段，对企业采购和供应活动进行规划、管理和优化，以实现高效的供应链运作和降低成本。下面详细介绍其中的各种方法，并结合实例进行说明。

4.3.1 供应商管理

供应商管理，是指对企业供应商的选择、评估、合作和绩效监控等活动的管理。在数智供应链中，可以使用以下方法来实现有效的供应商管理。

（1）供应商评估：通过对供应商的资质、质量管理体系、交货准时率、服务水平等进行评估，企业可以确定最合适的供应商合作伙伴。

（2）供应商合作：企业建立稳固的供应商关系，可实现长期合作，共同提升供应链效率和产品质量。

（3）供应商绩效监控：通过对供应商交货及时性、产品质量、售后服务等指标进行监控和评估，企业可以及时发现问题并进行改进。

举例来说，一家制造企业需要采购原材料，为了实现高效的供应链管理，它可以通过数智供应链系统对供应商进行评估和选择，确保选取到具备稳定供货能力和良好质量管理体系的供应商。同时，通过与供应商建立紧密的沟通和协作机制，共同优化供应链流程，提高供应链的透明度和运作效率。

4.3.2 采购计划与执行

采购计划与执行是指根据企业的需求和市场情况，制订合理的采购计划，并进行有效的采购执行和跟踪。在数智供应链中，可以使用以下方法来实现高效的采购计划与执行。

（1）需求预测：通过分析历史数据、市场趋势和销售预测等信息，企业可预测未来的需求量，为采购计划提供依据。

（2）采购订单管理：通过智能化的采购订单管理系统，企业可实现采购订单的生成、审批、发布和跟踪，确保采购过程的可控性和透明度。

（3）供应链协同：与供应商和其他供应链参与方进行紧密合作，企业可实现信息共享和协同规划，在供应链各环节之间实现高效的物料流动和信息流动。

举例来说，一家零售企业需要采购商品库存，为了实现高效的采购计划，它可以利用数智供应链系统进行需求预测，更准确地预估未来的市场需求量。同时，通过与供应商建立紧密的合作关系，它也可以实现供应链协同，及时调整采购计划，确保商品的及时供应和库存的控制。

4.3.3 供应链可视化与监控

供应链可视化与监控，是指通过信息技术手段，将供应链中各个环节的数据进行收集、整合和展示，实现对供应链运作情况的实时监控和分析。以下是一些常用的供应链可视化与监控的方法。

（1）数据采集与整合：通过物联网技术、传感器等手段，企业可实时采集供应链中的各种数据，包括生产数据、运输数据、库存数据等，并进行整合和分析。

（2）仪表盘与报表：利用数据分析和可视化工具，企业可生成供应链运营的仪表盘和报表，展示关键指标和运营绩效，并进行实时监控。

（3）预警与异常处理：通过建立预警机制和异常处理流程，企业可及时发现和处理供应链中的问题和风险，保障供应链的稳定运作。

举例来说，一家物流企业需要对货物的运输过程进行监控，为了实现供应链的可视化与监控，它可以通过 GPS 定位技术和物联网设备，实时采集货物的位置和温湿度等信息，并通过仪表盘和报表展示运输过程中的关键指标，如运输时间、车辆利用率等。同时，建立预警机制，企业可及时发现和处理异常情况，确保货物的安全和运输效率。

总之，数智供应链中的采购与供应管理是一个综合性的工作，需要结合企业需求和市场情况，灵活运用各种方法和工具，从而实现高效的供应链运作，降低成本。通过供应商管理、采购计划与执行以及供应链可视化与监控等方法，企业可以实现供应链的优化和持续改进。

4.4 数智供应链中的库存管理与优化方法

数智供应链中的库存管理与优化方法，是指通过现代信息技术手段，对企业的库存进行有效规划、管理和优化，以实现库存成本的降低、库存周转率的提高和服务水平的提升。下面将详细介绍几种方法，并结合实例进行说明。

4.4.1 需求预测与计划

需求预测是库存管理的第一步，可通过分析历史销售数据、市场趋势、促销活动等信息，预测未来的需求量，为库存规划和采购提供依据。在数智供应链中，企业可以利用以下方法进行需求预测与计划。

（1）数据挖掘与分析：通过数据挖掘技术对历史销售数据进行分析，企业可发现潜在的销售规律和趋势，为未来需求的预测提供参考。

（2）预测模型应用：利用各种预测模型，如时间序列分析、回归分析等，企业可对未来需求进行量化预测，并生成采购计划。

（3）智能化需求管理系统：借助智能化的需求管理系统，实现对销售数据的实时监控和分析，以支持快速的需求响应和库存调整。

举例来说，一家电子产品零售商可以通过数智供应链系统对历史销售数据进行分析，然后利用数据挖掘技术挖掘出产品的销售规律和季节性特点，应用预测模型对未来需求进行量化预测，最终形成针对不同产品的库存采购计划。

4.4.2 安全库存与服务水平管理

安全库存是为了应对需求不确定性和供应风险而保留的额外库存量,以确保能够及时满足顾客需求。在数智供应链中,可以使用以下方法进行安全库存与服务水平管理。

(1) 服务水平设定:通过对订单交付率、库存周转率等指标的分析,企业可确定合适的服务水平目标,为安全库存的设定提供依据。

(2) 库存优化模型:借助库存优化模型,结合需求预测和供应可靠性等因素,企业可优化安全库存水平,降低库存持有成本,缩短供应链响应时间。

(3) 动态库存管理:建立动态库存管理机制,企业可根据市场需求和供应状况灵活调整安全库存水平,以应对市场变化和风险波动。

举例来说,一家快消品生产企业可以通过数智供应链系统设置合适的服务水平目标,应用库存优化模型对安全库存进行动态管理,再根据市场需求和供应风险不断调整安全库存水平,确保在保障服务水平的前提下降低库存成本。

4.4.3 跨组织协同库存管理

在供应链中,存在多个参与方,包括供应商、生产商、分销商等,他们之间的协同与合作对库存管理至关重要。在数智供应链中,可以使用以下方法进行跨组织协同库存管理。

(1) 库存信息共享:建立库存信息共享平台,企业可实现各参与方之间库存数据的实时共享和透明,以支持跨组织库存协同规划。

(2) 跨组织协同计划:利用供应链协同规划工具,企业可实现跨组织的库存计划和协同补货,减少因信息不对称而导致的库存过剩或缺货情况。

(3) 跨组织库存风险管理:通过跨组织的库存风险评估和管理,企业可降低跨组织协同库存管理中的供应风险和需求不确定性。

举例来说,一家汽车零部件制造商可以与其供应商建立库存信息共享平台,通过数智供应链系统实现跨组织的库存协同规划和补货,共同优化供应链中的库存水平,降低库存持有成本,提高供应链的灵活性。

总之,数智供应链中的库存管理与优化是一个综合性的工作,需要结合需求预测与计划、安全库存与服务水平管理以及跨组织协同库存管理等方法,在实际应用中不断优化和改进,以实现库存成本的降低、库存周转率的提高和服务水平的提升。通过这些方法的应用,企业可以更好地应对市场变化和供应风险,提高供应链的效率和竞争力。

4.5 数智供应链中的运输与配送管理

数智供应链中的运输与配送管理，是指通过现代信息技术手段，对企业的物流运输和产品配送进行有效规划、管理和优化，以实现运输成本的降低、运输效率的提高和客户满意度的提升。下面详细介绍几种方法，并结合实例进行说明。

4.5.1 运输网络设计与优化

运输网络设计与优化，是指根据企业的需求和资源情况，在整个供应链中确定最优的运输网络结构和布局。在数智供应链中，可以使用以下方法进行运输网络设计与优化。

（1）网络模型建立：借助网络优化模型，企业可考虑供应商、生产商、分销商等各个节点之间的联系和关系，确定最优的运输路径、运输方式和中转站点。

（2）运输成本评估：通过计算不同运输方案的成本，包括运输距离、运输时间、运输费用等，企业可评估不同方案的经济效益，并选择最优的运输方案。

（3）环境影响评估：企业可考虑环境保护因素，评估不同运输方案对环境的影响，选择符合可持续发展要求的运输方式和路线。

举例来说，一家跨国电子产品制造商可以利用数智供应链系统建立运输网络模型，考虑供应商、工厂和分销中心之间的联系，确定最优的运输路径和中转站点；通过计算不同运输方案的成本和对环境的影响，选择最经济和环保的运输方案，以减少运输成本和环境负担。

4.5.2 运输计划与调度

运输计划与调度，是指根据订单需求和运输资源，进行合理的运输任务分配和调度安排，以实现运输效率的最大化。在数智供应链中，可以使用以下方法进行运输计划与调度。

（1）实时运输可视化：借助物联网技术和传感器设备，企业可实时监控运输车辆的位置、状态和货物信息，为运输计划和调度提供准确数据支持。

（2）路线优化算法：利用路线优化算法，结合实时交通信息和运输需求，企业可自动计算最优的运输路线和配送顺序，减少行驶里程和运输时间。

（3）即时调度与协同：通过智能调度系统，企业可实现运输任务的即时调度和协同，再根据实际情况调整运输计划，提高运输效率和灵活性。

举例来说，一家物流服务提供商可以利用数智供应链系统实时监控运输车辆的位置和货物信息，结合即时交通信息，利用路线优化算法计算最优的运输路线和配送顺序，并通过智能调度系统实现运输任务的即时调度和协同，以提高运输效率，减少运输成本。

4.5.3 运输风险管理

在供应链的运输过程中，存在各种风险，如交通拥堵、天气变化、运输事故等，这些风险可能会导致运输延误、货物损坏或丢失。数智供应链中的运输风险管理旨在识别、评估和降低运输风险的发生概率和影响程度。以下是一些常用的运输风险管理的方法。

（1）风险评估与预警：通过分析历史运输数据和相关风险因素，企业可评估不同运输路径和模式的风险潜在性，建立预警机制，提前预警潜在的运输风险。

（2）库存缓冲与备份计划：针对高风险运输路径或关键货物，企业可建立适当的库存缓冲和备份计划，以应对意外情况，减少供应链中断的影响。

（3）保险与合同管理：合理购买运输保险，对运输合同进行风险评估和管理，企业可确保在意外情况发生时能够得到适当的补偿和赔偿。

举例来说，一家国际贸易公司可以利用数智供应链系统对不同运输路径和模式进行风险评估，再根据评估结果制订相应的库存缓冲和备份计划。此外，它们还可以购买适当的货物运输保险，对运输合同进行合理管理，以降低运输风险带来的损失。

综上所述，数智供应链中的运输与配送管理涉及运输网络设计与优化、运输计划与调度以及运输风险管理等方面。通过应用这些方法，企业可以实现运输成本的降低、运输效率的提高和客户满意度的提升，从而增强供应链的竞争力和可持续发展能力。

4.6 数智供应链中的智能优化决策与动态资源配置

数智供应链中的智能优化决策与动态资源配置，是指通过智能化技术和算法，对供应链中的各个环节进行实时监控、数据分析和决策优化，以实现资源的动态配置和利用效率的最大化。下面详细介绍几种方法，并结合实例进行说明。

4.6.1 实时监控与数据分析

数智供应链依赖于物联网技术和传感器设备，可以实时监控供应链中的各个节点、环节和关键指标，如库存水平、生产进度、运输状态等。通过数据采集与整合和数据分析与预测，可以获取准确的供应链信息，并为后续的决策优化提供支持。

（1）数据采集与整合：通过物联网设备和传感器，企业可实时获取供应链各个环节的数据，包括库存数据、订单数据、运输数据等，而且可以将这些数据整合到一个统一的平台中。

（2）数据分析与预测：利用大数据分析和机器学习算法，企业可对供应链数据进行深入分析，挖掘潜在的规律和趋势，进行需求、库存优化、生产计划等方面的预测和优化。

举例来说，一家零售企业可以通过数智供应链系统实时监控各个门店的库存水平和销售数据，并将这些数据整合到一个平台中进行分析。通过对历史销售数据和市场趋势的分析，企业可以预测未来的销售需求，并提前调整库存和补货计划，以避免缺货或库存积压的问题。

4.6.2 优化决策与动态资源配置

基于实时监控和数据分析的基础上，数智供应链可以使用以下方法进行优化决策和动态资源配置，以实现供应链效率的最大化和成本的最小化。

（1）需求响应与动态配送：根据实时的销售数据和需求预测，企业可及时调整生产计划和配送安排，以满足市场需求，减少运输成本。

（2）资源协同与灵活配置：通过智能算法和协同平台，实现供应链中各个环节的资源协同和灵活配置，如生产设备的优化利用、运输车辆的合理调度等。

（3）供应链优化与仿真模拟：利用供应链优化模型和仿真技术，对供应链的不同方案进行评估和比较，选择最优的方案并进行仿真模拟，以减少风险，提高决策的准确性。

举例来说，一家电子产品制造商可以根据市场需求和产能状况，利用数智供应链系统动态调整生产计划和配送安排。通过资源协同和灵活配置，它可将生产设备和运输车辆合理安排，实现生产效率的提高和运输成本的降低。此外，企业还可以利用供应链优化模型和仿真技术，评估不同方案的优劣，并选择最优的方案进行仿真模拟，以减少风险，提高决策的准确性。

综上所述，数智供应链中的智能优化决策与动态资源配置涉及实时监控与数据分析、优化决策与动态配送以及供应链优化与仿真模拟等方面。应用这些方法，企业可以实现供应链资源的最大化利用和运营效率的提高，从而提高供应链的竞争力和可持续发展能力。

4.7 数智供应链的可视化和实时监控

数智供应链的可视化和实时监控，是指利用可视化技术和实时数据监控，将供应链中各个环节的信息以直观、易理解的方式展示出来，并通过实时监控实现对供应链运作情况的实时追踪和监控。下面将详细介绍几种方法，并结合实例进行说明。

4.7.1 仪表盘和指标展示

通过设计仪表盘和指标展示界面，可将供应链中的关键指标以直观、易理解的图形和图表形式展示出来。这些指标包括库存水平、订单状态、交货时间、运输状态等。通过仪表盘和指标展示，供应链管理人员可以快速了解供应链的整体状况，并及时采取相应的措施。

举例来说，一家物流公司可以设计一个仪表盘，显示当前的运输情况，包括运输车辆的位置、速度、到达时间等。通过实时监控，管理人员可以及时发现运输过程中的异常情况，如交通拥堵、运输延迟等，并采取相应的措施，如调整路线、增派车辆等，以确保货物按时送达。

4.7.2 物联网和传感器技术

利用物联网和传感器技术，企业可实时采集供应链中各个环节的数据，并将其传输到监控系统中进行处理和展示。这些传感器可以安装在生产设备、运输工具、仓库等位置，用于监测温度、湿度、压力、振动等关键参数。

举例来说，一家食品制造商可以在仓库中安装温度传感器，实时监测存储食品的温度情况。当温度超过预设范围时，监控系统会自动发出警报，并通知相关人员进行处理，以避免食品质量受损。

4.7.3 实时追踪和定位技术

利用实时追踪和定位技术，企业可对供应链中的物流运输、货物流转等进行实时监控和跟踪，获取物流车辆、货物等的实时位置信息，并将其显示在地图上。

举例来说,一家电子产品制造商可以使用实时追踪技术,对产品从工厂到零售店的整个运输过程进行实时监控。通过监控系统,企业可以随时了解产品的位置和运输状态,及时处理可能出现的问题,如货物丢失、交通拥堵等。

4.7.4 预警和异常监测

通过设置预警机制和异常监测功能,企业可及时发现供应链中的异常情况,并及时处理。当监测系统检测到异常情况时,供应链会自动触发预警,并发送通知给相关人员。

举例来说,一家零售企业可以设置库存预警功能,在库存水平低于或高于预设阈值时,就自动发送预警信息给仓库管理员。这样可以帮助企业及时调整补货计划或销售策略,以避免库存积压或缺货的问题。

综上所述,数智供应链的可视化和实时监控是通过仪表盘和指标展示、物联网和传感器技术、实时追踪和定位技术以及预警和异常监测等方法,将供应链中各个环节的信息以直观、易理解的方式展示出来,并通过实时监控实现对供应链运作情况的实时追踪和监控,从而帮助企业及时发现问题,作出决策并采取相应措施,提高供应链的效率和响应能力。

第5章 "双碳"目标导向的供应链运作策略

5.1 "双碳"目标导向的供应链生产和物流规划

5.1.1 "双碳"目标导向的供应链生产和物流规划类型

在供应链生产和物流规划中,"双碳"目标的实施意味着在整个供应链过程中减少碳排放并提高资源利用效率,可以通过以下几个方面来实现。

(1) 能源转型:供应链中的各个环节都需要使用能源,例如生产过程中的机器设备和运输过程中的交通工具。为了实现"双碳"目标,可以采取多种措施,如使用可再生能源替代化石燃料(例如太阳能、风能或水能)。这样可以减少二氧化碳排放,并推动清洁能源的发展。

(2) 节约资源:供应链中的资源消耗对环境影响很大。企业可以优化生产过程,减少废物产生,降低资源消耗并减少环境负荷。例如,采用循环经济模式,将废弃物转化为再生资源,减少对原材料的需求并降低碳排放。

(3) 优化运输模式:物流运输是供应链中碳排放的主要来源之一。企业可以通过优化运输路线、减少空运和货运之间的转运,降低运输过程中的碳排放。例如,选择更高效的运输模式,如铁路或海运,而不是汽车运输。

(4) 供应链合作与信息共享:供应链中的各个环节的紧密合作和信息共享也是实现"双碳"目标的关键。通过共享数据和信息,供应链参与者可以更好地协调生产和物流过程,减少能源浪费和碳排放。例如,制造商可以与供应商合作,共同制定节能减排的措施,并共享最佳实践。

5.1.2 将"双碳"目标融入供应链生产和物流规划实例

在当前全球范围内,碳中和和减少碳排放已成为各行各业的共同目标。

在这种背景下,供应链生产和物流规划必须适应"双碳"目标,即降低二氧化碳排放并提高能源利用效率。下面我们以 X 汽车制造有限公司为例,将"双碳"目标融入其供应链生产和物流规划中。

(1) 该公司在供应链生产中采取的措施。

①节能减排生产流程。该公司通过优化生产工艺和引入清洁能源设备,实现了生产过程中的能源利用效率的提高。例如,该公司采用了太阳能发电设备来满足部分工厂用电需求,并引入了高效节能设备,从而降低了生产过程中的能源消耗。

②碳排放监控和管理。该公司建立了完善的碳排放监控系统,通过实时监测和数据分析,掌握了生产过程中的碳排放情况。该公司又设定了碳排放降低目标,并采取有效措施减少碳排放,例如,该公司优化了供应商选择,选择那些也致力于减少碳排放的合作伙伴,从根本上减少了整个供应链的碳足迹。

(2) 该公司在物流规划方面作出的努力。

①碳中和物流配送。该公司与物流合作伙伴合作,推动碳中和物流配送,例如使用电动车、混合动力车等低碳交通工具进行货物配送。该公司还采用了智能路线规划和货物集中配送等方式,减少了物流配送过程中的碳排放。

②包装和回收利用。该公司重视包装材料的环保性,采用可循环利用的包装材料,并鼓励供应商使用环保包装。同时,该公司还积极推动包装材料的回收利用,减少了资源浪费和环境污染。

(3) 通过"双碳"目标导向的供应链生产和物流规划,该公司取得了显著的环保和经济效益。

①能源利用效率大幅提高:生产过程中的单位能耗减少了 25%,太阳能发电设备每年为公司节约了 50000 千瓦时的电力。

②碳排放降低:生产过程中的碳排放量降低了 30%,物流配送过程中的碳排放量减少了 20%。

③环保形象提升:该公司因环保生产理念而获得了更多消费者的认可和支持,销售额同比增长了 15%。

以上数据证明了"双碳"目标导向的供应链生产和物流规划在"X 汽车制造有限公司"的实际运营中所取得的成果。这些举措不仅有助于实现环境保护和可持续发展目标,还提升了公司形象,并为公司带来了经济效益。

5.2 "双碳"目标导向的供应链采购与供应管理

5.2.1 实现"双碳"目标的关键

"双碳"目标的实施对于供应链采购与供应管理来说非常关键，它涉及减少碳排放、优化资源利用以及推动可持续发展。以下是在这一领域中实施"双碳"目标的几个关键方面。

（1）碳排放量评估：通过对供应链中各个环节的碳排放进行评估，可以确定哪些环节是主要的碳排放来源，并制定相应的改进措施。例如，对采购商品的全生命周期进行分析，可以评估原材料生产和运输对于总体碳排放的贡献。

（2）碳中和的原材料采购：在采购过程中，选择碳中和的原材料或产品是实现"双碳"目标的一种重要措施。这些原材料的生产过程通常采用低碳技术或采用可再生能源，从而减少碳排放。例如，某公司在采购木材用于产品制造时，选择可持续林业管理认证的碳中和木材，以降低供应链的整体碳排放。

（3）供应商要求与审核：在供应链合作伙伴的选择中，考虑供应商的环境和社会责任表现，也是实施"双碳"目标的关键。通过与供应商合作，推动其改善碳排放和可持续发展的实践，可以有效减少供应链的整体碳足迹。某公司在供应商选择过程中，要求供应商提供环境报告、碳排放数据等信息，并对其进行审核，以确保供应链的可持续性和低碳性。

（4）追溯和透明度：借助信息技术和数据管理系统，实现供应链的追溯和透明度，对于碳足迹的准确计算和监控至关重要。通过数字化的追溯系统，可以跟踪每个环节的碳排放，并及时掌握供应链中的碳排放状况。例如，某公司利用区块链技术建立了一个供应链追溯系统，能够实时追踪原材料的来源、生产过程和运输情况，实现供应链的可持续跟踪和优化。

5.2.2 "双碳"目标下供应链采购与供应管理实例

（1）一个实际的例子是某电子产品制造公司的供应链采购与供应管理。该公司与其主要供应商建立了长期合作伙伴关系，并制定了一系列可持续发展和碳减排的目标。通过对供应商的环境和社会责任要求，该公司在采购过程中选择了碳中和的原材料，并要求供应商提供碳排放数据进行审核和监控。

此外，利用数字化技术，该公司建立了供应链追溯系统，实时追踪和监控供应链中的碳排放情况。通过这些措施，该公司成功地减少了供应链中的碳排放，并实现了"双碳"目标的驱动。

这个例子展示了"双碳"目标导向的供应链采购与供应管理的实际应用，通过合作伙伴选择、原材料采购、供应商要求与审核以及追溯与透明度管理等手段，有效减少了碳足迹，推动了供应链的可持续发展。

（2）另一个例子是 Y 服装有限公司。该公司是一家致力于生产环保和可持续发展服装的企业。以下是该公司在供应链采购和供应管理方面采取的措施。

①供应商选择与评估。Y 服装有限公司重视供应商的环保和可持续发展理念。该公司与供应商建立了合作伙伴关系，并对供应商进行评估，包括对其环境管理体系、碳排放情况、材料可持续性等的评估。该公司优先选择那些具有环保认证和可持续发展认证的供应商，以确保供应链的环境友好性。

②碳排放监测与管理。Y 服装有限公司建立了完善的碳排放监测系统，对整个供应链中的关键环节进行监测和管理。该公司与供应商共享数据，追踪碳排放量，并设定碳排放降低目标。通过监测和管理，该公司能够及时发现并解决碳排放问题，确保供应链的低碳化。

③物流优化。Y 服装有限公司对物流进行了优化规划，以减少碳排放。其采用智能路线规划和货物集中配送等方式，减少运输过程中的能耗和碳足迹，同时与物流合作伙伴合作，推动使用低碳交通工具进行货物配送，例如电动车、混合动力车等。通过这些措施，它们降低了供应链物流过程中的碳排放量。

（3）"双碳"目标导向的供应链采购与供应管理在 Y 服装有限公司实际运营中的效果。

①供应商选择与评估：与环保认证和可持续发展认证的供应商建立合作关系占比达到 80%。

②碳排放降低：整个供应链中的碳排放量降低了 25%。

③物流优化：物流配送过程中的碳排放量减少了 30%。

④环保形象提升：公司因环保理念而获得了更多消费者的认可和支持，销售额同比增长了 20%。

以上数据反映了"双碳"目标导向的供应链采购与供应管理在 Y 服装有限公司的实际效果。通过这些措施，该公司不仅实现了碳排放的降低和环境保护，还提高了公司的形象，给公司带来了经济效益。这个例子证明了在供应链采购和供应管理中积极推动环保和可持续发展的重要性和益处。

5.3 "双碳"目标导向的供应链规划与设计

5.3.1 碳中和目标下的供应链网络设计与优化

碳中和是指通过吸收或抵消与活动相关的碳排放来实现零净碳排放的目标。在供应链网络设计与优化中，考虑碳中和的目标是非常关键的，因为它可以促进减少碳排放，优化资源利用，推动可持续发展，以下是在这一领域中实施碳中和目标的几个重要方面。

（1）碳排放量评估：在供应链设计和优化中，企业需要评估供应链网络中所有环节的碳排放量，并开展全生命周期分析。这有助于确定哪些环节是主要的碳排放来源，以及制订相应的改进方案，例如使用更环保的材料和能源、优化物流运输等。

（2）选择碳中和供应链策略：在设计和优化供应链网络时，需要从碳中和的角度来考虑，通过吸收或抵消碳排放来实现碳中和目标。选择碳中和的供应链策略需要综合考虑碳中和手段的可行性、成本和效果等因素。例如，在某电子产品制造公司的供应链中，选择国内种植的碳中和树种作为包装材料，以抵消产品的碳排放。

（3）优化物流运输：物流运输是供应链中碳排放的主要来源之一。为了减少碳排放，需要在供应链网络设计中优化物流运输。例如，选择绿色物流和低碳运输工具，优化客户配送路线等。此外，利用物流优化技术和数字化系统，例如智能路线规划和运输模拟等，可以优化物流效率和碳排放。

（4）环保与社会责任守则契约：通过采用碳中和供应链策略，将环保与社会责任纳入供应链管理，可建立商家依法诚信经营的企业形象。同时，对入网企业逐一审核，管理企业的环境和社会责任，保障其合法合规经营，形成企业间的契约。

一个实际的例子是可口可乐公司的供应链网络设计与优化。该公司在供应链设计和优化中，考虑了碳中和目标，将环境和社会责任作为优化的关键因素。比如，该公司优化了物流运输和产品包装，选择了可降低碳排放和能量使用的材料，在运输和生产过程中使用可再生能源，并关注供应链伙伴在环境和社会责任上的表现。通过这些措施，可口可乐公司成功实现了碳中和目标，取得了环保的效益。

这个例子展示了碳中和目标下的供应链网络设计与优化的实际应用。在优化供应链网络时，考虑碳中和目标非常关键。通过评估碳排放，选择碳中和供应链策略、优化物流运输和关注环保与社会责任，可以降低碳排放，实现碳中和目标，推动供应链的可持续发展。

5.3.2 碳中和目标下的供应链效率和弹性设计

在碳中和目标下，企业需要在减少碳排放的同时保持供应链的效率和弹性，这是一项极具挑战性的任务。为了实现这个目标，企业可以采取以下措施。

（1）优化供应链结构。企业可以通过重新设计供应链结构、减少运输距离、优化仓储规划等方式来降低碳排放量。例如，某电子产品公司将生产基地从中国迁至墨西哥，就是为了缩短货物运输距离，降低碳排放量。

（2）推广可持续采购。企业应该采购可持续的原材料和能源，以减少对环境的影响。例如，某汽车制造公司使用可再生能源来驱动其工厂，并采用可持续林业管理计划来获取木材，以减少碳排放量。

（3）优化运输方式。企业可以采用更高效的运输方式，如铁路、水路等，减少碳排放量。例如，某食品公司使用铁路运输代替卡车运输，降低了碳排放。

（4）强化供应链合作。企业应该与供应商、合作伙伴等建立紧密的合作关系，共同推动碳减排工作。例如，某服装公司与其供应商共同建立了可持续纺织生产基地，以降低碳排放量。

综上所述，企业在实现碳中和目标的同时，应重视供应链效率和弹性设计，通过优化供应链结构、推广可持续采购、优化运输方式、强化供应链合作等措施，实现供应链的可持续发展，为环境保护作出贡献。

5.4 "双碳"目标导向的供应链库存管理与优化

"双碳"目标导向的供应链库存管理与优化，是指在同时考虑碳排放和库存成本的前提下，对供应链中的库存进行合理管理和优化。这一过程需要综合考虑供应链的各个环节，从供应商到生产商再到最终客户，以确保库存水平的合理性和碳排放的最小化。以下是一些方法和实例。

5.4.1 合理库存定量

合理库存定量，是指通过准确的需求预测和科学的库存计算方法，确定合理的库存水平，以达到降低库存成本和碳排放的目标。

下面我们通过一个实例来说明合理库存定量的重要性和具体操作。假设某电子产品制造商位于中国，其产品主要销往美国市场。根据过去几年的销售数据和市场趋势分析，企业发现在圣诞节前后的销售需求会急剧增加。为了满足这一销售高峰期的需求，企业需要合理安排库存，并避免因过度备货而导致的库存积压和碳排放。

首先，该企业基于历史销售数据和市场调研，预测每年圣诞节前后的销售量。假设预测结果显示，在圣诞节前后两个月的销售量平均每月增加50%，那么企业会根据供应链运作周期和交付时间等信息，计算出在圣诞节前后所需的库存量。假设供应链运作周期为40天，交付时间为20天。为了确保在圣诞节前后能够满足销售需求，企业需要在该高峰期到来之前的60天内备货。

其次，企业应考虑销售季节性波动和库存成本之间的权衡。假设该企业的单位库存持有成本为每月1000美元，如果库存超过需求量，每多一台产品就会增加200美元的碳排放。企业通过库存优化模型计算得出，在圣诞节前后的高峰期之前，应该在正常销售量的基础上增加20%的库存。

综合考虑上述因素，该企业最终确定圣诞节前两个月的库存水平应该是每月正常销售量的1.7倍（即增加20%）。这样，企业既能满足销售需求，又避免了过度备货导致的库存积压和碳排放增加。

以上是一个简单的实例，展示了合理库存定量的过程和方法。通过准确的需求预测、科学的计算方法及综合考虑库存成本和碳排放的权衡，企业可以合理安排库存，提高供应链的效率和可持续性。

5.4.2 跨层级协同规划

供应链中的各个环节需要进行协同规划，避免信息不对称和过度备货。供应链的跨层级协同规划对于现代企业的成功至关重要。我们以一个电子产品制造公司 ABC Electronics 为例。"ABC Electronics"是一家全球领先的电子产品制造公司，主要设计、生产和销售各类消费电子产品。由于市场竞争激烈，该公司需要高效的供应链管理来满足客户需求并提高竞争力。

供应链的跨层级协同规划需要涵盖多个环节，包括原材料采购、生产制造、物流配送和售后服务等。以下是 ABC Electronics 公司在这些环节中实施跨层级协同规划的具体做法。

（1）原材料采购。ABC Electronics 与全球各地的供应商合作，并使用先进的供应链管理系统进行数据共享和协同计划。该公司通过预测市场需求，与供应商共享销售数据和产品规划信息，以便供应商能够及时调整原材料供应量。例如，如果销售预测显示某款产品的需求将大幅增加，供应商可以提前调整原材料采购计划，以确保及时供应。

（2）生产制造。ABC Electronics 与其生产部门之间建立了紧密的协作关系。通过共享销售数据和订单信息，生产部门能够准确预测生产需求，并安排合理的生产计划。例如，如果销售订单数量突然增加，生产部门可以快速调整生产线的产能，以满足市场需求。

（3）物流配送。ABC Electronics 与物流公司紧密合作，共享订单信息和库存数据，以实现高效的物流配送。该公司可以使用先进的物流管理系统来跟踪货物运输情况，并实时更新库存信息。例如，如果某个地区的库存低于设定的安全库存水平，物流公司可以及时调整运输计划，确保货物及时到达目的地。

（4）售后服务。ABC Electronics 与客户服务部门密切合作，共享客户反馈和产品质量数据。该公司通过跨层级协同规划，可及时识别和解决产品质量问题，并改进售后服务流程。例如，如果某款产品出现频繁的故障问题，应与生产部门协商，改进产品设计和制造工艺，以提高产品质量和客户满意度。

通过以上跨层级协同规划的实施，ABC Electronics 取得了显著的业绩提升。例如，在 2022 年，该公司实施了供应链协同规划，取得以下成果。

①原材料采购效率提高：原材料库存周转率从每月平均 5 次提高到每月平均 8 次，减少了不必要的库存积压。

②生产制造效率提升：生产线利用率从 80% 提高到 90%，生产交付时间缩短了 10%。

③物流配送效率提升：物流配送准时交货率从 90% 提高到 95%，降低了运输成本和延误风险。

④售后服务满意度提高：客户投诉率减少了 20%，售后服务响应时间缩短了 30%。

以上数据说明了供应链的跨层级协同规划对 ABC Electronics 的业务运营和绩效改进产生了积极影响。通过有效的数据共享、协同决策和资源优化，该公司更好地满足了市场需求，提高了生产效率和交付准时性，增强了客户满意度，并实现了业务增长和竞争优势。

5.4.3 JIT（即时生产）和 JIS（即时供应）模式

采用 JIT 和 JIS 模式可以减少库存水平，降低碳排放。供应链中的 JIT

（即时生产）和 JIS（即时供应）模式是一种有效管理生产和供应过程的方法。我们以一家汽车制造公司 XYZ Motors 为例。在 XYZ Motors 的供应链中，该公司采用了 JIT 和 JIS 模式来实现高效的生产和供应管理。

（1）JIT（即时生产）模式意味着按需生产，以减少库存积压和浪费。以下是 XYZ Motors 在 JIT 模式下的实施方式。

①生产计划与订单。XYZ Motors 与销售部门紧密合作，共享销售订单和市场需求信息。该公司使用先进的生产计划系统，根据订单量和交付时间要求，制订了精确的生产计划。例如，如果某个型号的汽车订单数量增加，该公司能及时调整生产计划，保证按时交付。

②高效生产流程。XYZ Motors 优化了生产流程，以提高生产效率，减少浪费。该公司通过实施精益生产原则，采用先进的生产技术和自动化设备，减少了生产周期和产能浪费。例如，该公司引入了机器人自动化生产线，减少了人为错误和生产时间。

③实时监控和反馈。XYZ Motors 使用实时监控系统来跟踪生产进度和质量指标。该公司通过传感器和数据分析技术，实时收集生产数据，并及时反馈给生产团队。例如，如果某个生产环节出现了问题，监控系统会发出警报，生产团队也可以立即采取纠正措施，避免影响整个生产流程。

（2）与此同时，JIS（即时供应）模式意味着按需供应，能降低库存，提高供应链的灵活性。以下是 XYZ Motors 在 JIS 模式下的实施方式。

①供应商合作。XYZ Motors 与关键的零部件供应商建立了密切的合作关系。该公司共享了生产计划和销售预测数据，以便供应商能够根据需求实施及时供应。例如，如果某个零部件的需求增加，供应商可以迅速调整生产计划，按时交付零部件。

②灵活物流配送。XYZ Motors 与物流合作伙伴紧密协作，实现了灵活的物流配送。该公司使用先进的物流管理系统，跟踪货物运输情况，并根据生产进度调整供应物料的配送时间和数量。例如，如果某个生产线需要紧急补充零部件，物流合作伙伴可以快速调整运输计划，确保零部件及时到达。

（3）通过 JIT 和 JIS 模式的实施，XYZ Motors 的业绩取得了显著改善。以下是该公司实施这两种模式后取得的具体成果。

①生产效率提高：汽车制造周期缩短了 20%，生产线利用率提高了 15%。

②库存降低：汽车成品库存周转率从每月 5 次提高到每月 8 次，减少了不必要的库存积压。

③供应灵活性增强：供应商交付准时率从 90% 提高到 95%，降低了供应

风险和延误风险。

④成本降低：浪费减少了 10%，物流成本降低了 5%。

以上数据说明了 JIT 和 JIS 模式在 XYZ Motors 的供应链中的重要作用。通过按需生产和供应，该公司提高了生产效率，降低了库存和成本，并增强了供应链的灵活性和响应能力。使该公司能够更好地满足客户需求，提高产品质量和交付准时性，从而实现业务增长和竞争优势。

通过上述方法，企业可以在追求"双碳"目标的同时，实现供应链库存管理与优化。这些方法可以帮助企业降低碳排放，降低库存成本，提高供应链的效率和可持续性。

5.5 "双碳"目标导向的供应链运输与配送管理

"双碳"目标导向的供应链运输与配送管理，是指在供应链运输和配送过程中，通过采取措施减少碳排放，以实现企业的"双碳"目标，即减少温室气体排放和实现碳中和。下面是一个真实的例子，展示了在供应链运输与配送管理中"双碳"目标的实施情况。

2022 年美国洛杉矶某电子产品制造公司（以下简称"公司 A"）为了实现"双碳"目标，决定改进其供应链运输与配送管理。公司 A 采取了以下措施。

5.5.1 运输模式优化

公司 A 分析了不同的运输模式，选择了更环保的方式。公司 A 将大部分长途货运从公路转移到铁路和海运上，因为这些运输方式相对来说碳排放更低。同时，公司 A 也鼓励供应商使用节能环保的运输方式，如集装箱共享和拼箱运输。

5.5.2 路线优化和合并

公司 A 利用物流技术优化运输路线，避免了不必要的里程和燃料消耗，还与其他公司合作，共享了运输资源，通过合并货物运输来减少运输车辆的数量。这不仅减少了碳排放，还降低了运输成本。

5.5.3 车辆燃料转型

公司 A 逐步将传统燃油驱动的运输车辆替换为使用清洁能源的车辆。公司 A 引入了电动卡车和混合动力卡车,减少了运输过程中的碳排放。同时,它也鼓励供应商采用环保车辆,提供相应的支持和激励措施。

以上措施在公司 A 的供应链运输与配送管理中取得了显著效果。

(1) 碳排放量减少:通过优化运输模式和路线,以及引入环保车辆,公司 A 成功降低了供应链运输过程中的碳排放量。根据公司 A 的内部数据,它在一年内的碳排放量减少了 30%。

(2) 成本削减:由于优化路线和合并运输,公司 A 降低了运输成本。根据内部估算,该公司一年内的运输成本节约了 20%。

(3) 环境形象提升:公司 A 的环保行动为它赢得了消费者和利益相关者的认可。它的环境形象得到了提升,并吸引了更多环保意识强的消费者。销售额在一年内同比增长了 15%。

以上例子展示了"双碳"目标导向的供应链运输与配送管理在现实中的应用。通过优化运输模式、路线和车辆选择,公司能够有效减少碳排放,降低成本,并提升环境形象。这不仅有助于实现企业的"双碳"目标,还可为公司带来经济利益和市场竞争的优势。

第6章 数智供应链运作的碳排放管理与控制

6.1 碳排放监测与数据分析技术

碳排放监测与数据分析技术是数智供应链运作的碳排放管理与控制关键之一，通过对供应链运作中的碳排放情况进行实时监测和数据分析，企业可以及时发现问题并采取措施减少碳排放。以下是一个实例和可操作的方法指引。

6.1.1 实例

某食品制造公司（以下简称"公司B"）在供应链运作中实行了碳排放监测和数据分析技术，采取了以下措施。

6.1.1.1 碳排放监测

公司B在整个供应链的关键节点安装了碳排放监测设备，并利用物联网技术将监测数据实时上传到云端。同时，公司B还与运输商、仓储商和供应商等合作方共享数据，以全面了解整个供应链的碳排放情况。

6.1.1.2 数据分析

公司B利用大数据技术对供应链中的碳排放数据进行分析，以识别碳排放高峰和瓶颈，并提出改进措施。例如，公司B发现在运输过程中，某些货物集中在特定时间和地点实施运输，导致碳排放量较高。据此，公司B调整了运输计划和路线，避开了高峰期和拥堵路段，有效降低了碳排放量。

6.1.2 可操作的方法指引

（1）确定监测对象和监测点：企业应该确定哪些关键节点需要进行碳排放监测，例如生产、运输、仓储等环节，同时，在确定监测点时，应该考虑监测设备的安装位置和数量。

（2）选择监测设备和技术：企业应该选择适合自己的碳排放监测设备和技术，例如传感器、无线通信设备、云计算等。在选择时，应该考虑设备的准确性、可靠性、成本和维护难度等因素。

（3）建立数据收集和存储系统：企业应该建立数据收集和存储系统，以实时收集和存储监测数据。同时，还应该建立数据共享机制，与合作方共享数据，以全面了解供应链的碳排放情况。

（4）数据分析和应用：企业应该采用大数据技术对监测数据进行分析和应用，以识别问题，提出改进措施。例如，企业可以利用数据分析工具制作碳排放报告，识别碳排放高峰和瓶颈，提出改进措施。

（5）持续改进：企业应该持续监测和分析碳排放数据，并持续改进供应链运作，以降低碳排放量。同时，在采取改进措施时，应该考虑成本和效益的平衡，以确保改进措施的可行性和实用性。

6.2　碳足迹和生命周期评估方法

碳足迹和生命周期评估方法是衡量企业产品和服务碳排放量的重要方法，通过对碳足迹和生命周期进行评估，企业可以了解产品和服务的整个生命周期中产生的碳排放量，从而采取措施减少碳排放。以下是一个实例和可操作的方法指引。

6.2.1　实例

某电子产品制造公司（以下简称"公司C"）在产品生命周期评估中发现，生产、运输和使用过程中的碳排放量占比较大，公司C采取了以下措施。

（1）生产。公司C优化了生产工艺，减少了能源消耗和废弃物产生，同时使用了绿色材料和清洁能源，降低了碳排放量。

（2）运输。公司C优化了运输计划和路线，采用了环保型运输方式，例如铁路和海运等，减少了碳排放量。

（3）使用。公司C提高了产品的能效，鼓励用户节约能源和资源，同时推广回收和再利用，延长产品寿命周期，减少了碳排放量。

6.2.2　可操作的方法指引

（1）碳足迹评估。企业应该对产品和服务的整个生命周期进行碳足迹评估,包括原材料采购、生产、运输、使用和废弃处理等环节。在评估时,应该考虑各环节的能源消耗、排放量和废弃物产生量等因素。

(2)生命周期评估。企业应该对产品和服务的整个生命周期进行评估,以了解碳排放的来源和影响因素。在评估时,应该考虑产品设计、制造、运输、销售、使用和废弃等全过程的碳排放量和资源消耗。

(3)采取措施。企业应该根据评估结果制定相应的减排措施,例如优化生产工艺、使用清洁能源、推广环保型运输、提高产品能效、回收再利用等。在采取措施时,应该考虑成本和效益的平衡,以确保措施的可行性和实用性。

(4)监测和反馈。企业应该持续监测并评估产品和服务的碳足迹及生命周期,以了解减排效果和问题,并及时反馈和调整措施。同时,应该加强与供应商、合作伙伴和用户的交流与合作,共同推动碳减排和可持续发展。

(5)持续改进。企业应该持续改进碳足迹和生命周期的评估方法和技术,以提高评估的准确性和可靠性。同时,在评估和控制碳排放的过程中,应该注重信息公开和社会责任,以促进可持续发展的实现。

6.3 碳交易市场和碳抵消机制的应用

在数智供应链运作的碳排放管理与控制中,碳交易市场和碳抵消机制是重要的应用手段。碳交易市场是指将碳排放权作为商品,在市场上进行买卖的机制。碳抵消机制则是指通过购买碳减排项目来抵消自身的碳排放量。

6.3.1 碳交易市场的应用

6.3.1.1 促进碳减排

碳交易市场可以促进企业减少碳排放,从而降低碳排放成本并获得经济效益。同时,碳交易市场可以鼓励企业采用清洁能源和绿色技术,推动碳减排技术的创新和应用。

6.3.1.2 提高市场效率

碳交易市场可以提高市场效率,促进资源配置和优化。通过市场机制,碳排放权的价格可以反映市场供需关系和环境效益,从而引导企业调整生产和投资行为,实现资源的最优配置和利用。

6.3.1.3 推动全球合作

碳交易市场可以促进全球合作,加强国际的合作和交流。各国之间可以通过碳交易市场进行碳减排的合作和协调,共同推动全球碳减排目标的实现。

6.3.2 碳抵消机制的应用

6.3.2.1 实现碳中和

碳抵消机制可以帮助企业实现碳中和,即通过购买碳减排项目来抵消自身的碳排放量。这可以帮助企业达成碳减排目标,同时促进可持续发展和环境保护。

6.3.2.2 推动碳减排技术创新

碳抵消机制可以鼓励碳减排技术的创新和应用,从而促进可持续发展和环境保护。通过购买碳减排项目,企业可以投资于绿色技术的研究和开发,推动碳减排技术的进步和应用。

6.3.2.3 提高社会责任感

碳抵消机制可以提高企业的社会责任感,增强企业的社会形象和品牌价值。通过参与碳抵消活动,企业可以向社会传递环保和可持续发展的理念,同时提高公众对企业的认可度和好感度。

总之,碳交易市场和碳抵消机制的应用可以帮助企业管理和控制碳排放,促进碳减排和可持续发展,同时提高企业的经济效益、社会责任感和品牌价值。

6.4 碳中和目标下的供应链碳排放管理

在碳中和目标下的供应链碳排放管理方面,企业需要采取一系列措施来降低整个供应链的碳排放量。以下是一些可能的管理方法。

(1)碳足迹评估:企业可以对整个供应链进行碳足迹评估,确定不同环节的碳排放量,并识别主要的排放源。这有助于企业了解碳排放的分布情况,从而有针对性地制定减排策略。

(2)供应商管理:企业可以与供应链中的关键供应商合作,共同制定碳减排目标,并要求供应商提供减排计划和报告。通过对供应商的监督和指导,可以推动整个供应链的碳减排。

(3)运输优化:优化物流运输是供应链碳排放管理的重要环节。企业可以采用智能物流系统,通过路线规划、运输模式选择等方式,缩短运输距离,减少能源消耗,从而降低碳排放。

(4)清洁能源使用:企业可以鼓励供应链中的各个环节使用清洁能源,如太阳能、风能等。例如,在某个特定时间和地点,企业可以与供应商合作,共同投资建设太阳能发电站,用于供应链中的能源需求。

(5) 原材料选择:企业可以选择使用低碳或可再生的原材料,以减少产品制造过程中的碳排放。例如,在某个特定地点,企业可以与森林保护组织合作,确保所使用的木材来自可持续管理的森林。

(6) 产品设计优化:通过产品设计的优化,可以减少产品的使用阶段对环境的影响。例如,在某个特定时间,企业可以研发出更节能的电子产品,减少用户使用过程中的能源消耗。

(7) 碳抵消和碳交易:企业可以参与碳抵消和碳交易市场,购买碳减排项目来抵消自身的碳排放量。例如,在某个特定时间,企业可以购买国内外的碳减排项目配额,并将其应用于供应链中的碳排放抵消。

这些措施可以根据具体的时间、地点和行业情况进行调整和实施。通过整合数智供应链技术和碳排放管理策略,企业可以在碳中和目标下实现供应链的碳排放管理和控制,并为可持续发展作出贡献。

6.5 "双碳"目标导向的供应链可持续性评估和优化方法

6.5.1 供应链可持续性绩效指标

在"双碳"目标导向的供应链可持续性评估和优化方法中,可以使用一系列供应链可持续性绩效指标来衡量和监测供应链的可持续性表现。以下是一些可能的指标。

(1) 碳排放量:测量供应链中各个环节的碳排放量,包括原材料采购、生产制造、物流运输等。通过跟踪和比较不同时间段的碳排放数据,企业可以评估碳减排的效果和进展情况。

(2) 能源消耗:衡量供应链中所使用的能源数量和种类。通过监测能源消耗情况,企业可以识别高耗能环节,并采取相应的节能措施。

(3) 废物管理:评估供应链中废物的产生和处理方式。企业可以关注废物的减量化、回收利用和安全处理,以降低对环境的负面影响。

(4) 水资源管理:考虑供应链中对水资源的使用和管理情况,可评估水资源利用效率、水污染防控措施等,促进水资源的可持续利用。

(5) 社会责任:关注供应链中的社会责任问题,包括员工福利、劳工权益、安全环保等,可评估企业的社会责任表现,如是否遵守相关法律法规,是否实施公平的供应链管理。

（6）供应链透明度：评估供应链中信息流的透明度和可追溯性，可关注供应链中各个环节的数据交换和信息共享，以确保供应链运作的可靠性和可持续性。

（7）创新与技术应用：评估供应链中的创新能力和技术应用情况，可关注企业是否采用先进的技术和管理方法，以提高供应链的效率和可持续性。

这些指标可以根据具体的行业和企业特点进行选择和调整，以反映供应链的可持续性表现。通过对这些指标的综合评估和分析，企业可以了解供应链的可持续发展情况，并制定相应的优化策略和改进措施，以实现"双碳"目标下的供应链可持续性。

6.5.2 环境影响评估与生态效益分析

在"双碳"目标导向的供应链可持续性评估和优化方法中，环境影响评估与生态效益分析是一项重要的工具和方法。它可以帮助企业评估供应链活动对环境的影响，并确定潜在的生态效益。以下是一些实例和可操作的方法指引。

6.5.2.1 环境影响评估

（1）温室气体排放评估：通过测量和计算供应链中各个环节的温室气体排放量，如二氧化碳、甲烷、氧化亚氮等，来评估供应链的碳足迹。

（2）资源消耗评估：评估供应链中所使用的资源消耗情况，如能源、水资源、土地等，可以了解供应链对自然资源的压力程度。

（3）水和土壤污染评估：评估供应链活动对水体和土壤的污染风险，包括化学物质的排放、废物处理等，可以保护水和土壤的生态系统健康。

6.5.2.2 生态效益分析

（1）生物多样性保护评估：评估供应链活动对物种多样性和生物栖息地的影响，可识别可能的生态破坏风险，并可提出保护和恢复措施。

（2）生态系统服务价值评估：评估供应链活动对生态系统提供的各种服务的影响，如水源保护、土壤保持、气候调节等，可以了解生态系统对供应链的重要性和潜在的经济效益。

6.5.2.3 方法指引

（1）收集数据：收集与供应链相关的环境数据，包括温室气体排放数据、资源消耗数据、污染排放数据、生物多样性数据等。可通过企业内部数据收集、供应商调查、第三方数据来源等途径获取数据。

（2）分析与计算：使用合适的工具和方法对数据进行分析和计算，例如使用碳足迹计算工具可对温室气体排放进行计算,使用水资源评估模型可对水资源利用进行评估等,以确保数据的准确性和可靠性。

(3)评估与比较:对供应链中各个环节的环境影响进行评估和比较分析,可确定关键的环境热点和风险。同时,对生态效益进行评估,可了解供应链活动对生态系统的贡献和潜在的经济效益。

(4)制定改进措施:基于评估结果,可制定相应的改进措施和优化策略,以减少环境影响,提升生态效益,例如改善能源利用效率、采用可再生能源、优化物流路线、推动循环经济等。

(5)监测与报告:建立监测机制,可定期跟踪和报告供应链的环境影响和生态效益,保持透明度。同时,可不断进行改进和优化,形成可持续发展的循环。

这些方法指引可以帮助企业在"双碳"目标导向下进行供应链的环境影响评估和生态效益分析,并为优化供应链的可持续性提供指导和支持。

6.6 "双碳"目标导向的可持续性供应链设计与循环经济

6.6.1 "双碳"目标导向的可持续性供应链设计

"双碳"目标导向的可持续性供应链设计,是指在供应链运作中,同时追求企业碳减排和碳中和的目标,以实现可持续发展和环境保护。这种设计方法注重将碳排放管理纳入供应链的全过程,并与循环经济理念相结合,通过优化资源利用、精细化生产和运输管理等方式,降低碳排放、优化能源利用和促进循环利用。通常要考虑以下方面。

(1)跨企业协同:可持续性供应链设计需要建立跨企业的合作机制,通过供应链各环节的紧密合作,共同推动碳减排和碳中和目标的实现。这包括供应商、制造商、物流服务提供商等伙伴之间的协同工作,共同制定碳减排目标和实施计划,分享信息、技术和最佳实践。

(2)材料选择与产品设计:在供应链设计中,应考虑选择低碳材料和产品设计,例如采用可再生材料、减少原材料使用量、延长产品寿命周期等。通过优化产品设计,可减少碳排放源头,实现整个供应链的碳减排。

(3)运输和物流优化:通过优化运输和物流管理,可降低碳排放。这包括采用智能调度系统优化运输路线、减少空载率和里程、推广多式联运等方式，能有效利用资源和能源，降低碳排放强度。

（4）能效改进与能源转型：供应链中的能效改进和能源转型是实现"双碳"目标的重要环节。通过采用节能技术、推动清洁能源应用（如可再生能源）、优化能源结构等方式，企业可降低供应链的能源消耗和碳排放。

（5）数据监控与追踪：建立数据监控体系，企业可实时追踪供应链各环节的碳排放情况和能源利用情况。通过数据分析和监测，及时发现问题和瓶颈，制定改善措施，推动供应链的持续改进和碳减排。

（6）制度和激励机制：建立相应的制度和激励机制，例如设立碳排放权交易制度、推出碳税或补贴政策等，鼓励企业和供应链参与者积极减排和实施碳中和行动，同时通过激励措施推动技术创新和绿色转型。

总体而言，"双碳"目标导向的可持续性供应链设计，需要企业与供应链伙伴的共同努力，通过合作、创新和技术应用等手段，实现碳减排和碳中和的目标，促进可持续发展和循环经济的实现。

6.6.2 可持续性供应链设计与循环经济的互动

可持续性供应链设计与循环经济密切相关，可持续性供应链设计的目的是实现经济、环境和社会的可持续发展，而循环经济则是其中的一个重要理念及实践方式。

循环经济是一种资源利用和价值创造的模式，通过最大限度地减少资源消耗和废物排放，将资源回收再利用，实现循环利用。在循环经济中，产品的生命周期被延长，废弃物成为资源，通过不断循环利用，可减少自然资源的消耗和环境负荷。

6.6.2.1 可持续性供应链设计与循环经济的关系主要体现的几个方面

（1）资源优化：可持续性供应链设计注重资源的有效利用和优化，循环经济则强调资源的循环利用。改进供应链的设计和管理，可优化物料流动和能源利用，减少资源的浪费和消耗，实现资源的高效利用和循环利用。

（2）废物管理：在可持续性供应链设计中，废物管理是一个重要的环节。循环经济强调废弃物的再利用，通过回收、再生和再制造等方式，将废弃物转化为新的资源。在供应链中，设计和管理的手段能降低废物的产生，并将废物纳入循环经济的流程中，实现最大化的资源价值回收。

（3）产品寿命周期管理：可持续性供应链设计强调对产品整个寿命周期的管理，包括原材料采购、生产、运输、使用和废弃等各个环节。循环经济也关注产品寿命周期的延长和循环利用，通过设计，可再生、可拆卸和易于回收的产品，减少资源的消耗和废物的产生。

(4) 合作与共享：可持续性供应链设计需要供应链各个环节之间的紧密合作和信息共享。循环经济同样需要不同参与者之间的合作和共享，包括原材料供应商、制造商、消费者和回收利用企业等。只有共同努力，才能建立循环经济的闭环系统，在供应链中实现资源的循环利用和共享。

综上所述，可持续性供应链设计与循环经济是相辅相成的。将循环经济理念融入供应链的设计和管理中，可实现资源的高效利用、废物的最小化和产品的循环利用，可推动可持续发展和环境保护的目标的实现。

6.6.2.2 一些实例和可操作的方法指引

(1) 材料选择与再利用：设计供应链时，可以优先选择低碳排放的材料和产品，例如使用可持续发展的原材料、采用可降解的包装材料等。此外，建立回收再利用制度，可将废弃物再循环利用进入生产链，减少资源浪费。

(2) 运输优化：优化运输路线和模式，减少运输中的碳排放。企业可以考虑采用集中配送、多式联运等方式，减少运输过程中的空载率和里程，提高运输效率，降低碳排放。

(3) 供应商管理与合作：与供应商合作，共同制定低碳目标和行动计划，鼓励供应商采用低碳技术和生产方式，共同推动整个供应链的碳排放降低。

(4) 数据监控与分析：建立监控系统，实时追踪供应链各环节的碳排放情况，再通过数据分析找出高碳排放环节，制订改善方案，持续优化供应链的碳排放管理。

(5) 制度建设与激励机制：建立相应的制度和激励机制，如设立碳排放权交易制度、推出碳排放减免政策等，可激励企业和供应链伙伴积极参与碳排放管理与控制。

6.7 "双碳"目标导向的可持续性供应链与绿色能源

"双碳"目标导向的可持续性供应链与绿色能源之间存在密切联系和相互促进的关系。"双碳"目标是指通过减少二氧化碳（CO_2）排放和实现碳中和，来实现减缓气候变化和降低碳足迹的目标。绿色能源是指使用低碳、非化石燃料的可再生能源，如太阳能、风能、水力能等，以减少对传统化石能源的依赖。"双碳"目标导向的可持续性供应链与绿色能源之间的关系包括以下几个方面。

(1) 减排和碳中和：可持续性供应链设计旨在减少碳排放和实现碳中和。绿色能源作为替代传统化石能源的清洁能源，可以用于供应链中的电力和热能需求，从根本上减少供应链的碳排放。通过采用绿色能源，供应链可以减少温室气体的排放量，为实现"双碳"目标作出贡献。

（2）能源转型：可持续性供应链设计需要进行能源转型，即从传统的化石能源向绿色能源过渡。供应链中的各个环节，包括生产、运输和物流等，都需要能源支持。通过采用绿色能源，如使用太阳能发电和利用风能进行运输，可以实现供应链的绿色化和低碳化，推动可持续发展和降低碳排放。

（3）供应链合作与共享：实现"双碳"目标导向的可持续性供应链需要各个环节之间的紧密合作和资源共享。绿色能源在供应链中的应用需要不同参与者的协同努力，包括能源供应商、制造商和物流服务提供商等。通过合作和共享绿色能源资源，可以优化能源利用，减少碳排放，并帮助供应链中的各方共同实现"双碳"目标。

（4）制度和激励机制：为促进绿色能源在可持续性供应链中的应用，相关的制度和激励机制也起到重要作用。政府可以出台政策和法规，鼓励企业使用绿色能源，并提供相应的补贴和优惠措施。同时，可建立碳排放权交易制度和碳税政策等，激励企业在供应链中减少碳排放和使用绿色能源，从而推动"双碳"目标的实现。

综上所述，"双碳"目标导向的可持续性供应链与绿色能源之间存在相互促进的关系。通过采用绿色能源，供应链可以减少碳排放，实现能源转型和碳中和的目标。同时，可持续性供应链设计需要合作和共享绿色能源资源，通过制度和激励机制推动绿色能源在供应链中的应用，实现可持续发展和环境保护的目标。

第7章 "双碳"目标导向的数智供应链运作韧性管理

7.1 数智供应链运作中的风险识别和评估

数智供应链是利用信息技术和先进的数据分析方法来优化供应链管理的一种方式。在数智供应链运作中,风险识别和评估是非常重要的环节。通过及时准确地识别和评估供应链中的风险,企业可以采取相应的措施来降低潜在的损失和影响。数智供应链运作中的风险识别和评估通常包括以下方法。

7.1.1 数据分析和预测

数智供应链运作依赖大数据分析和预测技术,可以从庞大的数据中提取有价值的信息。通过分析供应链中的各种数据,如供应商的交货准时率、库存水平、运输延误等,可以识别和预测潜在的风险。例如,通过分析供应商的历史数据和实时数据,可以发现其交货延误的趋势,从而及时采取措施以避免供应链中断。

7.1.2 多维度风险评估

数智供应链运作可以基于多个维度对风险进行评估。这些维度可以包括供应商的财务状况、地理位置、供应能力、供应链的可视化等。通过综合考虑各个维度的风险因素,可以得出全面的风险评估结果,并为决策者提供参考和依据。例如,对于地理位置敏感的供应商,可以评估其可能面临的自然灾害、交通拥堵等风险,并相应调整供应链策略。

7.1.3 实时监测和预警系统

数智供应链运作中的风险识别需要实时监测和预警系统的支持。通过建立监测系统，可以及时获取供应链中各个环节的数据，并进行实时分析和监测。当出现异常情况或潜在的风险时，系统可以发出预警，提醒决策者及时采取措施。例如，当供应商的库存水平过低或出现交货延误时，系统可以自动发出警报，帮助企业及时调整采购计划或寻找备用供应商。

7.1.4 合作伙伴风险评估

数智供应链运作中的风险识别不仅限于内部风险，还包括与合作伙伴相关的风险。供应链中的合作伙伴可能面临财务风险、法律合规风险、声誉风险等。通过对合作伙伴的风险进行评估，企业可以选择可靠的合作伙伴，并建立相应的监督和管理机制。例如，对于涉及食品安全的供应商，企业可以进行质量认证和供应链溯源等评估，以降低食品安全风险。

综上所述，数智供应链运作中的风险识别和评估是保障供应链顺畅运作的重要环节。通过数据分析和预测、多维度评估、实时监测和预警系统以及合作伙伴风险评估等手段，企业可以及时发现和应对供应链中的潜在风险，确保供应链的可靠性和稳定性。

7.2 数智供应链运作中的风险预警与应急响应策略

数智供应链运作中的风险预警与应急响应策略是为及时应对供应链中出现的风险和突发事件而采取的一系列措施。数智供应链运作中的风险预警与应急响应策略的重要性和具体实施方法如下：

7.2.1 风险预警的重要性

（1）及时警示：风险预警系统可以实时监测供应链中各个环节的数据，通过预警机制及时向决策者发出警示，使其能够快速响应和采取措施，避免潜在风险进一步扩大。

（2）风险降低：通过早期的风险预警，企业可以及时采取调整策略、调整供应商或加强监管等措施，从而降低风险的发生概率和影响程度。

（3）保护声誉：风险预警和及时的应急响应可以减少供应链中断问题的发生，保护企业的声誉和品牌形象。

7.2.2 风险预警的实施方法

（1）数据监测和分析：数智供应链利用大数据分析技术，可对供应链中的各项数据进行实时监测和分析,识别潜在的风险信号。例如,通过监测供应商的交货准时率、库存水平和质量指标等数据,可以发现供应链中可能存在的风险。

(2)预警系统建立:建立风险预警系统,可将监测到的异常数据与预设的风险指标进行对比和分析,当数据超过事先设定的阈值时,系统会自动触发预警机制。预警信息可以通过邮件、短信、手机应用程序等方式及时通知相关人员。

(3)多维度风险评估:在风险预警系统中,不仅要考虑供应链内部的风险,还需要综合考虑外部环境的风险,如自然灾害、政策变化等。通过多维度的风险评估,企业可以获得更全面的风险态势信息,为应急响应提供更准确的依据。

7.2.3 应急响应策略的实施方法

(1)事前准备:企业需要根据风险预警的结果,制订相应的应急响应计划和策略。这包括明确责任人、组织架构、资源调配、备用供应商等,以便在风险发生时能够迅速行动。

(2)协同合作:数智供应链强调信息的共享和协同,因此,在应急响应过程中,企业需要与供应链中的各个环节进行紧密合作和沟通,共同应对风险。例如,及时与供应商沟通,了解其能力和情况,寻求紧急替代方案等。

(3)后续分析和改进:在应急响应过程结束后,企业需要进行事后的分析和总结,评估应急响应策略的有效性,并根据经验教训进行改进。这有助于提高企业的抗风险能力和应急响应水平。

通过建立风险预警系统和制定应急响应策略,数智供应链可以更好地应对供应链中的风险和突发事件。及时的风险预警和快速的应急响应可以最大限度地降低损失,保障供应链的稳定运作,提高企业的竞争力和可持续发展能力。

7.3 智能化的风险管理与应对策略

智能化的风险管理与应对策略是通过运用先进的技术和数据分析手段,提高风险管理的精确性和效率,以及加强应对突发事件的能力。智能化的风险管理与应对策略的重要性和具体实施方法如下:

7.3.1 重要性

（1）数据驱动决策：智能化的风险管理利用大数据、人工智能等技术，可以对庞大的数据进行实时分析和挖掘，从而帮助企业更准确地识别风险，并基于数据驱动进行决策。

（2）实时监测和预警：智能化系统可以通过实时监测供应链中的各项数据指标，及时发现潜在风险信号，并通过预警机制提醒决策者采取相应措施，避免风险进一步扩大。

（3）敏捷应对：智能化的风险管理可以帮助企业快速响应和应对突发事件，通过数据分析和模拟推演，制定合理的应急措施和调整策略，最大限度地减少损失并保障供应链的稳定运作。

7.3.2 实施方法

（1）数据整合与分析：智能化风险管理需要将供应链中涉及的各类数据整合到统一的平台中，并运用数据分析技术进行挖掘和分析。通过建立数据模型和预测算法，企业可以对供应链中的潜在风险进行预测和评估。

（2）风险评估与量化：利用智能化系统对供应链中的各项风险进行评估和量化，包括供应商风险、市场风险、物流风险等。通过建立风险指标和评分体系，可以更精确地评估风险的严重程度和影响范围，为决策提供科学依据。

（3）智能预警与预测：基于实时监测和数据分析，智能化系统可以实现对供应链中的风险进行预警和预测。通过建立预警模型和算法，对异常情况进行识别和预测，并及时发出预警信息，可提醒决策者采取相应行动。

（4）应急响应与调整：智能化风险管理系统在突发事件发生时，可以通过模拟推演和数据分析，快速制定应急响应策略和调整方案。例如，根据供应链中各环节的实时数据，进行即时调度和资源分配，以保障供应链的正常运作。

（5）持续改进与学习：智能化风险管理是一个不断迭代和优化的过程。企业应通过持续的数据监测和分析，总结经验教训，改进风险管理策略和系统，提高风险管理的效果和水平。

智能化的风险管理与应对策略可以帮助企业更准确地识别和评估风险，在风险发生前及时采取措施，降低供应链风险带来的损失。同时，通过数据驱动和实时监测，可以提高企业的应急响应能力，快速应对突发事件，保障供应链的稳定运作。

7.4 碳税和环境政策法规风险的识别与管理

碳税和环境政策法规是当前全球关注的热点话题,对企业经营和供应链管理都产生了重要影响。在碳排放和环保法规日益严格的背景下,企业需要认真思考碳税和环境政策法规带来的风险,且应采取有效的管理措施。

7.4.1 风险识别

(1)法律风险:碳排放和环保法规的违规行为可能会面临罚款、停产等法律惩罚。

(2)财务风险:碳排放和环保法规的实施可能会增加企业的成本和负担,例如碳税、污染治理等费用。

(3)市场风险:消费者和投资者对环保问题的关注度不断提高,缺乏环保意识的企业可能会面临声誉损失和市场份额下降的风险。

(4)供应链风险:环保法规的实施可能会对供应链中涉及的各方产生影响,例如供应商、物流服务商等。

7.4.2 管理措施

(1)风险评估和量化:企业需要对碳排放和环保法规的风险进行评估和量化,包括法律、财务、市场、供应链等方面。建立风险评估指标和量化模型,企业可以更精准地识别和评估风险的严重程度和影响范围。

(2)战略规划和调整:企业需要制定碳排放和环保法规应对战略,并根据风险评估结果制定具体措施和调整方案。例如,加强环保意识和投入,控制碳排放量,积极推进绿色供应链建设等。

(3)数据监测和分析:企业需要通过数据监测和分析,了解碳排放和环保法规对企业经营和供应链管理的实际影响。通过建立数据监测和分析平台,可以实现碳排放和环保法规的实时监测和预警,及时发现和应对潜在风险。

(4)合规管理和培训:企业需要加强碳排放和环保法规的合规管理,并进行相关人员的培训和教育。通过建立合规管理体系,对碳排放和环保法规的违规行为进行监控和纠正,可提高企业的合规性和责任感。

(5)合作共赢和沟通协调:企业需要加强与各方的合作和沟通,共同推进碳排放和环保法规的实施。通过加强与供应商、客户、政府等各方的沟通和协调，可建立良好的合作关系，共同推动绿色产业链和可持续发展。

碳税和环境政策法规风险的识别与管理对企业经营和供应链管理都具有重要意义。企业需要认真思考碳税和环保法规带来的风险，采取有效的管理措施，提高企业的合规性和责任感，推进绿色供应链和可持续发展。

7.5 碳中和目标的供应链风险管理

碳中和目标是指在未来一定时间内实现净零碳排放，即企业的碳排放量不超过其碳吸收量。实现这一目标需要整个供应链的共同努力和协同配合。在碳中和的背景下，供应链风险管理显得更加重要。

7.5.1 供应商选择与管理

企业需要选择和管理符合碳中和目标的供应商，具体措施包括：
（1）优先选择符合环保标准和国际认证的供应商。
（2）对供应商的碳排放情况进行评估，并制订减排计划。
（3）与供应商共同推进绿色供应链建设，包括推广低碳产品和服务，共同开发绿色技术等。

7.5.2 物流与运输管理

物流与运输是供应链中最容易产生碳排放的环节之一，因此需要采取有效措施降低碳排放。具体措施包括：
（1）优化物流和运输方案，减少运输里程和时间。
（2）采用低碳交通工具，例如电动车、轨道交通等。
（3）推广绿色物流和运输技术，例如智能物流、共享物流等。

7.5.3 能源与资源管理

碳中和目标的实现需要通过降低能源和资源消耗来减少碳排放。具体措施包括：
（1）优化能源结构，采用可再生能源和低碳能源，例如太阳能、风能、地热能等。
（2）优化资源利用，推广循环经济和绿色设计，减少资源浪费和环境污染。

7.5.4 数据监测和分析

碳中和目标的实现需要对碳排放和资源利用情况进行监测和分析，及时发现问题并采取相应措施。具体措施包括：

（1）建立碳排放和资源利用数据监测和分析系统，实现实时监测和预警。

（2）进行数据分析和模拟，制订碳中和目标实现路径和计划。

（3）加强数据公开和信息共享，促进供应链各方的协同合作和共同发展。

总之，在碳中和目标的背景下，供应链风险管理显得更加重要。企业需要选择和管理符合碳中和目标的供应商，优化物流和运输方案，推广绿色物流和运输技术，优化能源和资源利用，建立碳排放和资源利用数据监测和分析系统，加强数据公开和信息共享，实现碳中和目标的共同发展与可持续发展。

7.6 供应链运作的可持续性风险评估和管理

供应链是企业与外部环境之间的联系纽带，也是企业可持续发展的重要保障。在供应链运作中，存在诸多的可持续性风险，如环境、社会、经济等方面的风险。因此，评估和管理供应链运作的可持续性风险，对于保障企业可持续发展至关重要。

7.6.1 可持续性风险评估

企业需要对供应链中的可持续性风险进行评估，以便及时识别和预警风险，具体措施包括：

（1）制定可持续性风险评估指标，包括环境、社会、经济等方面的指标。

（2）对供应链中各环节的可持续性风险进行评估，包括供应商选择、物流运输、资源利用等方面。

（3）对供应链中的可持续性风险进行量化和排名，确定优先处理的风险。

7.6.2 可持续性风险管理

企业需要采取有效措施管理供应链中的可持续性风险，以便降低风险和提升供应链的可持续性，具体措施包括：

（1）优先选择符合环保标准和国际认证的供应商，加强对供应商的合规管理和监督。

（2）优化物流和运输方案，采用低碳交通工具和节能技术，降低碳排放和资源消耗。

（3）优化资源利用，推广循环经济和绿色设计，减少资源浪费和环境污染。

（4）加强数据监测和分析，实现实时监测和预警，及时发现和应对潜在风险。

（5）与各方建立良好的合作关系，共同推进绿色供应链建设，促进可持续发展。

7.6.3 可持续性风险报告

企业需要定期发布可持续性风险报告，向利益相关者公开供应链中的可持续性风险和管理措施，具体措施包括：

（1）制定可持续性报告指南和模板，完整、透明地披露供应链中的可持续性风险和管理措施。

（2）衡量和评估可持续性风险管理的效果，反馈和改进可持续性风险管理措施。

（3）向利益相关者公开可持续性风险报告，建立透明的信息披露机制，促进企业的可持续发展。

总之，在供应链运作中，评估和管理可持续性风险是企业实现可持续发展的重要保障。企业需要制定可持续性风险评估指标，对可持续性风险进行评估和量化，采取有效措施管理可持续性风险，定期发布可持续性风险报告，与各方建立良好的合作关系，共同推进绿色供应链建设，促进可持续发展。

7.7 "双碳"目标导向的数智供应链韧性提升运作策略

"双碳"目标是指为应对气候变化，通过降低温室气体排放和提高碳汇容量，实现减缓气候变化和适应气候变化的双重目标。在这样的背景下，数智供应链韧性提升运作策略成为企业可持续发展的重要组成部分。

7.7.1 智能化和数字化技术在供应链中的应用

（1）物联网、大数据、人工智能等技术的应用可以实现供应链的智能化管理，提高对供应链各环节的监控和预警能力。

（2）通过数据分析和预测，可以更好地应对气候变化等不确定性因素带来的影响，保障供应链的稳定运作。

7.7.2 碳排放监测和管理

（1）利用智能化技术监测供应链中的碳排放情况，实施精细化管理，可找出碳排放的关键环节和改善空间。

（2）借助数字化工具，建立碳排放数据的跟踪和报告机制，可实现对碳排放情况的全面透明和信息披露。

7.7.3 绿色供应链管理

（1）通过智能化技术寻求绿色供应商和运输方式，降低供应链活动对环境的影响。

（2）建立绿色采购政策，推动供应链中产品和服务的绿色化，可减少资源消耗和环境污染。

7.7.4 灵活的供应链设计

（1）采用智能化技术优化供应链设计，实现快速调整和灵活应对市场需求及气候变化带来的挑战。

（2）利用数字化技术实现供需匹配的精准度和效率，可降低过剩库存和资源浪费。

7.7.5 合作伙伴关系的优化

（1）借助智慧技术加强与供应链合作伙伴的沟通和协作，可构建更加紧密和高效的供应链协同网络。

（2）共享信息和资源，能提高供应链各方对气候变化等不确定因素的应对能力，增强整个供应链的韧性。

综上所述，"双碳"目标导向的数智供应链韧性提升运作策略需要依托智能化和数字化技术，实现对碳排放的监测和管理，推动绿色供应链管理，实现灵活的供应链设计，优化合作伙伴关系，从而全面提升供应链的韧性和可持续发展能力。

第二篇　应用篇

第8章 绿色技术研发合作对低碳供应链可持续发展的影响及两部定价契约的改进

8.1 绿色技术研发合作背景

8.1.1 碳供应链

人类活动产生的二氧化碳（CO_2）是温室气体的主要来源，也是天气异常和气候变化的主要原因。近年来，温室气体和全球变暖已成为国际关注的环境保护问题。全球变暖主要与温室效应有关，尤其与碳排放密切相关（Jiang 和 Shao，2014）。1995 年，政府和气候变化专门委员会（IPCC）指出，大气中温室气体浓度增加是全球变暖的主要原因（Ghosh 等，2020）。过去 150 年，全球平均气温上升约 0.8℃，导致了干旱、洪涝、饥荒、海平面上升、气候异常和沙漠化等环境和社会问题（Nie 等，2020）。全球变暖给人类生存和发展带来了巨大挑战（Field 等，2014）。在所有温室气体排放来源中，供应链活动产生大量二氧化碳，对环境影响巨大，为缓解碳排放，迫切需要减少供应链碳排放。随着各种压力的增加，基于低污染、低能耗、可持续发展理念的低碳经济成为国际社会关注的热点。最早对低碳经济思想进行探索的是美国著名学者莱斯特·R. 布朗，他在 1999 年提出了能源经济革命理论，认为人类面临地球温室效应威胁，必须尽快从以化石燃料为核心的经济转变为以氢能、太阳能等为核心的经济（莱斯特·R. 布朗，1999）。而"低碳经济"一词最早出现在《我们能源的未来：创建低碳经济》文件中（Brandenburg，2015）。随后，包括中国和美国在内的许多国家开始高度关注这种新的经济模式，并出台相应政策，走向低碳之路。2009 年哥本哈根气候大会的召开使各国意识到发展低碳经济是未来的必然选择（Zhang 等，2021）。随着环境资源的枯竭，经济增长与环境保护之间的冲突日益突出，低碳经济成为全球范围内的新趋势，选择适当的碳减排水平对企业来说越来越重要（Yang 等，2017）。由于人们对环境意识的提高和对环境友好产品需求的增加，企业之间的竞争已经从单纯的价格竞争转变为价格竞争和产品环保水平的竞争。全球变暖带来的压力迫使供应链企业必须走向低碳、绿色转型发展（Nie 等，2020）。采用减排技术提高产品的环保性，符合规范已成为共识。绿色供应链管理随后成为许多利益相关者关注的重点，主要是通过供应链创新管理来减少供应商对最终用户的环境影响，以提高企业核心竞争力和经济效益（Zhao 等，2017）。随着技术的发展和经济的全球化，供应链之间的竞争对于企业的生存和发展起着越来越重要的作用。一方面，如何选择正确的供应链决策结构以保持竞争优势至关重要。另一方面，由于全球变暖带来的各种问题，低碳转型成为企业长期发展的关键因素。因此，考虑竞争因素、绿色技术水平和碳减排的低碳供应链研究既具有理论意义又具有重要的实际意义。

8.1.2 绿色技术创新

改革开放40多年来，我国取得了巨大的发展成就，实现了经济的快速增长。然而，高排放、高能耗、高污染等问题也随之而来（金永刚，2020）。为解决这些问题，中共十九大报告提出了推进绿色发展、加快生态文明建设的战略部署。国家"十四五"规划建议进一步明确了"支持绿色技术创新""推进清洁生产"的重要性。绿色技术创新，是指在节约资源、防止污染、减少能源消耗、提高能效和循环利用方面研发的产业技术体系，它对于推动传统产业升级、降低资源消耗和污染治理具有重要作用。因此，通过绿色技术创新引领绿色发展和生态文明建设变得越来越紧迫。绿色技术创新遵循生态原理和生态经济发展规律，是对传统技术创新的扩展和提升，要在发展和保护之间实现良性循环（Schiederig，2012）。

绿色技术以其清洁、高效和可持续的特点，在技术领域具备了显著优势。推动绿色技术创新是实现经济增长与环境保护相分离的重要途径，也是推进生态文明建设、促进绿色发展，并满足人民对美好生活需求的关键保障（汪明月等，2019）。在市场导向下，企业应通过市场机制来提高绿色技术创新要素的配置效率，充分发挥市场的供求、竞争和价格机制，以降低绿色技术创新的不确定性和外部影响，从而增加企业对绿色技术创新的投入（周晶淼等，2016）。

当前，我国企业在推进绿色技术创新过程中普遍面临资金短缺问题，这限制了企业的创新能力，也降低了企业推动绿色技术创新的积极性和主动性。针对资金短缺问题，党的二十大报告提出了建立政府资本、金融资本、民间资本、外来资本共同支持技术创新的新机制，以进一步激发企业内部的绿色技术创新动力，加快绿色技术创新能力的建设，增加技术创新投入。同时，政府还提出了针对企业绿色技术创新的激励政策。通过结合财政补贴和税收优惠政策，在企业发展的不同阶段发挥政府补贴和税收政策的协同作用，为企业减轻绿色技术创新负担，提高企业的积极性。供应链中的企业包括制造商和零售商，都应当承担起相应的环境保护责任，履行绿色创新的义务，不断创新绿色技术以解决经济发展过程中的资源和环境问题。因此，供应链进行绿色技术创新具有重要的现实意义。

8.1.3 绿色技术合作

企业在市场经济中扮演着重要的角色，在面对快速变化的市场形势时，纷纷主动与其他企业建立合作关系。供应链管理专家克里斯托弗曾指出，"21世纪的竞争已经从企业与企业之间的竞争转变为供应链与供应链之间的竞争"。单个企业很难在所有环节上都具备优势，通常只在某些业务环节上拥有独特的优势。企业之间资源的差异性促使它们通过知识互补性和产权性资源来展开合作，实现合作共赢（杨发明等，1997）。当供应链上下游企业在发挥各自核心竞争力的基础上密切合作时，通常能够实现协同发展，达到高效的合作共赢局面。

近年来，工业化和城市化的快速发展导致生态环境受到了严重的破坏，这已经成为制约可持续发展的主要因素。转变现有的发展方式以实现绿色发展，已成为时代转型的必然选择。在环保意识不断提升和资源短缺的双重压力下，越来越多的企业在加强自身内部管理的同时与供应链上的其他企业展开密切合作，以提高绿色水平并促进可持续发展。

由于绿色技术创新对企业在设计和生产工艺等环节提出了创新要求，其技术复杂性和集成性的特点使企业需要大量投入人力和物力资源。在投资初期，绿色产品往往难以立即产生预期收益，这导致许多企业难以单独实现绿色目标。依靠单个企业进行绿色投资可能会给企业带来过重的负担。因此，开展绿色合作可以有效地节省成本，共同承担风险，并避免重复投资。通过资源优势的互补和共享，可以使企业提高资源利用率和竞争力，实现高利用率和低污染率的双重目标（Wong 等，2012）。

目前，许多实力雄厚的大型企业与供应链上下游企业正在积极展开绿色合作。以惠普公司为例，它根据环境许可证、污染防治、资源节约和空气污染排放等关键指标来评估供应商的绩效。它的绿色供应链管理总体目标是到2025年帮助供应商比2010年减少200万吨碳排放。此外，在废弃墨粉盒回收再利用技术方面，惠普与主要供应商进行了"耗材回收计划"（HP Planet

Partners)。联想公司也非常重视供应商的环境表现,其对供应商进行绿色管理、评估和监督,并将供应商纳入公司级采购流程,制定了全面的供应商行为准则。2017 年,为了加快工业绿色转型升级和推动绿色制造发展战略,首个国家级绿色制造联盟正式成立,该联盟实现了成员之间的资源共享和信息互通,提高了中国制造业的绿色发展水平。然而,大部分中小企业仍然在孤军奋战,还没有跟上大型企业的步伐。在政策规制和消费者对绿色偏好等社会压力下,一些企业仅仅进行象征性的绿色技术合作以获取资源支持,这种"脱耦"行为(Li 等,2020)将严重影响企业绿色战略的实施以及国家的"双碳"政策。

当前,企业间的绿色合作已成为一种新兴合作模式,旨在减少环境污染并促进环境和谐。然而,由于供应链管理以及绿色技术的相关理念发展较晚,企业间绿色技术合作尚未受到足够重视(宿丽霞等,2013)。因此,研究供应链绿色技术合作不仅具有现实意义,也具有理论意义。

8.1.4 绿色技术研究合作问题的提出

8.1.4.1 研究动机

随着生态环境问题日益严峻,人们普遍接受了可持续发展的理念,提升绿色生产效率已成为制造企业保持竞争力的关键手段。绿色技术创新被视为企业实现可持续发展的前提和根本途径(Lanoie 等,2011)。与一般技术创新不同,绿色技术创新的成果并不能直接惠及供应链上的合作伙伴,因此往往缺乏供应链系统的支持(Kirchherr 等,2018),甚至被视为传统产业价值系统稳定性的破坏者。另外,绿色技术创新涉及产品设计、制造工艺、排污处理等多个领域的知识和技术,仅凭企业自身的技术经验和知识积累难以取得有效突破(Strambach,2017)。此外,绿色技术创新和一般技术创新一样具有溢出效应。制造企业的绿色技术创新活动也会对其他企业的绿色技术进步产生积极影响。虽然绿色技术的溢出效应可以增加绿色技术创新的总收益,但也会降低制造企业绿色技术创新带来的竞争优势,削减企业的绿色技术创新动力。

因此,与其他制造企业进行绿色技术研发合作已成为开展绿色技术创新的有效方式(Spena 和 Di Paola,2020)。企业间的绿色技术研发合作可以将技术溢出的外部性内部化,为企业提供解决方案。此外,制造企业间的绿色技术研发合作还可以使企业接入专业技术网络,充分发挥自身的技术特长,大大降低研发成本和风险。在实践中,甚至一些处于竞争关系的制造企业也会进行绿色技术的研发合作。例如,特斯拉和丰田在 2010 年签署了绿色技术研发的合作协议,共同合作开展新能源汽车的研发活动。

然而,绿色技术研发合作也可能对市场竞争产生抑制作用,使制造企业可以轻松获取高额利润，从而降低其对绿色技术研发的投入，这样反而阻碍了绿色技术的进步（D'Aspremont 和 Jacquemin，1988）。此外，制造商之间的绿色技术研发合作也可能削弱供应链中其他环节的节点企业在供应链中的地位，导致这些企业无法充分分享到绿色技术进步带来的收益，对绿色技术的可持续发展产生不利影响。因此，迫切需要研究供应链中制造商的绿色技术研发合作行为对绿色技术水平以及供应链中其他成员的影响。另外，供应链中的权利结构直接决定了利润的分配方式，因此，不同权利结构下供应链中制造商的绿色技术研发合作可能会产生不同的影响。具体而言，本章的研究问题如下：

（1）制造商之间的绿色技术创新合作是否能够提升绿色技术水平？这种合作对供应链成员的经济影响（包括利润、消费者剩余以及社会福利）和环境影响（包括污染物总排放量和绿色生产效率）是什么？

（2）在不同制造商的绿色技术研发模式下（即合作研发和独立研发），绿色技术的外部溢出效应对供应链带来的影响有何不同？

（3）上述影响在不同供应链权利结构下有何异同之处？

8.1.4.2 问题界定

本章构建了一个包含两个竞争制造商和一个共同的零售商的供应链模型，并考虑了制造商在生产过程中产生的污染排放对外部环境的影响。制造商可以通过投入绿色技术来减少污染排放，但需要承担相应的研发成本。同时，绿色技术的溢出效应也会促使竞争对手进行技术改进。制造商可以选择通过绿色技术合作形成绿色技术战略联盟，也可以独立开展绿色技术研发。建立供应链模型，需考虑供应商主导、零售商主导以及权利对称等不同情形，并对比不同模型的均衡解，揭示了绿色技术创新合作所带来的影响。此外，本章提出了一种改进的双部定价契约，用以协调供应链的绿色技术研发决策和价格决策。

8.1.5 绿色技术研究合作的意义

8.1.5.1 理论意义

本章在绿色供应链的背景下考虑了竞争的制造商之间的横向绿色技术合作，具有重要的理论意义。以往的研究主要关注纵向一体化的制造业企业的绿色技术合作，或者是供应链中上下游企业之间的绿色技术合作。少数研究探讨了制造商之间的绿色技术合作，但多数假设制造商处于竞争的两个供应链中。在本章的研究中，制造商处于同一供应链中，形成了网络关系。基于此，本章研究了制造商的竞合关系对整个供应链的影响。这一研究为绿色供应链和企业绿色创新领域提供了新的视角和丰富的研究内容。

8.1.5.2 实践意义

本章的发现对管理学领域具有重要启示。首先，制造商之间的绿色技术合作可以缓解竞争并增加利润。然而，对于零售商而言，制造商之间的绿色技术合作可能并不总是有利的。如果绿色技术的外部溢出效应较弱，制造商之间的合作反而会削弱他们对绿色技术投资的动力，降低供应链效率，给零售商和消费者带来不利影响，进而影响社会福利。其次，尽管制造商的绿色技术合作通常可以提高绿色生产效率，但也可能导致产品生产量大幅增加，进而增加污染排放。此外，本章还揭示了绿色技术溢出效应在制造商绿色技术合作决策中的关键作用。当制造商没有进行合作时，绿色技术溢出效应可以降低供应链成本，但也会导致制造商之间存在"搭便车"现象。绿色技术溢出效应对供应链的影响取决于这两种影响的相对强弱。制造商在供应链中的地位会影响其对绿色技术研发投入的资源，但不能确保制造商在进行绿色技术合作时会增加研发投入。相反，决定制造商绿色技术投入是否会因绿色技术合作而改进的关键因素是供应链权利结构的对称性。最后，制造商的绿色技术合作也可能引起供应链渠道冲突。然而，在两部定价契约下，如果零售商对制造商的绿色技术研发投入提供补贴，可以实现供应链的协调。本章的结果可为制造企业的绿色技术创新行为提供指导，并为企业的供应链关系管理提供建议。

8.2 绿色技术研发文献综述

2020 年 9 月，中国国家主席习近平在第七十五届联合国大会上宣布："中国力争 2030 年前二氧化碳排放达到峰值，努力争取 2060 年前实现碳中和目标"。中国应对全球气候变化的立场本就十分坚定，将碳达峰与碳中和作为未来 30 年内的长期和短期规划更是彰显了中国对全球气候变化的高度关切，同时也是中国担当大国责任的重要体现。近几年，极端天气越来越多，应对全球气候变化刻不容缓，尤其是在 2022 年北半球温带大多数国家经历了有史以来最热夏天后，社会各界对温室气体排放的关注度也达到了前所未有的高度。通过单个企业的努力难以有效地实现碳减排，只有通过供应链上下游企业协同进行碳管理，才能真正实现碳排放的降低（吴隽和徐迪，2020）。

近年来，低碳供应链成为国内外学者广泛研究的热点，它涉及多个研究领域，并与社会各界息息相关。Shaharudin 等（2019）综述了低碳供应链的六大领域，包括可持续性、气候变化、绿色供应链管理、供应链管理、创新、可持续发展和环境管理。他们将低碳供应链定义为一项战略性的、与环境一致的倡议，旨在通过关注能源效率和减少碳排放，实现卓越的运营和成本降低。文献计量分析表明，中国学者是低碳供应链研究最具贡献的国家，其次是美国和欧洲国家。美国学者被认为是低碳供应链研究发展的主要贡献者，因为欧洲和中国学者经常引用许多美国学者的研究成果。以"低碳供应链"为关键词在中国知网（China National Knowledge Infrastructure，CNKI）进行检索，发现超过30个主题与低碳供应链相关联，主要包括低碳经济、决策研究、消费者低碳偏好、闭环供应链等。在这些主题中，低碳供应链、供应链、低碳经济、决策研究、消费者低碳偏好、闭环供应链、绿色供应链的发文数量占比达总检索结果的57.72%。次要主题中，协调研究是数量最多的，其他相关次要主题发文数量较少。因此，低碳供应链仍有很大的研究空间。更详细的低碳供应链文献计量数据可参考吴隽和徐迪（2020）、Shaharudin等（2019）（见图8-1）。

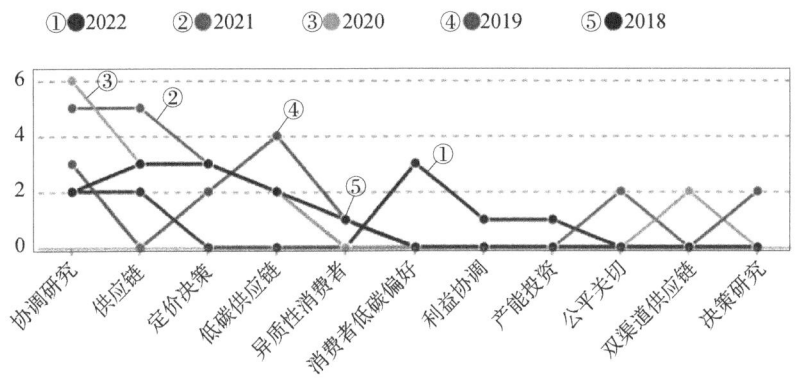

图8-1　2018—2022年低碳供应链的相关次要主题发文数量

为了深入了解低碳供应链的应用领域，我们将从以下三个方面进行文献梳理：定价决策、协调研究和渠道结构。这三个方面能够提供关于低碳供应链在不同领域的具体应用情况。

8.2.1　定价决策

目前，国内外有许多关于低碳供应链定价决策的研究成果。这些学者在不同情景和背景下探讨了低碳供应链中供应链成员的定价决策行为。在政府大力倡导低碳生产和低碳消费的背景下，碳税政策的实施是否改变了供应链成员的定价决策和社会福利呢？事实上，相关产品的零售价格和批发价格都随着碳税税率的提高而提高（Zhou等，2018）。此外，低碳供应链中的主导方似乎也起着重要作用。当制造商作为主导者、零售商作为跟随者的碳交易机制存在二级供应链中时，供应链双方的交叉持股能够改变碳交易价格对制造商的减排量的影响。在面对碳交易价格的变化时，不同类型的制造商会有不同的反应（夏良杰等，2019）。另外，当居主导地位的零售商分担制造商减排成本的成本分担契约存在，成本分担契约在增加制造商和零售商的减排量时，也会提高双方的定价和利润。此外，消费者的环境意识对成本分担契约促进减排、提高定价和利润起到积极的作用（魏光兴和高婷婷，2022）。然而，Liu 等（2022）针对需求模糊、不同质量水平的二手产品闭环供应链提出了一个集中式和三个分散模型（制造商主导、零售商主导和收集者主导）。他们发现，在这三种分散模型中，新产品的最优价格随着不同质量水平的旧产品所占比例的增加而上升；而新产品和再造产品的最优价格和最优回收比则随着回收努力成本系数的增大而降低。换句话说，在分散模式下，无论谁作为主导方，都会产生相似的结果（Liu 等，2022）。

供应链成员的合作方式会对低碳供应链决策造成影响。Liu（2019）选择了单个零售商和单个低碳制造商的低碳供应链，然后提出并分析了四种常见的成本分担模型及其定价规则，他的研究结果显示，消费者偏好信息获取成本和碳减排成本等因素可以帮助零售商获得较低的批发价格，并获得更多的效益。伍星华等（2021）在考虑产品具有网络外部性的情况下，研究了产品网络外部性对于低碳供应链中各节点企业的碳减排水平、产品定价及最优利润的影响。他们的研究发现，收益共享契约可以实现低碳供应链决策效率的 Pareto 优化，但无法达到完全协调状态；而 Nash 谈判-两部定价契约可以实现低碳供应链决策的完全协调。Yu 等（2022）在同时考虑了两个制造商分开进行碳减排决策（垂直合作）和同时进行碳减排决策（水平合作）的两种情况后，发现只要碳税政策实施，供应链各成员的垂直合作将降低碳排放率和产品价格。

此外，这些学者在研究低碳供应链的定价决策方法方面也作出了较大贡献。例如，Khorshidvand 等（2021）考虑了定价、绿色质量和广告等因素，提出了一个两阶段的方法来建模和解决可持续的闭环供应链问题。第一阶段针对定价、绿化和广告进行最优决策，第二阶段采用模糊多目标混合整数线性规划模型，在算例分析中展示了该模型的适用性和效率，并确认了在最优定价、绿色质量和广告下可持续目标的显著改进。邹浩和秦进（2022）则利用均值方差法及 Stackelberg 博弈理论，分析了制造商在风险规避行为下的低碳供应链成员定价决策过程，并构建了不同决策情景下的供应链产品定价决策模型。他们发现，制造商会为了规避因减排技术投入而产生的风险，采取降低产品批发价格和减排率的策略。

通过对上述文献的分析，我们可以发现目前研究存在一些问题和挑战。首先，低碳供应链中谁作为主导方对低碳供应链的定价决策至关重要，后续的研究可以着重探讨这一点。其次，哪种供应链合作方式更有利于低碳供应链各方作出更好的定价决策，需要进一步研究。另外，低碳供应链的定价决策是否可以采用更多的数学方法来解决，也是一个需要思考的问题。最后，低碳供应链的定价决策研究是否已经进入实践阶段，也需要进一步探讨。这些问题和挑战都需要我们在未来的研究中加以关注和解决。

8.2.2 协调研究

近年来，有许多研究探讨了低碳供应链的协调性问题，并发现不同的契约方式对于协调供应链有重要的影响。例如，Peng 等（2018）研究发现，采用数量折扣契约可以有效地协调低碳供应链，而收益分成契约则无法实现协调。他们还设计了一种新的收益分成与减排补贴契约，成功地协调了低碳供应链与产量不确定性之间的关系，使碳减排水平可以达到集中情况下的水平。Taleizadeh 等（2018）考虑了一个由单个制造商和单个零售商组成的两级供应链，发现合作形式的供应链利润高于非合作形式的供应链利润，批发价格契约中的供应链具有最高的利润，并且能够协调供应链。Liu（2019）不仅研究了定价决策，还采用收益共享契约进行供应链协调研究，并且发现，当收益分成系数大于 0.25 且小于 0.5 时，收益分成契约可以实现供应链的低碳协调。李友东等（2019）考虑了分散决策、集中决策、合作决策三种决策结构，利用博弈理论分析了前两种情形的最优零售价格、销售努力和减排量，利用非线性规划方法构建了合作决策契约模型；他们得出在原有普通产品的基础上提供新的低碳产品使双方都能够获得更多的利润和销量的结论，同时，数值算例分析方法验证了合作决策协调模型能够使产品价格下降，同时使产品的减排水平提高，且供需双方还可获得更好的收益。陈静（2020）等考虑了消费者低碳偏好，构造了由制造商和零售商构成的两级双渠道供应链中网络直销渠道和传统零售渠道的协调问题，通过算例证明了两方收益共享契约能够使低碳环境下双渠道供应链实现协调。伍星华和艾兴政（2022）通过博弈论在集中决策和分散决策两种模式下建立低碳供应链的决策模型，并设计收益共享 - 成本分担契约，对规模不经济且分散决策下的供应链成员的决策行为进行协调，结果显示，实施收益共享 - 成本分担契约可以实现分散决策下生产商规模不经济的低碳供应链完全协调。Zhang 和 Yu（2022）研究了政府复合补贴下低碳闭环供应链的利他模式选择与协调，并设计了收益共享 - 双方成本共享契约，实现了不同场景下低碳闭环供应链的协调。Ebrahimi 等（2022）则在分析了分散和集中结构下的双层可持续努力后，采用基于补偿的批发价格契约，成功地协调了限额与交易制度下的可持续供应链。通过协调计划获得的剩余利润由制造商和零售商根据双方的议价能力进行分配，从社会、环境和经济的角度来看，他们开发的协调系统同时提高了整个供应链的可持续绩效。

也有许多关于低碳供应链协调的研究从供应链合作模式和决策模式方面进行了考虑。例如，Yang 等（2017）研究了限额与交易制度下的两个竞争性供应链，每个供应链由一个制造商和一个零售商组成。他们分别研究了制造商在 Stackelberg 博弈中作为领导者的情形（横向合作情形），以及制造商之间的减排决策存在纳什博弈的情形（纵向合作情形）。通过比较发现，纵向合作的供应链具有更高的碳减排率和较低的零售价格。夏西强等（2022）基于外包制造构建了一个分散决策博弈模型和一个集中决策博弈模型，该模型包括低碳产品制造商、普通产品制造商和零售商，研究分析了碳交易对于两种产品最优定价和需求量等的影响；研究还提出使用 Shapley 值法来有效分配低碳供应链成员的利润，避免边际损失，实现低碳供应链的协调。

在供应链管理中，两部定价契约是一种广泛应用的方法。该契约包含两个阶段：首先，生产商向传统零售商收取固定费用（也可以看作加盟费或一次性费用），然后根据产品市场需求确定单位产品的批发价格。传统的两部定价契约通常包括固定费用和单位批发价格两个部分。这种契约有许多优点：首先，当需求冲击不太持久时，相比于线性批发价格，两部定价契约能够带来更大的预期供应链利润，并消除牛鞭效应（Zhan 和 Horst，2022）。其次，与分散决策相比，两部协调定价机制可以提高整个供应链的利润（黄红伟等，2022）。最后，相比于数量支付合同，供应商和渠道商都更喜欢两部定价契约，尤其是在涉及私人信息和渠道的情况下（Lv 等，2019）。

然而，复杂的两部定价契约并不能总是协调供应链成员的利润，而是会受到外部横向竞争等多种因素的影响（李晓静等，2019）。因此，在考虑绿色供应链因素的前提下，为了同时协调供应链中的价格决策和绿色技术投入决策，本章在两部定价契约的基础上引入了零售商对制造商的绿色投入补贴。

8.2.3 渠道结构

在低碳供应链渠道结构方面，许多研究通过构建双渠道低碳供应链模型来解决最优渠道决策的问题。张喜征等（2016）对传统零售渠道中存在的同类产品竞争进行了研究，并对 Salop 环形城市模型进行了拓展。他们发现产品替代程度对替代产品的各渠道定价和零售渠道需求有正向影响，同时也考虑到了网络购物带来的便利程度对直销渠道需求的影响，而对已有产品的需求和定价影响为负。他们提出了改进的收益共享契约协调策略，以缓解渠道冲突，实现供应链成员的 Pareto 改进。杨仕辉等（2017）进一步提出并检验了"成本共担契约 + 收益共享契约"的方法。构建的生产商主导的双渠道低碳供应链博弈模型的研究结果显示，消费者对零售渠道的低忠诚度是生产商选择双渠道供应链的前提。传统零售渠道销售单位产品的碳排放成本决定着双渠道供应链能否存在，碳排放成本越高，供应链总减排量和单位产品碳减排量越低。杨磊等（2017）建立了四种不同渠道结构的供应链分销模型，并采用逆向归纳法得出了不同渠道结构下企业的最优定价决策、减排决策以及最优利润，并对模型的最优决策进行了比较分析。他们发现，引入新渠道可以增加建立电子渠道的企业的利润，但不一定会损害供应链中其他成员的利润。何新华等（2019）考虑到低碳约束和产品替代率，利用 Stackberg 博弈理论，对比分析了有无碳限额交易政策下的集中渠道和分散渠道的供应链最优订货量和最优定价，进而得出了最优利润和碳排放量。Ghosh 等（2020）基于双渠道供应链模型，考虑了排放敏感的随机需求、政府强制的总量管制和消费者的低碳偏好。他们发现，在排放敏感的随机需求下，采用回购契约和减量任务分担契约，可以成功协调分散式双渠道策略，为供应链的所有成员带来双赢的结果。当消费者对低碳偏好较高且产品初始排放量较低时，引入双渠道策略是有利可图的。

范贺花等（2020）构建了双渠道供应链模型，研究表明消费者的渠道选择受消费者本身的渠道偏好、制造商的生产成本、渠道需求的随机性和碳减排等因素的影响。许以撒等（2021）讨论了建立低碳产品的线下零售渠道、线上直销渠道和双渠道的供应链决策模型，他们的研究发现消费者对低碳产品的偏好和交叉价格弹性的增加促进了供应商利润、零售商利润和减排水平的提高。

此外，还有许多研究从零售商或制造商的角度分析了各种经济因素对渠道决策的影响。Wang 等（2016）探讨了渠道运营成本差异对零售商渠道选择策略的影响。Chen 等（2017）分析了零售商在实体渠道、线上渠道和双渠道中的选择，考虑到线上销售渠道存在高退货率的问题。李佩等（2018）通过算例分析了潜在需求、自价格弹性、相同产品在不同渠道销售的交叉价格弹性以及不同产品的交叉价格弹性等变动对零售商渠道策略的影响，并得出了零售商的最优渠道策略。万光羽等（2021）分析了渠道间碳排放差异和销售成本差异对零售商最优渠道选择的影响，发现随着碳排放量的增加，零售商会依次选择完全线下渠道、双渠道和完全线上渠道。

对于制造商渠道选择方面的研究，主要考虑销售成本、消费者偏好、价格竞争系数等因素的影响。Erjiang 等（2016）研究了制造商在采用相同批发价格和不同批发价格两种情况下，为缓解渠道冲突所采取的渠道协调策略。梁喜等（2018）分析了三种不同双渠道结构下价格竞争系数、网上直销成本和佣金比例系数的影响，以及制造商的最优定价决策与渠道选择问题。他们发现，在保证一定网上直销单位成本和佣金比例系数条件下，网上代销双渠道和网上直销双渠道中获取的利润高于网上分销双渠道；在网上代销双渠道中，制造商利润随着佣金比例系数的增加而减少，而传统零售商和网络零售商的利润会随着佣金比例系数的增加而增加。Zhang Y等（2021）在消费者的渠道偏好以及零售和直接渠道的运营成本方面的渠道差异的基础上，进一步纳入了竞争对手的行动，并跟踪其对焦点制造商渠道偏好的影响，研究阐明了竞争在市场中的作用。

供应链的权力结构从多个角度影响着绿色供应链。Xia、Zhi 和 Wang（2021）的研究结果表明，在交叉持股的供应链中，制造商和零售商之间的碳减排比例会受到供应链权力结构的影响：在制造商主导的模型中，碳排放减少受到零售商持有的制造商份额比例的积极影响，而在零售商主导模型中，它会受到制造商所持有的零售商股份比例的负面影响。Agi 和 Yan（2020）认为，制造商主导的供应链，相比零售商主导的供应链，能更好地克服固定成本，推出绿色产品，并在其发展的早期阶段从绿色消费者细分市场的增长中获益。然而，刘名武、刘亚琼和付巧灵（2022）的研究发现，制造商主导的权力结构相比零售商主导的权力结构更不利于产品绿色度的提高。供应链企业的利润受到关税税率水平、供应链权力结构以及产品绿色成本系数的综合影响，供应链主导地位不能一直为主导者带来更多的利润。此外，陈克兵、孔颖琪和雷东（2022）发现了不同性质的制造商主导对整个供应链的具体影响。当绿色产品制造商主导时，为获得更多利润，绿色产品制造商会增加绿色投入以吸引消费者；而当传统制造商主导时，绿色产品制造商会减少绿色制造投入以增强在价格上的竞争优势。此外，研究还发现，制造商是否在市场上占据主导与其自身可获得的最优利润之间并无必然联系；当绿色需求敏感度较大时，绿色制造商领导下的供应链总利润最大。然而，这些研究没有回答绿色产品制造商进行绿色技术合作时是否一定可以提升制造商的绿色技术合作的问题，也没有找到绿色产品制造商在何种情况下更倾向于投入资源进行绿色技术研发的答案。因此，本章将进一步考察不同供应链的权力结构对绿色技术投入和绿色技术合作带来的影响。

8.2.4 绿色技术合作

绿色技术的创新与发展对低碳供应链管理起着重要作用，越来越多的供应商和制造商之间开始展开绿色研发合作。Wu、Zhang 和 Chen（2021）的研究指出，制造商的绿色技术合作程度和深度受到溢出率、研发效率和竞争水平等多种因素的共同影响。他们还发现，供应商的绿色投资水平不受制造商研发效率的影响，但其批发价格会受到各厂商研发效率的影响。此外，制造商的研发效率对每个低碳供应链成员的合作偏好有着至关重要的影响。在没有考虑绿色技术创新的情况下，供应商往往会优先选择实力强劲的制造商作为合作伙伴，并且只在共享绿色技术成本较低的情况下才会选择技术共享，以增加低碳供应链的整体利润（段炼和袁柳洋，2022）。然而，与竞争对手的绿色技术合作并不总是能够推动一个拥有劣质或优秀品牌的焦点公司生产出更绿色的产品。在选择合作关系时，不同品牌定位的影响也是不可忽视的（Li、Huang 和 Tong，2021）。Chen、Wang 和 Zhou（2019）的研究探讨了企业在两级供应链中的绿色研发合作行为，他们发现，研发合作对企业经济绩效的改善主要取决于企业自身的绿色贡献水平，而这一水平又取决于企业的绿色研发投资效率和溢出效应，以及与供应链合作伙伴的权利关系。值得注意的是，在帕累托改善区域，绿色研发合作对企业、客户和环境都有积极的影响。此外，还有学者研究了合作情况下制造业企业绿色技术创新能力的评价指标体系。例如，Yin、Zhan 和 Li（2020）通过实证研究多智能体合作对绿色技术创新能力和竞争力的提高，构建了多智能体合作下制造业企业绿色技术创新能力的评价指标体系。他们认为，多智能体合作的绿色技术创新能力评价体系应该考虑输入要素、技术产出、经济产出和绿色技术创新的社会效应四个方面。以上关于绿色技术合作的研究已经较为完善，但尚未研究绿色技术合作对低碳供应链各方的影响。因此，本章还要研究制造商之间的绿色技术合作对供应链成员决策（包括批发价、零售价等价格决策和绿色技术创新投入决策）的影响，分析制造商之间的绿色技术合作给供应链成员和供应链带来的经济效应，并讨论制造商之间的绿色技术合作对环境的影响；研究分析绿色技术溢出效应对前述各方的具体影响。

8.3 模型及均衡解

8.3.1 模型设定

我们考虑一条包含两个竞争制造商和一个零售商的两级绿色供应链：制造商 i 生产产品 i，并以一定的批发价 w_i 将产品 i 批发给零售商（$i=1,2$），零售商再以市场价格 p_i 将产品 i 销售给消费者。本章进一步将两条绿色供应链之间的竞争建立为单周期的价格竞争模型，并令零售商产品 i 的需求函数 $q_i = 1 - p_i + \theta p_{3-i}$，其中，$\theta \in (0,1)$ 表示产品的替代程度，也可以表示市场的竞争激烈程度，当 $\theta = 1$，两个制造商的产品完全替代，市场竞争最为激烈。不失一般性，假设制造商的生产成本为 0。

在实践中，大多数污染都源自生产制造过程。因此，假定制造商生产一单位产品将产生一单位的污染，制造商 i 的总污染排放与其产量 q_i 成正比。同时，制造商可以通过绿色技术创新降低污染排放量。假设制造商 i 的绿色技术水平为 X_i，则在进行绿色技术投入后，制造商的污染排放量将降低至 $E_i = (1 - X_i) q_i$。制造商的污染行为所带来的外部性将使其承担一定的污染成本，例如，政府的惩罚、企业形象的下降等。假定污染给制造商 i 带来的单位成本为 c，则污染排放的负外部性所带来的总成本为 $c(1 - X_i) q_i$。

制造商的绿色技术投入不仅可以提升自身的绿色技术水平，还会产生溢出效应，从而提升竞争对手的绿色技术水平。因此，如果制造商 i 的绿色技术投入为 x_i，则其绿色技术水平 $X_i = x_i + \beta x_{3-i}$，其中，$\beta \in [0,1]$ 代表绿色技术的溢出率。最后，假设制造商的绿色技术投入成本是凸的，并用 $k x_i^2$ 来表示制造商 i 的绿色技术投入成本。为了保证模型具有内点解，假定 $k > \underline{k}$（$\underline{k}$ 的表达式及推导过程见本章附录）；否则，制造商将对绿色技术进行最大投入。类似的假设被很多文献采用，如 Gupta（2018）。

博弈的顺序如下：在第一阶段，两个制造商同时决定是否进行绿色技术合作，形成绿色技术联盟，并决定绿色技术投入水平 x_i；在第二阶段，制造商和零售商根据权力结构先后进行价格决策并确定产品的批发价格 w_i 和零售价格 p_i；在第三阶段，消费者观测到产品价格，并进行购买决策。

根据上述假设，制造商 i 和零售商的利润可以表示为：

$$\pi_{mi} = (1 - p_i + \theta p_{3-i})[w_i - c(1 - x_i - \beta x_{3-i})] - k x_i^2 \qquad (8-1)$$

$$\pi_r = \sum_{i=1}^{2} (1 - p_i + \theta p_{3-i})(p_i - w_i) \qquad (8-2)$$

因此，供应链的利润可以表示为：

$$\pi_s = \sum_{i=1}^{2} \pi_{mi} + \pi_r \qquad (8-3)$$

若制造商决定合作并形成绿色技术联盟，则该联盟的利润可以表示为：

$$\pi_c = \sum_{i=1}^{2} (1 - p_i + \theta p_{3-i})[w_i - c(1 - x_i - \beta x_{3-i})] - k x_i^2 \qquad (8-4)$$

本章使用的数学符号含义见表 8-1。

表 8-1　　　　　　　　　　数学符号含义

符号	说明
w_i	制造商 i 的产品批发价格
p_i	制造商 i 的产品零售价格
θ	产品的替代程度
q_i	制造商 i 的产品需求
X_i	制造商 i 的绿色技术水平
E_i	制造商 i 的污染物排放量
c	制造商生产每单位产品的污染成本
x_i	制造商 i 的绿色技术投入
β	绿色技术溢出率
k	绿色技术成本系数
π_{mi}	制造商 i 的利润
π_r	零售商的利润
π_s	供应链的总利润
π_c	当制造商进行技术合作形成绿色技术联盟时该联盟的利润
CS	消费者剩余
SW	社会福利
$EcoSW$	社会福利环境效率

8.3.2　模型

根据供应链权力结构不同以及制造商是否进行合作，可分为制造商领导的非合作模型（MN）、零售商领导的非合作模型（RN）、纵向纳什非合作模型（NN）、制造商领导的合作模型（MC）、零售商领导的合作模型（RC）以及纵向纳什合作模型（NC）六种情况。

MN 模型：在第一阶段，两个制造商同时决定绿色技术投入水平以最大化自身利润；在第二阶段，两个制造商同时制定批发价格，紧接着零售商决定两个制造商产品的零售价格。因此，MN 模型下的决策过程可以表示为：

$$\left.\begin{array}{l} \max\limits_{x_1} \pi_{m1}(w_1,x_1) \\ \max\limits_{x_2} \pi_{m2}(w_2,x_2) \end{array}\right\} \rightarrow \left.\begin{array}{l} \max\limits_{w_1} \pi_{m1}(w_1,x_1) \\ \max\limits_{w_2} \pi_{m2}(w_2,x_2) \end{array}\right\} \rightarrow \max\limits_{p_1,p_2} \pi_r(p_1,p_2)$$

RN 模型：在第一阶段，两个制造商同时决定绿色技术投入水平以最大化自身利润；在第二阶段，零售商决定两个制造商产品的零售价格，紧接着，两个制造商同时制定批发价格。因此，RN 模型下的决策过程可以表示为：

$$\left.\begin{array}{l}\max\limits_{x_1} \pi_{m1}(w_1,x_1) \\ \max\limits_{x_2} \pi_{m2}(w_2,x_2)\end{array}\right\} \to \max\limits_{p_1,p_2} \pi_r(p_1,p_2) \to \left.\begin{array}{l}\max\limits_{w_1} \pi_{m1}(w_1,x_1) \\ \max\limits_{w_2} \pi_{m2}(w_2,x_2)\end{array}\right\}$$

NN 模型：在第一阶段，两个制造商同时决定绿色技术投入水平以最大化自身利润；在第二阶段，零售商与两个制造商同时决定产品批发价格和零售价格。因此，NN 模型下的决策过程可以表示为：

$$\left.\begin{array}{l}\max\limits_{x_1} \pi_{m1}(w_1,x_1) \\ \max\limits_{x_2} \pi_{m2}(w_2,x_2)\end{array}\right\} \to \left.\begin{array}{l}\max\limits_{w_1} \pi_{m1}(w_1,x_1) \\ \max\limits_{w_2} \pi_{m2}(w_2,x_2) \\ \max\limits_{p_1,p_2} \pi_r(p_1,p_2)\end{array}\right\}$$

MC 模型：在第一阶段，两个制造商同时决定绿色技术投入水平以最大化制造商绿色技术联盟的利润；在第二阶段，两个制造商同时制定批发价格，紧接着零售商决定两个制造商产品的零售价格。因此，MC 模型下的决策过程可以表示为：

$$\left.\begin{array}{l}\max\limits_{x_1} \pi_c(w_1,w_2,x_1,x_2) \\ \max\limits_{x_2} \pi_c(w_1,w_2,x_1,x_2)\end{array}\right\} \to \left.\begin{array}{l}\max\limits_{w_1} \pi_{m1}(w_1,x_1) \\ \max\limits_{w_2} \pi_{m2}(w_2,x_2)\end{array}\right\} \to \max\limits_{p_1,p_2} \pi_r(p_1,p_2)$$

RC 模型：在第一阶段，两个制造商同时决定绿色技术投入水平以最大化制造商绿色技术联盟的利润；在第二阶段，零售商决定两个制造商产品的零售价格，紧接着，两个制造商同时制定批发价格。因此，RC 模型下的决策过程可以表示为：

$$\left.\begin{array}{l}\max\limits_{x_1} \pi_c(w_1,w_2,x_1,x_2) \\ \max\limits_{x_2} \pi_c(w_1,w_2,x_1,x_2)\end{array}\right\} \to \max\limits_{p_1,p_2} \pi_r(p_1,p_2) \to \left.\begin{array}{l}\max\limits_{w_1} \pi_{m1}(w_1,x_1) \\ \max\limits_{w_2} \pi_{m2}(w_2,x_2)\end{array}\right\}$$

NC 模型：在第一阶段，两个制造商同时决定绿色技术投入水平以最大化制造商绿色技术联盟的利润；在第二阶段，零售商与两个制造商同时决定产品批发价格和零售价格。因此，NC 模型下的决策过程可以表示为：

$$\left.\begin{array}{l}\max\limits_{x_1} \pi_c(w_1,w_2,x_1,x_2) \\ \max\limits_{x_2} \pi_c(w_1,w_2,x_1,x_2)\end{array}\right\} \to \left.\begin{array}{l}\max\limits_{w_1} \pi_{m1}(w_1,x_1) \\ \max\limits_{w_2} \pi_{m2}(w_2,x_2) \\ \max\limits_{p_1,p_2} \pi_r(p_1,p_2)\end{array}\right\}$$

利用逆向归纳法可以求解以上模型。

引理 1：模型的均衡解如表 8-2 所示。

表 8-2 模型均衡解

模型		制造商主导模型 ($j=M$)	零售商主导模型 ($j=R$)	纳什模型 ($j=N$)
非合作	x_i^{jN}	$\dfrac{(2-\beta\theta-\theta^2)[1-(1-\theta)c]c}{2(2+\theta)(2-\theta)^2k-(1+\beta)(1-\theta)(2-\beta\theta-\theta^2)c^2}$	$\dfrac{(2-\beta\theta-\theta^2)[1-(1-\theta)c]c}{4(2+\theta)(2-\theta)^2k-(1+\beta)(1-\theta)(2-\beta\theta-\theta^2)c^2}$	$\dfrac{(3-2\beta\theta-\theta^2)[1-(1-\theta)c]c}{(3+\theta)(3-\theta)^2k-(1+\beta)(1-\theta)(3-2\beta\theta-\theta^2)c^2}$
	w_i^{jN}	$\dfrac{2(4-\theta^2)(1+c)k-(1+\beta)(2-\beta\theta-\theta^2)c^2}{2(2+\theta)(2-\theta)^2k-(1+\beta)(1-\theta)(2-\beta\theta-\theta^2)c^2}$	$\dfrac{2(4-\theta^2)[1+(3-\theta)c]k-(1+\beta)(2-\beta\theta-\theta^2)c^2}{4(2+\theta)(2-\theta)^2k-(1+\beta)(1-\theta)(2-\beta\theta-\theta^2)c^2}$	$\dfrac{(9-\theta^2)(1+2c)k-(1+\beta)(3-2\beta\theta-\theta^2)c^2}{(3+\theta)(3-\theta)^2k-(1+\beta)(1-\theta)(3-2\beta\theta-\theta^2)c^2}$
	p_i^{jN}	$\dfrac{(4-\theta^2)[3-2\theta+(1-\theta)c]k-(1+\beta)(2-\beta\theta-\theta^2)c^2}{(1-\theta)[2(2+\theta)(2-\theta)^2k-(1+\beta)(1-\theta)(2-\beta\theta-\theta^2)c^2]}$	$\dfrac{2(4-\theta^2)[3-2\theta+(1-\theta)c]k-(1+\beta)(2-\beta\theta-\theta^2)c^2}{(1-\theta)[4(2+\theta)(2-\theta)^2k-(1+\beta)(1-\theta)(2-\beta\theta-\theta^2)c^2]}$	$\dfrac{(9-\theta^2)[2-\theta+(1-\theta)c]k-(1+\beta)(3-2\beta\theta-\theta^2)c^2}{(1-\theta)[(3+\theta)(3-\theta)^2k-(1+\beta)(1-\theta)(3-2\beta\theta-\theta^2)c^2]}$
合作	x_i^{jC}	$\dfrac{(1+\beta)(1-\theta)[1-(1-\theta)c]c}{2(2-\theta)^2k-(1+\beta)^2(1-\theta)^2c^2}$	$\dfrac{(1+\beta)(1-\theta)[1-(1-\theta)c]c}{4(2-\theta)^2k-(1+\beta)^2(1-\theta)^2c^2}$	$\dfrac{(1+\beta)(1-\theta)[1-(1-\theta)c]c}{(3-\theta)^2k-(1+\beta)^2(1-\theta)^2c^2}$
	w_i^{jC}	$\dfrac{2(2-\theta)(1+c)k-(1+\beta)^2(1-\theta)^2c^2}{2(2-\theta)^2k-(1+\beta)^2(1-\theta)^2c^2}$	$\dfrac{2(2-\theta)[1+(3-\theta)c]k-(1+\beta)^2(1-\theta)^2c^2}{4(2-\theta)^2k-(1+\beta)^2(1-\theta)^2c^2}$	$\dfrac{(3-\theta)(1+2c)k-(1+\beta)^2(1-\theta)^2c^2}{(3-\theta)^2k-(1+\beta)^2(1-\theta)^2c^2}$
	p_i^{jC}	$\dfrac{(2-\theta)[3-2\theta+(1-\theta)c]k-(1+\beta)^2(1-\theta)^2c^2}{(1-\theta)[2(2-\theta)^2k-(1+\beta)^2(1-\theta)^2c^2]}$	$\dfrac{2(2-\theta)[3-2\theta+(1-\theta)c]k-(1+\beta)^2(1-\theta)^2c^2}{(1-\theta)[4(2-\theta)^2k-(1+\beta)^2(1-\theta)^2c^2]}$	$\dfrac{(3-\theta)[2-\theta+(1-\theta)c]k-(1+\beta)^2(1-\theta)^2c^2}{(1-\theta)[(3-\theta)^2k-(1+\beta)^2(1-\theta)^2c^2]}$

8.4 制造商绿色技术合作的影响

本部分首先考察制造商之间的绿色技术合作对供应链成员决策（包括批发价、零售价等价格决策和绿色技术创新投入决策）的影响。其次，本部分分析制造商之间的绿色技术合作为供应链成员以及供应链带来的经济效应。最后，本部分将讨论制造商之间的绿色技术合作对环境产生的影响。

8.4.1 制造商绿色技术合作对供应链的影响

通过比较制造商进行绿色技术合作和不进行绿色技术合作时的均衡解，可以得出制造商绿色技术合作对供应链成员决策的影响，正如命题1所述。

命题1（制造商绿色技术合作对供应链成员决策的影响）：

（1）若 $\beta > \dfrac{\theta}{2-\theta^2}$，$x_i^{jC} > x_i^{jN}$，$w_i^{jC} < w_i^{jN}$，$p_i^{jC} < p_i^{jN}$；否则，$x_i^{jC} < x_i^{jN}$，$w_i^{jC} > w_i^{jN}$，$p_i^{jC} > p_i^{jN}$，其中，$j = M, R$。

（2）若 $\beta > \dfrac{2\theta}{3-\theta^2}$，$x_i^{NC} > x_i^{NN}$，$w_i^{NC} < w_i^{NN}$，$p_i^{NC} < p_i^{NN}$；否则，$x_i^{NC} < x_i^{NN}$，$w_i^{NC} > w_i^{NN}$，$p_i^{NC} > p_i^{NN}$。

根据命题1，可以得出制造商的绿色技术合作并不一定能促进绿色技术创新。当制造商之间的技术溢出效应较低时，制造商的绿色技术合作反而会降低制造商的绿色技术投入。这是因为技术溢出效应的存在使制造商在进行绿色技术创新时也会使对手获益，抑制了制造商绿色技术投入的意愿。因此，当技术溢出效应较强时，制造商将不愿过多地进行绿色技术投入，而制造商的绿色技术合作则可以缓解这一不利影响，从而提高制造商的绿色技术投入。在这种情况下，制造商的成本降低，使供应链中的价格下降。然而，当技术溢出效应较弱时，绿色技术投入则成为制造商的竞争武器，因此，制造商的绿色技术投入意愿较强。在这种情况下，制造商之间的绿色技术合作可能缓和竞争，从而使制造商的绿色技术投入降低，并导致供应链中的价格上升。

命题1还说明，当供应链中的权力结构不对称时，制造商之间的绿色技术合作更可能导致绿色技术投入的提高（见图8-2）。这是因为对称的供应链权力结构使制造商需要加大绿色技术投入以与零售商进行竞争，此时绿色技术合作提高绿色技术投入的效果不显著。

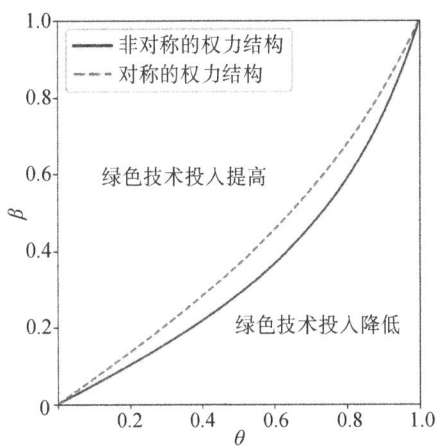

图 8-2　不同 β 和 θ 下制造商绿色技术合作对绿色技术投入的影响

命题 2 进一步考察了制造商的绿色技术合作对供应链成员利润以及供应链效率的影响。

命题 2（制造商绿色技术合作对供应链利润的影响）：

(1) $\pi_{mi}^{jC} > \pi_{mi}^{jN}$，其中，$j = M, R, N$。

(2) 当 $\beta > \dfrac{\theta}{2 - \theta^2}$，$\pi_r^{jC} > \pi_r^{jN}$，$\pi_s^{jC} > \pi_s^{jN}$；否则，$\pi_r^{jC} < \pi_r^{jN}$，$\pi_s^{jC} < \pi_s^{jN}$，其中，$j = M, R$。

(3) 当 $\beta > \dfrac{\theta}{3 - 2\theta^2}$，$\pi_r^{NC} > \pi_r^{NN}$，$\pi_s^{NC} > \pi_s^{NN}$；否则，$\pi_r^{NC} < \pi_r^{NN}$，$\pi_s^{NC} < \pi_s^{NN}$。

由命题 2 可以看出，制造商之间的绿色技术合作总是可以缓和制造商之间的竞争，并提升制造商的利润，但不一定对零售商和供应链整体有利。为了更清晰地揭示命题 2 的内涵，图 8-3 绘出了不同 β 和 k 下制造商绿色技术合作对零售商利润的影响。可以看出，当技术的溢出效应较弱时，制造商绿色技术合作将使零售商的利润和供应链效率下降；否则，制造商的绿色技术合作将改进零售商的利润以及供应链的效率。这是因为如命题 1 所述，溢出效应较小时，制造商之间的绿色技术合作将降低制造商的绿色技术投入，并使制造商因成本上升而提高批发价，导致零售商的成本上升。从供应链的角度来看，绿色技术投入的降低提升了供应链的整体成本，因此也会导致供应链效率的下降。由图 8-3 还可以看出，供应链权力结构的不同将使制造商绿色技术合作对零售商利润和供应链效率的影响不同，其影响机理与命题 1 类似。

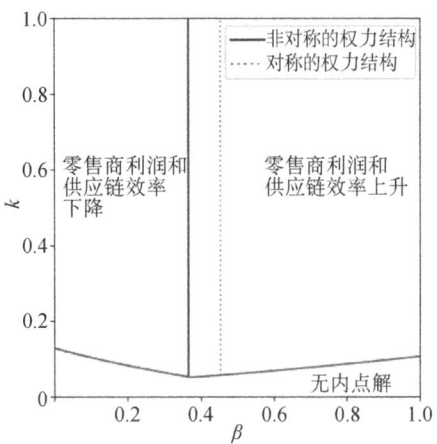

图 8-3 不同 β 和 k 下制造商绿色技术合作对供应链利润的影响
($\theta = 0.6$, $c = 0.8$)

8.4.2 制造商绿色技术合作对社会以及环境的影响

本部分将考察制造商之间的绿色技术合作对消费者、社会以及环境的影响。根据 Ouchida 和 Goto（2016）的研究，消费者剩余可以表示为：

$$CS = \frac{q_1^2 + 2\theta q_1 q_2 + q_2^2}{2(1 - \theta^2)} \tag{8-5}$$

则社会福利可以表示为：

$$SW = \pi_r + \pi_{m1} + \pi_{m2} + CS \tag{8-6}$$

将制造商进行绿色技术合作以及不进行绿色技术合作时的均衡解代入式（8-5）和式（8-6）并进行对比，可以得到制造商绿色技术合作对消费者剩余以及社会福利的影响，如命题3所示。

命题3（制造商绿色技术合作对消费者剩余以及社会福利的影响）：

（1）当 $\beta > \frac{\theta}{2-\theta^2}$，$CS^{jC} > CS^{jN}$，$SW^{jC} > SW^{jN}$；否则，$CS^{MC} < CS^{MN}$，$SW^{MC} < SW^{MN}$，其中，$j = M, R$。

（2）当 $\beta > \frac{\theta}{3-2\theta^2}$，$CS^{NC} > CS^{NN}$，$SW^{NC} > SW^{NN}$；否则，$CS^{NC} < CS^{NN}$，$SW^{NC} < SW^{NN}$。

由命题3可知，制造商绿色技术合作对消费者剩余以及社会福利的影响也与绿色技术的溢出效应强弱有关。若溢出效应较强，由命题1可知，零售商将降低产品的价格，进而使消费者受益。同时，由于供应链效率也上升（见命题2），社会福利也将上升。命题3同时说明，供应链的权力结构可以调节外部效应对消费者剩余以及社会福利的影响。当供应链中制造商和零售商的权力相近时，制造商面对的竞争更为激烈，此时制造商的绿色技术合作将降低制造商的绿色技术投入，从而损害了消费者剩余与社会福利。

命题 4 探讨了制造商绿色技术合作对环境的影响。本部分首先讨论制造商的绿色技术合作是否可以降低其污染物排放量，紧接着从生态效率的角度出发，引入社会福利的生态效率（Sim et al., 2019）：

$$EcoSW = \frac{SW}{E} \quad (8-7)$$

式（8-7）以衡量绿色技术合作对生态效率的影响。通过比较制造商进行绿色技术合作和不进行绿色技术合作时的均衡解，可以得到制造商绿色技术合作对环境的影响，即命题4。

命题 4（制造商绿色技术合作对环境的影响）：

（1）$E^{MC} > E^{MN}$ 当且仅当或（a）$\beta < \frac{\theta}{2-\theta^2}$，$\theta > 1 - \frac{1}{2c}$；或（b）$\beta > \frac{\theta}{2-\theta^2}$，$\theta < 1 - \frac{1}{2c}$，$k > \bar{k}_1$；或（c）$\beta < \frac{\theta}{2-\theta^2}$，$\theta < 1 - \frac{1}{2c}$，$k < \bar{k}_1$；否则，$E^{MC} < E^{MN}$。

（2）$E^{RC} > E^{RN}$ 当且仅当（a）$\beta < \frac{\theta}{2-\theta^2}$，$\theta > 1 - \frac{1}{2c}$；或（b）$\beta > \frac{\theta}{2-\theta^2}$，$\theta < 1 - \frac{1}{2c}$，$k > \bar{k}_1$；或（c）$\beta < \frac{\theta}{2-\theta^2}$，$\theta < 1 - \frac{1}{2c}$，$k < \bar{k}_2$；否则，$E^{RC} < E^{RN}$。

（3）$E^{NC} > E^{NN}$ 当且仅当（a）$\beta < \frac{2\theta}{3-\theta^2}$，$\theta > 1 - \frac{1}{2c}$；或（b）$\beta > \frac{2\theta}{3-\theta^2}$，$\theta < 1 - \frac{1}{2c}$，$k > \bar{k}_3$；或（c）$\beta < \frac{2\theta}{3-\theta^2}$，$\theta < 1 - \frac{1}{2c}$，$k < \bar{k}_3$；否则，$E^{NC} < E^{NN}$。

（4）$EcoSW^{MC} > EcoSW^{MN}$ 当且仅当（a）$\beta > \frac{\theta}{2-\theta^2}$，$c < \frac{(1+\beta)(2+\theta)(7-4\theta)}{4(1-\theta)(4-\theta+2\beta-2\theta^2-2\beta\theta-\beta\theta^2)}$；或（b）$\beta > \frac{\theta}{2-\theta^2}$，$c > \frac{(1+\beta)(2+\theta)(7-4\theta)}{4(1-\theta)(4-\theta+2\beta-2\theta^2-2\beta\theta-\beta\theta^2)}$，

$k < \frac{2(1+\beta)^2(1-\theta)^2(2-\theta^2-\beta\theta)c^2}{(2-\theta)^2[-4(1-\theta)(4-\theta+2\beta-2\theta^2-2\beta\theta-\beta\theta^2)c+(1+\beta)(2+\theta)(7-4\theta)]}$；

或（c）$\beta < \frac{\theta}{2-\theta^2}$，$c > \frac{(1+\beta)(2+\theta)(7-4\theta)}{4(1-\theta)(4-\theta+2\beta-2\theta^2-2\beta\theta-\beta\theta^2)}$，

$k > \frac{2(1+\beta)^2(1-\theta)^2(2-\theta^2-\beta\theta)c^2}{(2-\theta)^2[-4(1-\theta)(4-\theta+2\beta-2\theta^2-2\beta\theta-\beta\theta^2)c+(1+\beta)(2+\theta)(7-4\theta)]}$。

(5) $EcoSW^{RC} > EcoSW^{RN}$ 当且仅当（a）$\beta > \dfrac{\theta}{2-\theta^2}$,

$c < \dfrac{(1+\beta)(2+\theta)(7-4\theta)}{2(1-\theta)(4-\theta+2\beta-2\theta^2-2\beta\theta-\beta\theta^2)}$; 或（b）$\beta > \dfrac{\theta}{2-\theta^2}$,

$c > \dfrac{(1+\beta)(2+\theta)(7-4\theta)}{2(1-\theta)(4-\theta+2\beta-2\theta^2-2\beta\theta-\beta\theta^2)}$,

$k < \dfrac{(1+\beta)^2(1-\theta)^2(2-\theta^2-\beta\theta)c^2}{2(2-\theta)^2[-2(1-\theta)(4-\theta+2\beta-2\theta^2-2\beta\theta-\beta\theta^2)c+(1+\beta)(2+\theta)(7-4\theta)]}$;

或（c）$\beta < \dfrac{\theta}{2-\theta^2}$, $c > \dfrac{(1+\beta)(2+\theta)(7-4\theta)}{2(1-\theta)(4-\theta+2\beta-2\theta^2-2\beta\theta-\beta\theta^2)}$,

$k > \dfrac{(1+\beta)^2(1-\theta)^2(2-\theta^2-\beta\theta)c^2}{2(2-\theta)^2[-2(1-\theta)(4-\theta+2\beta-2\theta^2-2\beta\theta-\beta\theta^2)c+(1+\beta)(2+\theta)(7-4\theta)]}$。

(6) $EcoSW^{NC} > EcoSW^{NN}$ 当且仅当（a）$\beta > \dfrac{2\theta}{3-\theta^2}$,

$c < \dfrac{(1+\beta)(3+\theta)(5-2\theta)}{2(1-\theta)(6-2\theta+3\beta-2\theta^2-4\beta\theta-\beta\theta^2)}$; 或（b）$\beta > \dfrac{2\theta}{3-\theta^2}$,

$c > \dfrac{(1+\beta)(3+\theta)(5-2\theta)}{2(1-\theta)(6-2\theta+3\beta-2\theta^2-4\beta\theta-\beta\theta^2)}$,

$k < \dfrac{2(1+\beta)^2(1-\theta)^2(3-\theta^2-2\beta\theta)c^2}{(3-\theta)^2(-2(1-\theta)(6-2\theta+3\beta-2\theta^2-4\beta\theta-\beta\theta^2)c+(1+\beta)(3+\theta)(5-2\theta))}$;

或（c）$\beta < \dfrac{\theta}{2-\theta^2}$, $c > \dfrac{(1+\beta)(3+\theta)(5-2\theta)}{2(1-\theta)(6-2\theta+3\beta-2\theta^2-4\beta\theta-\beta\theta^2)}$,

$k > \dfrac{2(1+\beta)^2(1-\theta)^2(3-\theta^2-2\beta\theta)c^2}{(3-\theta)^2[-2(1-\theta)(6-2\theta+3\beta-2\theta^2-4\beta\theta-\beta\theta^2)c+(1+\beta)(3+\theta)(5-2\theta)]}$,

其中，$\bar{k}_1$、$\bar{k}_2$ 和 $\bar{k}_3$ 的形式见本章附录。

为了更清晰地说明制造商的绿色技术合作对污染物总排放量的影响，图8-4绘制了不同 β、k 以及 θ 下制造商绿色技术合作对污染物的总排放量的影响。一般来说，如果技术的溢出效应较强，制造商之间的绿色技术合作可以提升制造商的绿色技术水平，从而降低制造商的污染物排放量。然而，当绿色技术的研发成本较大且制造商之间的竞争较低时，即便制造商之间的绿色技术合作提升了制造商的绿色技术水平，也不一定会导致污染物的总排放量降低。这是因为过高的绿色技术的研发成本会减少制造商在绿色技术上的投入，而温和的竞争可以使制造商生产更多的产品。在这种情况下，当制造商进行绿色技术合作时，即便制造商会更多地进行绿色技术合作，也会大幅增加产品的生产，使污染物的总排放量上升。相同的道理适用于制造商的绿色技术合作减少了制造商的绿色技术投入的情况。当绿色技术的研发成本较大且制造商之间的竞争较低时，制造商的绿色技术合作会导致污染物的总排放量降低。此外，图8-4还表明供应链的权力结构将显著影响制造商的污染物排放量变化。除了对制造商技术投入增减的影响外，当绿色技术的研发成本较大且制造商之间的竞争较低时，不同的供应链权力结构也会对制造商的污染物排放变化产生影响。当溢出效应较大时，制造商的权力越大，供应链之间的绿色技术合作越可能导致制造商的排放量降低。这是因为当制造商处于主导地位时，其进行绿色技术投入的意愿较强，所以更有可能使排放量降低。相反，在溢出效应较大时，制造商的权力越大，供应链之间的绿色技术合作越可能导致制造商的排放量增加。

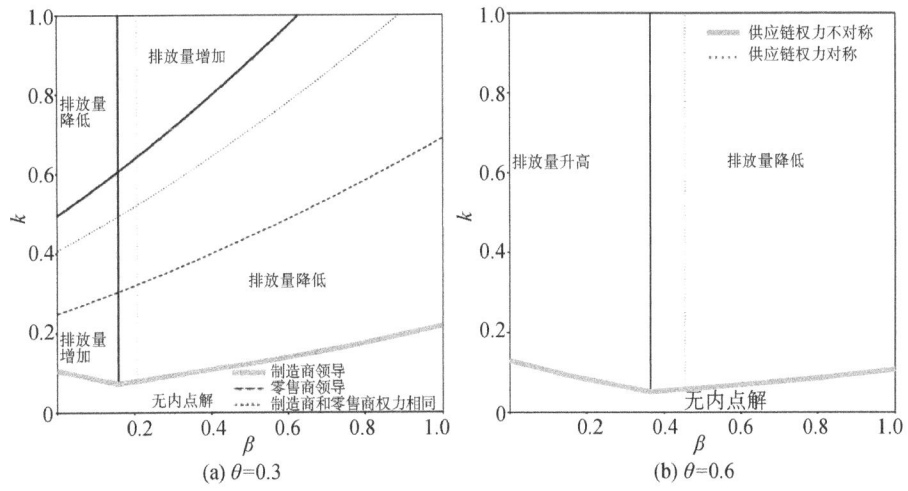

图8-4 不同 β、k 和 θ 下制造商绿色技术合作对供应链利润的影响（$c=0.8$）

从命题4可以得出结论，当制造商之间的绿色技术合作促进了制造商绿色技术水平的提升时，通常会提高制造商的绿色生产效率，尤其是在绿色技术的溢出效应较大时。但是当绿色技术的研发成本较高且环境污染的外部性较强时，制造商的绿色技术合作可能会导致制造商的绿色生产效率降低。这种情况下，制造商的排放量增加，但产量的提升相对较少。同样，当制造商之间的绿色技术合作抑制了制造商绿色技术水平的提升时，除非绿色技术的研发成本很高且环境污染的外部性很强，否则制造商的绿色生产效率通常会下降。数值实验表明，只有在 θ 和 β 很小（小于0.05），且 c 极大（大于0.875）的情况下，才可能发生上述情况。

8.5 绿色技术溢出效应的影响

通过上述分析可以得出,绿色技术的溢出效应是决定制造商之间绿色技术合作影响的关键因素。接下来,我们将进一步探讨绿色技术溢出效应的影响。

8.5.1 绿色技术溢出效应对供应链的影响

首先要研究绿色技术溢出效应对供应链的影响。命题5考察了绿色技术溢出效应对供应链成员决策的影响。

命题5(绿色技术溢出效应对供应链成员决策的影响):

(1) $\dfrac{\partial x_i^{MN}}{\partial \beta} > 0$ 当且仅当 $\beta < \dfrac{2}{\theta} - \theta - \dfrac{2-\theta}{(1-\theta)\theta c}\sqrt{2\theta(1-\theta)(2+\theta)k}$。

(2) $\dfrac{\partial x_i^{RN}}{\partial \beta} > 0$ 当且仅当 $\beta < \dfrac{2}{\theta} - \theta - \dfrac{2(2-\theta)}{(1-\theta)\theta c}\sqrt{2\theta(1-\theta)(2+\theta)k}$。

(3) $\dfrac{\partial x_i^{NN}}{\partial \beta} > 0$ 当且仅当 $\beta < \dfrac{3}{2\theta} - \dfrac{\theta}{2} - \dfrac{3-\theta}{2(1-\theta)\theta c}\sqrt{2\theta(1-\theta)(3+\theta)k}$。

(4) $\dfrac{\partial w_i^{jN}}{\partial \beta} > 0$,$\dfrac{\partial p_i^{jN}}{\partial \beta} > 0$ 当且仅当 $\beta > \dfrac{(1-\theta)(2+\theta)}{2\theta}$,其中,$j = M, R$。

(5) $\dfrac{\partial w_i^{NN}}{\partial \beta} > 0$,$\dfrac{\partial p_i^{NN}}{\partial \beta} > 0$ 当且仅当 $\beta > \dfrac{(1-\theta)(3+\theta)}{4\theta}$。

(6) $\dfrac{\partial x_i^{jC}}{\partial \beta} > 0$,$\dfrac{\partial w_i^{jC}}{\partial \beta} < 0$,$\dfrac{\partial p_i^{jC}}{\partial \beta} < 0$,其中,$j = M, R, N$。

从命题5中可以得出结论,当制造商进行绿色技术合作时,绿色技术溢出效应的增强总是能够促使制造商增加绿色技术投入,并降低供应链的批发价格和产品价格。这是因为绿色技术溢出效应可以促进制造商之间进行充分的技术交流,提高绿色技术研发的效率。然而,当制造商没有进行绿色技术合作时,尽管绿色技术溢出效应仍然可以降低供应链的成本,但也可能给制造商提供免费搭便车的机会,从而降低制造商的绿色技术投入意愿。当绿色技术溢出效应较弱时,其降低供应链成本的影响占主导地位,此时,制造商将随着绿色技术溢出效应的增强而进行更多的绿色技术投入,并导致供应链上的价格降低;当绿色技术溢出效应较强时,制造商更倾向于坐享其成,因此会降低绿色技术投入,并使供应链上的价格上升。命题5还反映了供应链权力结构在制造商不进行绿色技术合作时对绿色技术溢出效应影响的调节作用。可以看出，制造商的权力越大，绿色技术溢出效应对制造商的绿色技术投入的正向影响也越明显。这是因为在供应链中更强势的制造商更愿意进行绿色技术投入。

命题6研究了绿色技术溢出效应对供应链成员利润以及供应链效率的影响。

命题6（绿色技术溢出效应对供应链成员利润以及供应链效率的影响）：

（1）$\dfrac{\partial \pi_s^{MN}}{\partial \beta} > 0$ 当且仅当

$$c < \dfrac{2-\theta}{2-\beta\theta-\theta^2}\sqrt{\dfrac{(2+\theta)(12-4\theta-9\theta^2-12\beta\theta+\theta^3+2\theta^4+4\beta\theta^3)k}{(1-\theta)(2-\beta\theta-\theta^2)}}\text{。}$$

（2）$\dfrac{\partial \pi_s^{RN}}{\partial \beta} > 0$ 当且仅当

$$c < \dfrac{2(2-\theta)}{2-\beta\theta-\theta^2}\sqrt{\dfrac{(2+\theta)(12-6\theta-9\theta^2-12\beta\theta+2\theta^3+\beta\theta^2+2\theta^4+4\beta\theta^3)k}{(1-\theta)(2-\beta\theta-\theta^2)}}\text{。}$$

（3）$\dfrac{\partial \pi_s^{NN}}{\partial \beta} > 0$ 当且仅当

$$c < \dfrac{3-\theta}{3-2\beta\theta-\theta^2}\sqrt{\dfrac{(3+\theta)(18-9\theta-7\theta^2-24\beta\theta+\theta^3+\theta^4+4\beta\theta^3)k}{(1-\theta)(3-2\beta\theta-\theta^2)}}\text{。}$$

（4）$\dfrac{\partial \pi_{mi}^{MN}}{\partial \beta} > 0$ 当且仅当

$$c < \dfrac{2-\theta}{2-\beta\theta-\theta^2}\sqrt{\dfrac{(2+\theta)(4-2\theta-3\theta^2-4\beta\theta+\theta^3+\beta\theta^2+\theta^4+2\beta\theta^3)k}{(1-\theta)(2-\beta\theta-\theta^2)}}\text{。}$$

（5）$\dfrac{\partial \pi_{mi}^{RN}}{\partial \beta} > 0$ 当且仅当

$$c < \dfrac{2(2-\theta)}{2-\beta\theta-\theta^2}\sqrt{\dfrac{(2+\theta)(4-2\theta-3\theta^2-4\beta\theta+\theta^3+\beta\theta^2+\theta^4+2\beta\theta^3)k}{(1-\theta)(2-\beta\theta-\theta^2)}}\text{。}$$

（6）$\dfrac{\partial \pi_{mi}^{NN}}{\partial \beta} > 0$ 当且仅当

$$c < \dfrac{3-\theta}{3-2\beta\theta-\theta^2}\sqrt{\dfrac{(3+\theta)(9-6\theta-2\theta^2-12\beta\theta+2\theta^3+4\beta\theta^2+\theta^4+4\beta\theta^3)k}{(1-\theta)(3-2\beta\theta-\theta^2)}}\text{。}$$

（7）$\dfrac{\partial \pi_r^{jN}}{\partial \beta} > 0$ 当且仅当 $\beta < \dfrac{(1-\theta)(2+\theta)}{2\theta}$，其中，$j = M, R$。

（8）$\dfrac{\partial \pi_r^{NN}}{\partial \beta} > 0$ 当且仅当 $\beta < \dfrac{(1-\theta)(3+\theta)}{4\theta}$。

（9）$\dfrac{\partial \pi_{mi}^{jC}}{\partial \beta} > 0$，$\dfrac{\partial \pi_r^{jC}}{\partial \beta} > 0$，$\dfrac{\partial \pi_s^{jC}}{\partial \beta} > 0$，其中，$j = M, R, N$。

从命题6中可以得出结论，当制造商进行绿色技术合作时，绿色技术溢出效应的增强可以提高供应链的效率，并使供应链中的每一个成员受益，其原理同命题5。然而，当制造商选择不进行绿色技术合作时，由于制造商的搭便车行为，较强的绿色技术溢出效应将无法保证供应链效率和供应链成员利润的提升。对于零售商来说，过强的绿色技术溢出效应会使制造商降低绿色技术投入，并提升批发价，造成零售商的成本上升。同时，当制造商的权力更大时，制造商对绿色技术的投入更高，绿色技术溢出效应对制造商和供应链效率的正向影响也越大。但对于零售商来说，调节绿色技术溢出效应影响的关键因素则是供应链的权力结构是否对称。这是因为零售商利润变化仅与制造商的绿色技术投入有关，而制造商的绿色技术投入变动则由供应链的权力结构决定（见命题1）。

8.5.2 绿色技术溢出效应对社会以及环境的影响

除了对供应链具有显著影响外，绿色技术溢出效应还会对消费者剩余以及社会福利产生影响，如命题7所示。

命题7（绿色技术溢出效应对消费者剩余以及社会福利的影响）：

(1) $\frac{\partial CS^{jN}}{\partial \beta} > 0$ 当且仅当 $\beta < \frac{(1-\theta)(2+\theta)}{2\theta}$，其中，$j = M, R$。

(2) $\frac{\partial CS^{NN}}{\partial \beta} > 0$ 当且仅当 $\beta < \frac{(1-\theta)(3+\theta)}{4\theta}$。

(3) $\frac{\partial SW^{MN}}{\partial \beta} > 0$ 当且仅当

$$c < \frac{2-\theta}{2-\beta\theta-\theta^2}\sqrt{\frac{(4-\theta^2)(14+3\theta-9\theta^2-14\beta\theta-4\theta^3-8\beta\theta^2)k}{2(1-\theta)(2-\beta\theta-\theta^2)}}$$

(4) $\frac{\partial SW^{RN}}{\partial \beta} > 0$ 当且仅当

$$c < \frac{2-\theta}{2-\beta\theta-\theta^2}\sqrt{\frac{2(2+\theta)(28-12\theta-21\theta^2-28\beta\theta+3\theta^3+4\theta^4+8\beta\theta^3)k}{(1-\theta)(2-\beta\theta-\theta^2)}}$$

(5) $\frac{\partial SW^{NN}}{\partial \beta} > 0$ 当且仅当

$$c < \frac{3-\theta}{3-2\beta\theta-\theta^2}\sqrt{\frac{(3+\theta)(15-2\theta-7\theta^2-20\beta\theta-2\theta^3-8\beta\theta^3)k}{2(1-\theta)(2-\beta\theta-\theta^2)}}$$

(6) $\frac{\partial CS^{jC}}{\partial \beta} > 0$，$\frac{\partial SW^{jC}}{\partial \beta} > 0$，其中，$j = M, R, N$。

从命题7中可以得出结论，当制造商进行绿色技术合作时，除了供应链成员外，绿色技术溢出效应的存在使消费者可以享受更加廉价的产品，从而受益，并提升整个社会的福利。然而，当制造商选择不进行绿色技术合作时，绿色技术溢出效应与消费者剩余的影响和零售商类似。这是因为绿色技术溢出效应主要通过降低产品的售价来影响消费者剩余，而只有在成本降低时零售商才会考虑降低产品价格，此时零售商的利润也会提升。同时，绿色技术溢出效应对社会福利的影响与对供应链效率的影响类似。若污染排放的后果严重，则制造商将增加绿色技术投入，但过强的绿色技术溢出效应可能导致更加严重的制造商搭便车行为，从而降低社会福利。

命题 8 探讨了绿色技术溢出效应对环境的影响。

命题 8（绿色技术溢出效应对环境的影响）：

（1）$\frac{\partial E^{MN}}{\partial \beta} > 0$ 当且仅当（a）$\beta > \frac{(1-\theta)(2+\theta)}{2\theta}$；或（b）$\beta < \frac{(1-\theta)(2+\theta)}{2\theta}$，$c > \frac{1}{2(1-\theta)}$，$k > \frac{(1+\beta)(1-\theta)(2-\theta^2-\beta\theta)c^2}{2(2+\theta)(2-\theta)^2[2(1-\theta)c-1]}$。

（2）$\frac{\partial E^{MC}}{\partial \beta} > 0$ 当且仅当 $c > \frac{1}{2(1-\theta)}$，$k > \frac{(1+\beta)^2(1-\theta)^2c^2}{2(2-\theta)^2[2c(1-\theta)-1]}$。

（3）$\frac{\partial E^{RN}}{\partial \beta} > 0$ 当且仅当（a）$\beta > \frac{(1-\theta)(2+\theta)}{2\theta}$；或（b）$\beta < \frac{(1-\theta)(2+\theta)}{2\theta}$，$c > \frac{1}{2(1-\theta)}$，$k > \frac{(1+\beta)(1-\theta)(2-\theta^2-\beta\theta)c^2}{4(2+\theta)(2-\theta)^2[2(1-\theta)c-1]}$。

（4）$\frac{\partial E^{RC}}{\partial \beta} > 0$ 当且仅当 $c > \frac{1}{2(1-\theta)}$，$k > \frac{(1+\beta)^2(1-\theta)^2c^2}{4(2-\theta)^2[2c(1-\theta)-1]}$。

（5）$\frac{\partial E^{NN}}{\partial \beta} > 0$ 当且仅当（a）$\beta > \frac{(1-\theta)(3+\theta)}{4\theta}$；或（b）$\beta < \frac{(1-\theta)(3+\theta)}{4\theta}$，$c > \frac{1}{2(1-\theta)}$，$k > \frac{(1+\beta)(1-\theta)(3-\theta^2-2\beta\theta)c^2}{(3+\theta)(3-\theta)^2[2(1-\theta)c-1]}$。

（6）$\frac{\partial E^{NC}}{\partial \beta} > 0$ 当且仅当 $c > \frac{1}{2(1-\theta)}$，$k > \frac{(1+\beta)^2(1-\theta)^2c^2}{(3-\theta)^2[2c(1-\theta)-1]}$。

（7）$\frac{\partial EcoSW^{MN}}{\partial \beta} > 0$ 当且仅当 $\beta < \frac{(1-\theta)(28+12\theta-9\theta^2+16\theta c-4\theta^3-8\theta^3 c)}{2\theta[14-\theta-4\theta^2+4\theta(1-\theta)c]}$，$k > \frac{2(1-\theta^2)(2-\theta^2-\beta\theta)^2c^2}{(4-\theta^2)\{8\theta(1-\theta)(2-\theta^2-\beta\theta)c+(2+\theta)(7-4\theta)[-2\beta\theta+(2-\theta)(1-\theta)]\}}$。

（8）$\frac{\partial EcoSW^{RN}}{\partial \beta} > 0$ 当且仅当 $\beta < \frac{(1-\theta)(28+12\theta-9\theta^2+8\theta c-4\theta^3-4\theta^3 c)}{2\theta[14-\theta-4\theta^2+2\theta(1-\theta)c]}$，$k > \frac{(1-\theta^2)(2-\theta^2-\beta\theta)^2c^2}{2(4-\theta^2)\{8\theta(1-\theta)(2-\theta^2-\beta\theta)c+(2+\theta)(7-4\theta)[-2\beta\theta+(2-\theta)(1-\theta)]\}}$。

(9) $\dfrac{\partial EcoSW^{NN}}{\partial \beta} > 0$ 当且仅当 $\beta < \dfrac{(1-\theta)(45+12\theta-7\theta^2+24\theta c-2\theta^3-8\theta^3 c)}{4\theta[15-\theta-2\theta^2+4\theta(1-\theta)c]}$,

$k > \dfrac{2(1-\theta^2)(3-\theta^2-2\beta\theta)^2 c^2}{(9-\theta^2)\{8\theta(1-\theta)(3-\theta^2-2\beta\theta)c+(3+\theta)(5-2\theta)[-4\beta\theta+(3-\theta)(1-\theta)]\}}$。

(10) $\dfrac{\partial EcoSW^{jC}}{\partial \beta} > 0$,其中,$j = M, R, N$。

根据命题 8 的内容可以得出结论,当存在较大的污染排放危害并且绿色技术的研发成本较高时,制造商的产量会相对较低。在这种情况下,绿色技术溢出效应可以降低制造商的成本并提升产品的产量。尽管制造商的排放量也会减少,但更多的产品制造过程会导致污染物排放增加。如果制造商选择不进行绿色技术合作,他们的绿色技术水平和产量都会很低。然而,只要绿色技术溢出效应足够强大,就可以使制造商大幅增加产品生产,进而导致污染物排放的增加。同时,通过对比不同供应链权力结构下绿色技术溢出效应促使污染物排放增加的条件,我们可以发现当制造商拥有更大的权力时,绿色技术溢出效应很可能会导致污染物排放量的下降。这是因为当制造商在供应链中处于主导地位时,他们将提升绿色技术水平。

根据命题 8 的内容可以得出以下结论:当制造商进行绿色技术合作时,绿色技术溢出效应总是可以提升制造商的绿色制造效率。然而,如果制造商选择不进行绿色技术合作,同时绿色技术溢出效应较高,且制造商的绿色研发成本较低,绿色技术外部溢出效应的增强则可能会降低制造商的绿色技术效率。这是因为在这种情况下,制造商需要投入更多的绿色技术成本,而绿色技术溢出效应的加强可能会导致制造商"搭便车"的现象更为严重。

8.6 供应链协调

根据上一部分的分析可知,制造商的绿色技术合作虽然对制造商本身有利,但可能会对零售商造成损失,从而损害供应链效率、消费者剩余和社会福利。这是因为制造商通常只关注自身利润,忽视了供应链整体的绩效,导致双重边际效应。之前,有研究认为解决供应链中的双重边际效应的关键方法是设计合理的契约,以协调供应链成员的利益(Cachon 和 Lariviere,2005)。本部分提出了一种改进的两部定价契约,旨在协调制造商的绿色技术投入与供应链中的定价决策,以解决制造商的绿色技术合作问题。

8.6.1 集中供应链

为了达到供应链的协调,需要研究在集中决策下供应链的最优决策。在集中决策下,供应链的决策顺序可用以下方式表示:

$$\max_{x_1,x_2}\pi_s(x_1,x_2,p_1,p_2) \to \max_{p_1,p_2}\pi_s(x_1,x_2,p_1,p_2)$$

引理 2 给出了集中决策下供应链的均衡决策。

引理 2:均衡时集中供应链的决策为:$p_i^I = \dfrac{2(1+(1-\theta)c+(1-\theta)(1+\beta)^2c^2)k}{(1-\theta)(4k-(1+\beta)^2(1-\theta)c^2)}$,

$x_i^I = \dfrac{(1+\beta)(1+(1-\theta)c)c}{4k-(1+\beta)^2(1-\theta)c^2}$。

8.6.2 改进的两部定价契约

为了同时协调供应链中的价格决策与绿色技术投入决策,本部分在两部定价契约的基础上,引入了零售商对制造商的绿色技术投入补贴,并提出了改进的两部定价契约 (w,s,l)。在该契约下,制造商和零售商的利润可以表示为:

$$\pi_{mi} = (1-p_i+\theta p_{3-i})[w-c(1-x_i-\beta x_{3-i})] - kx_i^2 + sx_i + l \quad (8-8)$$

$$\pi_r = \sum_{i=1}^{2}(1-p_i+\theta p_{3-i})(p_i-w) - sx_i - l \quad (8-9)$$

如果该契约能够协调供应链,那么在该契约下,制造商的绿色技术投入决策和零售商的价格决策应该与集中供应链时的最优决策相同。此外,还需要确保制造商和零售商的利润不低于批发价契约时的利润。命题 9 证明了该契约协调供应链的可行性,并给出了该契约需要满足的条件。

命题 9(改进的两部定价契约):

改进的两部定价契约 (w,s,l) 可以协调供应链的条件为:$w = \dfrac{[4k-(1+\beta)^2c]c}{4k-(1+\beta)^2(1-\theta)c^2}$,$s = \dfrac{2[1-(1-\theta)c]\beta kc}{4k-(1+\beta)^2(1-\theta)c^2}$,$l \in [\underline{l^j},\overline{l^j}]$,其中,$j = M, R, N$ 且 $\underline{l^j}$ 和 $\overline{l^j}$ 的形式见本章附录。

可以观察到,改进的两部定价契约可以实现供应链的协调,并同时提高制造商和零售商的利润。值得注意的是,在两部定价契约下,如果零售商对制造商进行绿色技术补贴并分担部分研发成本,可以改善零售商自身的利润。这与之前学者的研究结论相似(Chen 等,2019)。本章的研究进一步说明,如果零售商能够参与制造商之间的横向绿色技术合作,并形成横向合作与纵向合作交错的供应链绿色技术创新网络,就可以提升供应链中的技术创新效率和供应链绩效，实现帕累托改进。

本章探讨了供应链中竞争的制造商之间绿色技术合作对供应链的影响。本章研究考虑了制造商在生产制造过程中产生的污染排放对外部环境的影响。为了降低污染排放，制造商可以进行绿色技术研发，但这需要承担一定的研发成本。同时，绿色技术研发所带来的技术溢出效应也会为竞争对手带来技术改进，从而削弱了制造商进行绿色技术投入的动机。为了解决这个问题，制造商可以通过建立绿色技术战略联盟来进行绿色技术合作。构建博弈模型时，本章考察了制造商之间绿色技术合作对经济和环境的影响。

研究表明，制造商之间的绿色技术合作可以缓解竞争并提高利润。然而，对于零售商而言，制造商之间的绿色技术合作可能并非总是有利的。这是因为制造商之间的绿色技术合作并不一定会增加制造商对绿色技术的投入。当绿色技术的外部溢出效应较强时，制造商可能担心竞争对手会免费乘坐其绿色技术创新的便车，因此不愿意进行绿色技术创新投资。在这种情况下，制造商之间的绿色技术合作消除了这种顾虑，并可以增加制造商对绿色技术研发的投入。然而，当绿色技术的外部溢出效应较弱时，制造商之间的竞争使它们将绿色技术创新视为一种竞争武器，因此会大力投入研发。在这种情况下，制造商之间的绿色技术合作反而会削弱它们对绿色技术投入的动机，导致供应链效率下降，使零售商面临成本上升和利润降低。此外，零售商会试图提高产品价格以抵消成本上升的影响，这将导致消费者剩余和社会福利的降低。

另外，研究表明，当绿色技术的外部溢出效应较弱时，制造商之间的绿色技术合作可能会降低制造商对绿色技术的投入，从而降低制造商的绿色生产效率。只有在绿色技术研发成本较高，以及污染排放的外部效应较强的情况下，制造商才会因为不愿过度生产产品而提高绿色技术的生产效率。同样，当绿色技术的外部效应较强时，制造商之间的绿色技术合作可提高制造商对绿色技术的投入，除非绿色技术研发成本很高，污染排放的外部效应也很强，导致制造商只生产少量产品，否则制造商的绿色生产效率将会提升。然而，由于制造商在增加（减少）绿色技术投入的同时也会增加（减少）产品产量，制造商的总排放量并不一定会随着绿色技术的改善而下降。如果制造商之间的竞争程度不高，绿色技术研发成本高而污染后果严重，制造商对绿色技术的投入可能较低，这种情况下可能会出现制造商的绿色技术投入和污染物排放量呈正向变动的情况。

本研究还进一步探讨了绿色技术在制造商进行绿色技术合作和不进行绿色技术合作时对供应链的影响。研究结果表明，绿色技术溢出效应在制造商进行绿色技术合作和不进行绿色技术合作时的影响机制不同。在制造商进行绿色技术合作时，较强的绿色技术溢出效应将促使制造商加大绿色技术投入，提高供应链效率和利润，从而惠及消费者和改善社会福利。而在制造商不进行绿色技术合作时，绿色技术溢出效应将产生两种影响：一方面，绿色技术溢出效应将降低供应链成本，对制造商带来积极影响；另一方面，绿色技术溢出效应也会导致制造商之间出现"搭便车"现象，对制造商带来负面影响。因此，根据绿色技术溢出效应的强弱，其对供应链的影响也会有所不同。当正向影响较强时，绿色技术溢出效应的增强将提升供应链效率，对制造商、零售商和消费者都会产生积极的影响；而当负面影响超过正向影响时，绿色技术溢出效应将会降低供应链效率，对制造商、零售商和消费者的境况都会带来不利影响。

本章还研究了供应链权力结构对制造商绿色技术投入和合作的影响。结果表明，当制造商在供应链中处于较高地位时，更倾向于将资源投入绿色技术研发。然而，这并不保证制造商进行绿色技术合作时一定能够提高其绿色技术投入。本章研究发现，决定制造商是否因与其他制造商进行绿色技术合作而增加投入的关键因素是供应链权力结构的对称性。这是因为制造商不仅需要与其他制造商竞争，还需要与零售商进行利益博弈。因此，当供应链中制造商和零售商的权利平等时，制造商面临的竞争最激烈，此时制造商将更积极地投入绿色技术，并提高与其他制造商的绿色技术合作的可能性。

本章研究发现，由于制造商的绿色技术合作未必能提高供应链效率，导致了供应链之间的渠道冲突。为了解决这个问题，本章进一步提出了改进的两部定价契约，以协调供应链成员之间的决策。研究结果表明，在采用两部定价契约的情况下，如果零售商对制造商的绿色技术研发投入进行补贴，就可以实现供应链的协调，并改善自身的利润。在这种情况下，制造商和零售商的利润以及消费者剩余都会增加，实现帕累托改进。

本章附录

引理 1 的证明：

（1）MC 模型：构建 π_r 关于 p_1 和 p_2 的海塞矩阵：

$$H_r^{MC} = \begin{bmatrix} -2 & 2\theta \\ 2\theta & -2 \end{bmatrix} \quad (A-1)$$

由于 $\det(H_r^{MC}) = 4(1-\theta^2) > 0$，故 π_r 是关于 p_1 和 p_2 的凹函数，且零售商的

最优反应函数可以由一阶条件确定，即：

$$p_i = \frac{1-(1-\theta)w_i}{2(1-\theta)} \qquad (A-2)$$

将式（A-2）代入式（8-1），并对π_{mi}求关于w_i的二阶导数：

$$\frac{\partial^2 \pi_{mi}}{\partial w_i^2} = -1 < 0 \qquad (A-3)$$

因此，π_{mi}是关于w_i的凹函数，且制造商的最优反应函数可以由一阶条件确定，即：

$$w_i = \frac{2+\theta+2c(1-x_i)+\theta c(1-x_{3-i})-2\beta c\, x_{3-i}-\beta\theta c\, x_i}{4-\theta^2} \qquad (A-4)$$

将式（A-4）代入式（8-4），并构建π_c关于x_1和x_2的海塞矩阵：

$$H_c^{MC} = \begin{bmatrix} h_{c1}^{MC} & h_{c2}^{MC} \\ h_{c2}^{MC} & h_{c1}^{MC} \end{bmatrix} \qquad (A-5)$$

其中，$h_{c1}^{MC} = \dfrac{-2(4-\theta^2)^2 k + [(4-3\theta^2+\theta^4)\beta^2 - 4\theta(2-\theta^2)\beta + 4-3\theta^2+\theta^4]c^2}{(4-\theta^2)^2}$，

$h_{c2}^{MC} = \dfrac{2(2-\theta^2-\beta\theta)(2\beta-\theta-\beta\theta^2)c^2}{(4-\theta^2)^2}$，且

$\det(H_c^{MC}) = \dfrac{[2(2+\theta)^2 k - (1-\beta)^2(1+\theta)^2 c^2][2(2-\theta)^2 k - (1+\beta)^2(1-\theta)^2 c^2]}{(4-\theta^2)^2}$。

因此，若$\beta > \dfrac{\theta}{2-\theta^2}$，$\pi_c$是$x_1$和$x_2$的凹函数当且仅当$k > \dfrac{(1+\beta)^2(1-\theta)^2 c^2}{2(2-\theta)^2}$；否则，$\pi_c$是$x_1$和$x_2$的凹函数当且仅当$k > \dfrac{(1-\beta)^2(1+\theta)^2 c^2}{2(2+\theta)^2}$。此时，制造商的均衡绿色投入可以由一阶条件确定，即：$x_i = \dfrac{(1+\beta)(1-\theta)[1-(1-\theta)c]c}{2(2-\theta)^2 k-(1+\beta)^2(1-\theta)^2 c^2}$，将上式代入式（A-4）和式（A-2），可以得到均衡时的供应链成员决策。

(2) MN模型：构建π_r关于p_1和p_2的海塞矩阵可得式（A-1），可知π_r是关于p_1和p_2的凹函数，且零售商的最优反应函数可以由一阶条件确定，即式（A-2）。将式（A-2）代入式（8-1），并对π_{mi}求关于w_i的二阶导数，可得式（A-3），并知π_{mi}是关于w_i的凹函数，且制造商的最优反应函数可以由一阶条件确定，即式（A-4）。将式（A-4）代入式（8-1），并对π_{mi}求关于x_i的二阶导数：

$$\frac{\partial^2 \pi_{mi}}{\partial x_i^2} = \frac{(2-\theta^2-\beta\theta)^2 c^2}{(4-\theta^2)^2} - 2k \qquad (A-6)$$

令式（A-6）小于0，可得 $k > \frac{(2-\theta^2-\beta\theta)^2 c^2}{2(4-\theta^2)^2}$。此时，$\pi_{mi}$ 是关于 x_i 的凹函数，因此制造商的均衡绿色投入可以由一阶条件确定，即：$x_i = \frac{(2-\beta\theta-\theta^2)[1-(1-\theta)c]c}{2(2+\theta)(2-\theta)^2 k - (1+\beta)(1-\theta)(2-\beta\theta-\theta^2)c^2}$，将上式代入式（A-4）和式（A-2），可以得到均衡时的供应链成员决策。

（3）RC 模型：令 $p_i = w_i + m_i$，其中，m_i 表示零售商的边际收益。将上式代入式（8-1），并对 π_{mi} 求关于 w_i 的二阶导数：

$$\frac{\partial^2 \pi_{mi}}{\partial w_i^2} = -2 < 0 \quad (A-7)$$

因此，π_{mi} 是关于 w_i 的凹函数，且制造商的最优反应函数可以由一阶条件确定，即：

$$w_i = \frac{(2+\theta)(1+c) - (2-\theta^2)m_i + \theta m_{3-i} - (2c+\beta\theta)x_i - (2\beta+\theta)c x_{3-i}}{4-\theta^2}$$

$$(A-8)$$

将式（A-8）代入式（8-2），并构建 π_{ri} 关于 m_1 和 m_2 的海塞矩阵：

$$H_r^{RC} = \begin{bmatrix} -\frac{4-2\theta^2}{4-\theta^2} & \frac{2\theta}{4-\theta^2} \\ \frac{2\theta}{4-\theta^2} & -\frac{4-2\theta^2}{4-\theta^2} \end{bmatrix} \quad (A-9)$$

由于 $\det(H_r^{RC}) = \frac{4(1-\theta^2)}{4-\theta^2} > 0$，故 π_r 是关于 m_1 和 m_2 的凹函数，且零售商的最优反应函数可以由一阶条件确定，即：

$$m_i = \frac{1-(1-\theta)c + c(1-\theta)x_i + \beta(1-\theta)c x_{3-i}}{2(1-\theta)} \quad (A-10)$$

将式（A-8）和式（A-10）代入式（8-4），并构建 π_c 关于 x_1 和 x_2 的海塞矩阵：

$$H_c^{RC} = \begin{bmatrix} h_{c1}^{RC} & h_{c2}^{RC} \\ h_{c2}^{RC} & h_{c1}^{RC} \end{bmatrix} \quad (A-11)$$

其中，$h_{c1}^{RC} = \frac{-4(4-\theta^2)^2 k + [(4-3\theta^2+\theta^4)\beta^2 - 4\theta(2-\theta^2)\beta + 4 - 3\theta^2 + \theta^4]c^2}{2(4-\theta^2)^2}$，

$h_{c2}^{MC} = \frac{(2-\theta^2-\beta\theta)(2\beta-\theta-\beta\theta^2)c^2}{(4-\theta^2)^2}$，且

$\det(H_c^{RC}) = \frac{[4(2+\theta)^2 k - (1-\beta)^2(1+\theta)^2 c^2][4(2-\theta)^2 k - (1+\beta)^2(1-\theta)^2 c^2]}{4(4-\theta^2)^2}$。

因此，若 $\beta > \dfrac{\theta}{2-\theta^2}$，$\pi_c$ 是 x_1 和 x_2 的凹函数当且仅当 $k > \dfrac{(1+\beta)^2(1-\theta)^2 c^2}{4(2-\theta)^2}$；否则，$\pi_c$ 是 x_1 和 x_2 的凹函数当且仅当 $k > \dfrac{(1-\beta)^2(1+\theta)^2 c^2}{4(2+\theta)^2}$。此时，制造商的均衡绿色投入可以由一阶条件确定，即：$x_i = \dfrac{(1+\beta)(1-\theta)[1-(1-\theta)c]c}{4(2-\theta)^2 k - (1+\beta)^2(1-\theta)^2 c^2}$，将上式代入式（A-8）和式（A-10），可以得到均衡时的供应链成员决策。

(4) RN 模式：令 $p_i = w_i + m_i$，其中，m_i 表示零售商的边际收益。将上式代入式（8-1），并对 π_{mi} 求关于 w_i 的二阶导数，即式（A-7）。因此，π_{mi} 是关于 w_i 的凹函数，且制造商的最优反应函数可以由一阶条件确定，即式（A-8）。将式（A-8）代入式（8-2），并构建 π_{ri} 关于 m_1 和 m_2 的海塞矩阵，即式（A-9）。由于 $\det(H_r^{RC}) = \dfrac{4(1-\theta^2)}{4-\theta^2} > 0$，故 π_r 是关于 m_1 和 m_2 的凹函数，且零售商的最优反应函数可以由一阶条件确定，即式（A-10）。将式（A-8）和式（A-10）代入式（8-1），并对 π_{mi} 求关于 x_i 的二阶导数：

$$\frac{\partial^2 \pi_{mi}}{\partial x_i^2} = \frac{(2-\theta^2-\beta\theta)^2 c^2}{2(4-\theta^2)^2} - 2k \qquad (A-12)$$

令上式小于 0，可得 $k > \dfrac{(2-\theta^2-\beta\theta)^2 c^2}{4(4-\theta^2)^2}$。此时，$\pi_{mi}$ 是关于 x_i 的凹函数，因此制造商的均衡绿色投入可以由一阶条件确定，即：$x_i = \dfrac{(2-\beta\theta-\theta^2)[1-(1-\theta)c]c}{4(2+\theta)(2-\theta)^2 k - (1+\beta)(1-\theta)(2-\beta\theta-\theta^2)c^2}$，将上式代入式（A-8）和式（A-10），可以得到均衡时的供应链成员决策。

(5) NC 模式：令 $p_i = w_i + m_i$，其中，m_i 表示零售商的边际收益。将上式代入式（8-1），并对 π_{mi} 求关于 w_i 的二阶导数，即式（A-7）。因此，π_{mi} 是关于 w_i 的凹函数。将上式代入式（8-2），并构建 π_{mi} 关于 m_1 和 m_2 的海塞矩阵，即：

$$H_r^{NC} = \begin{bmatrix} -2 & 2\theta \\ 2\theta & -2 \end{bmatrix} \qquad (A-13)$$

由于 $\det(H_r^{NC}) = 4(1-\theta^2) > 0$，故 π_r 是关于 m_1 和 m_2 的凹函数，制造商和零售商的最优反应函数可以由一阶条件确定，即：

$$w_i = \frac{(3+\theta)(1+2c) - 2(3+\beta\theta)c\, x_i - 2(\theta+3\beta)c\, x_{3-i}}{9-\theta^2} \qquad (A-14)$$

$$m_i = \frac{(3+\theta)[1-(1-\theta)c] + (1-\theta)(3+\beta\theta)c\, x_i + (1-\theta)(3\beta+\theta)c\, x_{3-i}}{(1-\theta)(9-\theta^2)}$$

$$(A-15)$$

将式 (A-14) 和式 (A-15) 代入式 (8-4)，并构建 π_c 关于 x_1 和 x_2 的海塞矩阵：

$$H_c^{RC} = \begin{bmatrix} h_{c1}^{NC} & h_{c2}^{NC} \\ h_{c2}^{NC} & h_{c1}^{NC} \end{bmatrix} \quad (A-16)$$

其中，$h_{c1}^{NC} = \dfrac{-2(9-\theta^2)^2 k + 2[(9-2\theta^2+\theta^4)\beta^2 - 8\theta(3-\theta^2)\beta + 9 - 2\theta^2 + \theta^4]c^2}{(9-\theta^2)^2}$，

$h_{c2}^{NC} = \dfrac{4(3-\theta^2-2\beta\theta)(3\beta-2\theta-\beta\theta^2)c^2}{(9-\theta^2)^2}$，且

$\det(H_c^{RC}) = \dfrac{4[(3+\theta)^2 k - (1-\beta)^2(1+\theta)^2 c^2][(3-\theta)^2 k - (1+\beta)^2(1-\theta)^2 c^2]}{(9-\theta^2)^2}$。因此，若 $\beta > \dfrac{2\theta}{3-\theta^2}$，$\pi_c$ 是 x_1 和 x_2 的凹函数当且仅当 $k > \dfrac{(1+\beta)^2(1-\theta)^2 c^2}{(3-\theta)^2}$；否则，$\pi_c$ 是 x_1 和 x_2 的凹函数当且仅当 $k > \dfrac{(1-\beta)^2(1+\theta)^2 c^2}{(3+\theta)^2}$。此时，制造商的均衡绿色投入可以由一阶条件确定，即：$x_i = \dfrac{(1+\beta)(1-\theta)(1-(1-\theta)c)c}{(3-\theta)^2 k - (1+\beta)^2(1-\theta)^2 c^2}$，将上式代入式 (A-14) 和式 (A-15)，可以得到均衡时的供应链成员决策。

(6) NN 模式：令 $p_i = w_i + m_i$，其中，m_i 表示零售商的边际收益。将上式代入式 (8-1)，并对 π_{mi} 求关于 w_i 的二阶导数，即式 (A-7)。因此，π_{mi} 是关于 w_i 的凹函数。将上式代入式 (8-2)，并构建 π_{mi} 关于 m_1 和 m_2 的海塞矩阵，即式 (A-13)。由于 $\det(H_r^{NC}) = 4(1-\theta^2) > 0$，故 π_r 是关于 m_1 和 m_2 的凹函数，因此，制造商和零售商的最优反应函数可以由一阶条件确定，即式 (A-14) 和式 (A-15)。将式 (A-14) 和式 (A-15) 代入式 (8-1)，并对 π_{mi} 求关于 x_i 的二阶导数：

$$\frac{\partial^2 \pi_{mi}}{\partial x_i^2} = \frac{2(3-\theta^2-2\beta\theta)^2 c^2}{2(9-\theta^2)^2} - 2k. \quad (A-17)$$

令上式小于 0，可得 $k > \dfrac{(3-\theta^2-2\beta\theta)^2 c^2}{4(9-\theta^2)^2}$。此时，$\pi_{mi}$ 是关于 x_i 的凹函数，因此制造商的均衡绿色投入可以由一阶条件确定，即：$x_i = \dfrac{(3-2\beta\theta-\theta^2)(1-(1-\theta)c)c}{(3+\theta)(3-\theta)^2 k - (1+\beta)(1-\theta)(3-2\beta\theta-\theta^2)c^2}$，将上式代入式 (A-14) 和式 (A-15)，可以得到均衡时的供应链成员决策。

k 的推导过程：

由于当 $\beta > \dfrac{\theta}{2-\theta^2}$，$\dfrac{(1+\beta)^2(1-\theta)^2 c^2}{2(2-\theta)^2} > \dfrac{(2-\theta^2-\beta\theta)^2 c^2}{2(4-\theta^2)^2}$；当 $\beta < \dfrac{\theta}{2-\theta^2}$，

$\dfrac{(1-\beta)^2(1+\theta)^2 c^2}{2(2+\theta)^2} > \dfrac{(2-\theta^2-\beta\theta)^2 c^2}{2(4-\theta^2)^2}$。因此，MC 和 MN 模型均有内点解的充分必要条件为：当 $\beta > \dfrac{\theta}{2-\theta^2}$，$k > \dfrac{(1+\beta)^2(1-\theta)^2 c^2}{2(2-\theta)^2}$；否则，$k > \dfrac{(1-\beta)^2(1+\theta)^2 c^2}{2(2+\theta)^2}$。同理可得，RC 和 RN 模型均有内点解的充分必要条件为：当 $\beta > \dfrac{\theta}{2-\theta^2}$，$k > \dfrac{(1+\beta)^2(1-\theta)^2 c^2}{4(2-\theta)^2}$；否则，$k > \dfrac{(1-\beta)^2(1+\theta)^2 c^2}{4(2+\theta)^2}$。NC 和 NN 模型均有内点解的充分必要条件为：当 $\beta > \dfrac{\theta}{3-2\theta^2}$，$k > \dfrac{(1+\beta)^2(1-\theta)^2 c^2}{(3-\theta)^2}$；否则，$k > \dfrac{(1-\beta)^2(1+\theta)^2 c^2}{(3+\theta)^2}$。比较上述阈值，可得所有模型均有内点解的充分必要条件为 $k > \underline{k}$，且当 $\theta < \sqrt{2}-1$，$\underline{k} = \dfrac{(1+\beta)^2(1-\theta)^2 c^2}{2(2-\theta)^2}$ 当 $\beta > \dfrac{\theta}{2-\theta^2}$；$\underline{k} = \dfrac{(1-\beta)^2(1+\theta)^2 c^2}{2(2+\theta)^2}$ 当 $\beta < \dfrac{\theta}{2-\theta^2}$。

当 $\theta > \sqrt{2}-1$，$\underline{k} = \dfrac{(1+\beta)^2(1-\theta)^2 c^2}{2(2-\theta)^2}$ 当 $\beta > 1 - \dfrac{\sqrt{2}(6-4\theta-2\theta^2)}{4+2\theta-2\theta^2+\sqrt{2}(3-2\theta-\theta^2)}$；

$\underline{k} = \dfrac{(1-\beta)^2(1+\theta)^2 c^2}{(3+\theta)^2}$ 当 $\beta < 1 - \dfrac{\sqrt{2}(6-4\theta-2\theta^2)}{4+2\theta-2\theta^2+\sqrt{2}(3-2\theta-\theta^2)}$。

命题 1 的证明：

$x_i^{MC} - x_i^{MN} = \dfrac{2(2-\theta)^2[1-(1-\theta)c](2\beta-\theta-\beta\theta^2)ck}{[2(2-\theta)^2 k - (1+\beta)^2(1-\theta)^2 c^2][2(2+\theta)(2-\theta)^2 k - (1+\beta)(1-\theta)(2-\theta^2-\beta\theta)c^2]}$，令上

式大于 0，可以得到 $x_i^{MC} > x_i^{MN}$ 的条件，即 $\beta > \dfrac{\theta}{2-\theta^2}$。

$x_i^{RC} - x_i^{RN} = \dfrac{4(2-\theta)^2[1-(1-\theta)c](2\beta-\theta-\beta\theta^2)ck}{[4(2-\theta)^2 k - (1+\beta)^2(1-\theta)^2 c^2][4(2+\theta)(2-\theta)^2 k - (1+\beta)(1-\theta)(2-\theta^2-\beta\theta)c^2]}$，令

上式大于 0，可以得到 $x_i^{MC} > x_i^{MN}$ 的条件，即 $\beta > \dfrac{\theta}{2-\theta^2}$。

$x_i^{NC} - x_i^{NN} = \dfrac{(3-\theta)^2[1-(1-\theta)c](3\beta-2\theta-\beta\theta^2)ck}{[(3-\theta)^2 k - (1+\beta)^2(1-\theta)^2 c^2][(3+\theta)(3-\theta)^2 k - (1+\beta)(1-\theta)(3-\theta^2-2\beta\theta)c^2]}$，令上式

大于 0，可以得到 $x_i^{MC} > x_i^{MN}$ 的条件，即 $\beta > \dfrac{2\theta}{3-\theta^2}$。

$w_i^{MC} - w_i^{MN} = - \dfrac{2(1+\beta)(2-\theta)[1-(1-\theta)c](2\beta-\theta-\beta\theta^2)c^2 k}{[2(2-\theta)^2 k - (1+\beta)^2(1-\theta)^2 c^2][2(2+\theta)(2-\theta)^2 k - (1+\beta)(1-\theta)(2-\theta^2-\beta\theta)c^2]}$，

令上式大于 0，可以得到 $w_i^{MC} > w_i^{MN}$ 的条件，即 $\beta < \dfrac{\theta}{2-\theta^2}$。

$$w_i^{RC} - w_i^{RN} = -\dfrac{2(1+\beta)(3-\theta)(2-\theta)[1-(1-\theta)c](2\beta-\theta-\beta\theta^2)c^2 k}{[4(2-\theta)^2 k - (1+\beta)^2(1-\theta)^2 c^2][4(2+\theta)(2-\theta)^2 k - (1+\beta)(1-\theta)(2-\theta^2-\beta\theta)c^2]},$$

令上式大于 0，可以得到 $w_i^{MC} > w_i^{MN}$ 的条件，即 $\beta < \dfrac{\theta}{2-\theta^2}$。

$$w_i^{NC} - w_i^{NN} = -\dfrac{2(1+\beta)(3-\theta)[1-(1-\theta)c](3\beta-2\theta-\beta\theta^2)c^2 k}{[(3-\theta)^2 k - (1+\beta)^2(1-\theta)^2 c^2][(3+\theta)(3-\theta)^2 k - (1+\beta)(1-\theta)(3-\theta^2-2\beta\theta)c^2]},$$ 令上

式大于 0，可以得到 $w_i^{MC} > w_i^{MN}$ 的条件，即 $\beta < \dfrac{2\theta}{3-\theta^2}$。

$$p_i^{MC} - p_i^{MN} = -\dfrac{(1+\beta)(2-\theta)[1-(1-\theta)c](2\beta-\theta-\beta\theta^2)c^2 k}{[2(2-\theta)^2 k - (1+\beta)^2(1-\theta)^2 c^2][2(2+\theta)(2-\theta)^2 k - (1+\beta)(1-\theta)(2-\theta^2-\beta\theta)c^2]},$$

令上式大于 0，可以得到 $p_i^{MC} > p_i^{MN}$ 的条件，即 $\beta < \dfrac{\theta}{2-\theta^2}$。

$$p_i^{RC} - p_i^{RN} = -\dfrac{2(1+\beta)(2-\theta)[1-(1-\theta)c](2\beta-\theta-\beta\theta^2)c^2 k}{[4(2-\theta)^2 k - (1+\beta)^2(1-\theta)^2 c^2][4(2+\theta)(2-\theta)^2 k - (1+\beta)(1-\theta)(2-\theta^2-\beta\theta)c^2]},$$

令上式大于 0，可以得到 $p_i^{MC} > p_i^{MN}$ 的条件，即 $\beta < \dfrac{\theta}{2-\theta^2}$。

$$p_i^{NC} - p_i^{NN} = -\dfrac{(1+\beta)(3-\theta)[1-(1-\theta)c](3\beta-2\theta-\beta\theta^2)c^2 k}{[(3-\theta)^2 k - (1+\beta)^2(1-\theta)^2 c^2][(3+\theta)(3-\theta)^2 k - (1+\beta)(1-\theta)(3-\theta^2-2\beta\theta)c^2]},$$ 令上

式大于 0，可以得到 $p_i^{MC} > p_i^{MN}$ 的条件，即 $\beta < \dfrac{2\theta}{3-\theta^2}$。

命题 2 的证明：

$$\pi_{mi}^{MC} - \pi_{mi}^{MN} = \dfrac{2(2-\theta)^2[1-(1-\theta)c]^2(2\beta-\theta-\beta\theta^2)^2 c^2 k^2}{[2(2-\theta)^2 k - (1+\beta)^2(1-\theta)^2 c^2]^2[2(2+\theta)(2-\theta)^2 k - (1+\beta)(1-\theta)(2-\theta^2-\beta\theta)c^2]^2} > 0。$$

$$\pi_{mi}^{RC} - \pi_{mi}^{RN} = \dfrac{4(2-\theta)^2[1-(1-\theta)c]^2(2\beta-\theta-\beta\theta^2)^2 c^2 k^2}{[4(2-\theta)^2 k - (1+\beta)^2(1-\theta)^2 c^2]^2[4(2+\theta)(2-\theta)^2 k - (1+\beta)(1-\theta)(2-\theta^2-\beta\theta)c^2]^2} > 0。$$

$$\pi_{mi}^{NC} - \pi_{mi}^{NN} = \dfrac{(3-\theta)^2[1-(1-\theta)c]^2(3\beta-2\theta-\beta\theta^2)^2 c^2 k^2}{[(3-\theta)^2 k - (1+\beta)^2(1-\theta)^2 c^2]^2[(3+\theta)(3-\theta)^2 k - (1+\beta)(1-\theta)(3-\theta^2-2\beta\theta)c^2]^2} > 0。$$

$$\pi_r^{MC} - \pi_r^{MN} = \frac{2(1+\beta)(2-\theta)^2[1-(1-\theta)c]^2(2\beta-\theta-\beta\theta^2)c^2k^2f_1(k)}{[2(2-\theta)^2k-(1+\beta)^2(1-\theta)^2c^2]^2[2(2+\theta)(2-\theta)^2k-(1+\beta)(1-\theta)(2-\theta^2-\beta\theta)c^2]^2}, \text{其}$$

中，$f_1(k) = 4(2+\theta)(2-\theta)^2k - (1+\beta)(1-\theta)[4+2\beta-(2\beta+1)\theta-(2+\beta)\theta^2]c^2$。当 $k > \underline{k}$，必有 $f_1(k) > 0$。因此，当 $\beta < \frac{\theta}{2-\theta^2}$，$\pi_r^{MC} < \pi_r^{MN}$；否则，$\pi_r^{MC} > \pi_r^{MN}$。

$$\pi_r^{RC} - \pi_r^{RN} = \frac{8(1+\beta)(2-\theta)^3[1-(1-\theta)c]^2(2\beta-\theta-\beta\theta^2)c^2k^2f_2(k)}{[4(2-\theta)^2k-(1+\beta)^2(1-\theta)^2c^2]^2[4(2+\theta)(2-\theta)^2k-(1+\beta)(1-\theta)(2-\theta^2-\beta\theta)c^2]^2}, \text{其}$$

中，$f_2(k) = 8(2+\theta)(2-\theta)^2k - (1+\beta)(1-\theta)[4+2\beta-(2\beta+1)\theta-(2+\beta)\theta^2]c^2$。当 $k > \underline{k}$，必有 $f_2(k) > 0$。因此，当 $\beta < \frac{\theta}{2-\theta^2}$，$\pi_r^{RC} < \pi_r^{RN}$；否则，$\pi_r^{RC} > \pi_r^{RN}$。

$$\pi_r^{NC} - \pi_r^{NN} = \frac{2(1+\beta)(3-\theta)^2[1-(1-\theta)c]^2(3\beta-2\theta-\beta\theta^2)c^2k^2f_3(k)}{[(3-\theta)^2k-(1+\beta)^2(1-\theta)^2c^2]^2[(3+\theta)(3-\theta)^2k-(1+\beta)(1-\theta)(3-\theta^2-2\beta\theta)c^2]^2}, \text{其}$$

中，$f_3(k) = 2(3+\theta)(3-\theta)^2k - (1+\beta)(1-\theta)[6-3\beta-2(2\beta+1)\theta-(2+\beta)\theta^2]c^2$。当 $k > \underline{k}$，必有 $f_3(k) > 0$。因此，当 $\beta < \frac{2\theta}{3-\theta^2}$，$\pi_r^{NC} < \pi_r^{NN}$；否则，$\pi_r^{NC} > \pi_r^{NN}$。

$$\pi_s^{MC} - \pi_s^{MN} = \frac{2(2-\theta)^2[1-(1-\theta)c]^2(2\beta-\theta-\beta\theta^2)c^2k^2f_4(k)}{[2(2-\theta)^2k-(1+\beta)^2(1-\theta)^2c^2]^2[2(2+\theta)(2-\theta)^2k-(1+\beta)(1-\theta)(2-\theta^2-\beta\theta)c^2]^2},$$

其中，$f_4(k) = 4(2-\theta)^2[2+4\beta+\beta\theta(1-\theta)]k - (1+\beta)^2(1-\theta)(4-3\theta) + \beta[6(1-\theta)-3\theta^2+2\theta^3)]c^2$。当 $k > \underline{k}$，$f_4(k) > 0$ 的充分必要条件为 $\beta > \frac{\theta}{2-\theta^2}$。

因此，当 $\beta < \frac{\theta}{2-\theta^2}$，$\pi_s^{MC} < \pi_s^{MN}$；否则，$\pi_s^{MC} > \pi_s^{MN}$。

$$\pi_s^{RC} - \pi_s^{RN} = \frac{8(2-\theta)^2[1-(1-\theta)c]^2(2\beta-\theta-\beta\theta^2)c^2k^2f_5(k)}{[4(2-\theta)^2k-(1+\beta)^2(1-\theta)^2c^2]^2[4(2+\theta)(2-\theta)^2k-(1+\beta)(1-\theta)(2-\theta^2-\beta\theta)c^2]^2}, \text{其}$$

中，$f_5(k) = 4(2-\theta)^2(8-\theta+10\beta-2\theta^2-3\beta\theta^2)k - (1+\beta)^2(1-\theta)[8-7\theta-2\theta^2+2\theta^3+\beta(6-8\theta-\theta^2+2\theta^3)]c^2$。当 $k > \underline{k}$，$f_5(k) > 0$ 的充分必要条件为 $\beta >$

$\frac{\theta}{2-\theta^2}$。因此,当 $\beta < \frac{\theta}{2-\theta^2}$, $\pi_s^{RC} < \pi_s^{RN}$;否则,$\pi_s^{RC} > \pi_s^{RN}$。

$$\pi_s^{NC} - \pi_s^{NN} = \frac{2(3-\theta)^2[1-(1-\theta)c]^2(3\beta-2\theta-\beta\theta^2)c^2k^2f_6(k)}{[(3-\theta)^2k-(1+\beta)^2(1-\theta)^2c^2]^2[(3+\theta)(3-\theta)^2k-(1+\beta)(1-\theta)(3-\theta^2-2\beta\theta)c^2]^2}, \text{其中},$$

$f_6(k) = (3-\theta)^2(6+9\beta+2\beta\theta-\beta\theta^2)k - (1+\beta)^2(1-\theta)[6-4\theta+\beta(6-7\theta-2\theta^2+\theta^3)]c^2$。当 $k > \underline{k}$,$f_6(k) > 0$ 的充分必要条件为 $\beta < \frac{2\theta}{3-\theta^2}$。因此,当 $\beta < \frac{2\theta}{3-\theta^2}$,$\pi_s^{NC} < \pi_s^{NN}$;否则,$\pi_s^{NC} > \pi_s^{NN}$。

命题 3 的证明:

$$CS^{MC} - CS^{MN} = \frac{(1+\beta)(2-\theta)^2[1-(1-\theta)c]^2(2\beta-\theta-\beta\theta^2)c^2k^2f_1(k)}{[2(2-\theta)^2k-(1+\beta)^2(1-\theta)^2c^2]^2[2(2+\theta)(2-\theta)^2k-(1+\beta)(1-\theta)(2-\theta^2-\beta\theta)c^2]^2}。$$

当 $k > \underline{k}$,必有 $f_1(k) > 0$。因此,当 $\beta > \frac{\theta}{2-\theta^2}$,$CS^{MC} > CS^{MN}$;否则,$CS^{MC} < CS^{MN}$。

$$CS^{RC} - CS^{RN} = \frac{4(1+\beta)(2-\theta)^2[1-(1-\theta)c]^2(2\beta-\theta-\beta\theta^2)c^2k^2f_2(k)}{[4(2-\theta)^2k-(1+\beta)^2(1-\theta)^2c^2]^2[4(2+\theta)(2-\theta)^2k-(1+\beta)(1-\theta)(2-\theta^2-\beta\theta)c^2]^2}。$$

当 $k > \underline{k}$,必有 $f_2(k) > 0$。因此,当 $\beta > \frac{\theta}{2-\theta^2}$,$CS^{RC} > CS^{RN}$;否则,$CS^{RC} < CS^{RN}$。

$$CS^{NC} - CS^{NN} = \frac{(1+\beta)(3-\theta)^2[1-(1-\theta)c]^2(3\beta-2\theta-\beta\theta^2)c^2k^2f_3(k)}{[(3-\theta)^2k-(1+\beta)^2(1-\theta)^2c^2]^2[(3+\theta)(3-\theta)^2k-(1+\beta)(1-\theta)(3-\theta^2-2\beta\theta)c^2]^2}。$$

当 $k > \underline{k}$,必有 $f_3(k) > 0$。因此,当 $\beta > \frac{2\theta}{3-\theta^2}$,$CS^{NC} > CS^{NN}$;否则,$CS^{NC} < CS^{NN}$。

$$SW^{MC} - SW^{MN} = \frac{(2-\theta)^2[1-(1-\theta)c]^2(2\beta-\theta-\beta\theta^2)c^2k^2f_7(k)}{[2(2-\theta)^2k-(1+\beta)^2(1-\theta)^2c^2]^2[2(2+\theta)(2-\theta)^2k-(1+\beta)(1-\theta)(2-\theta^2-\beta\theta)c^2]^2},$$

其中,$f_7(k) = 4(2-\theta)^2[6+\theta+10\beta+\beta\theta(3-2\theta)]k - (1+\beta)^2(1-\theta)[12-7\theta-2\theta^2+14\beta(1-\theta)-7\beta\theta^2+4\beta\theta^3]c^2$。当 $k > \underline{k}$,必有 $f_7(k) > 0$。因此,当 $\beta > \frac{\theta}{2-\theta^2}$,$SW^{MC} > SW^{MN}$;否则,$SW^{MC} < SW^{MN}$。

$$SW^{RC} - SW^{RN} = \frac{4(2-\theta)^2[1-(1-\theta)c]^2(2\beta-\theta-\beta\theta^2)c^2k^2f_8(k)}{[4(2-\theta)^2k-(1+\beta)^2(1-\theta)^2c^2]^2[4(2+\theta)(2-\theta)^2k-(1+\beta)(1-\theta)(2-\theta^2-\beta\theta)c^2]^2},$$

其中，$f_8(k) = 8(2-\theta)^2(10+12\beta+\beta\theta-2\theta^2-3\beta\theta^2)k - (1+\beta)^2(1-\theta)(20-15\theta-6\theta^2+14\beta-18\beta\theta+4\theta^3-3\beta\theta^2+4\beta\theta^3)c^2$。当 $k > \underline{k}$，必有 $f_8(k) > 0$。因此，当 $\beta > \frac{\theta}{2-\theta^2}$，$SW^{RC} > SW^{RN}$；否则，$SW^{RC} < SW^{RN}$。

$$SW^{NC} - SW^{NN} = \frac{(3-\theta)^2[1-(1-\theta)c]^2(3\beta-2\theta-\beta\theta^2)c^2k^2f_9(k)}{[(3-\theta)^2k-(1+\beta)^2(1-\theta)^2c^2]^2[(3+\theta)(3-\theta)^2k-(1+\beta)(1-\theta)(3-\theta^2-2\beta\theta)c^2]^2},$$

其中，$f_9(k) = 2(3-\theta)^2[9+\theta+12\beta+\beta\theta(3-\theta)]k - (1+\beta)^2(1-\theta)(18-10\theta-2\theta^2+15\beta-18\beta\theta-5\beta\theta^2+2\beta\theta^3)c^2$。当 $k > \underline{k}$，必有 $f_9(k) > 0$。因此，当 $\beta > \frac{2\theta}{3-\theta^2}$，$SW^{NC} > SW^{NN}$；否则，$SW^{NC} < SW^{NN}$。

命题 4 的证明：

$$E^{MC} - E^{MN} = \frac{2(1+\beta)(2-\theta)[1-(1-\theta)c](2\beta-\theta-\beta\theta^2)ckf_{10}(k)}{[2(2-\theta)^2k-(1+\beta)^2(1-\theta)^2c^2]^2[2(2+\theta)(2-\theta)^2k-(1+\beta)(1-\theta)(2-\theta^2-\beta\theta)c^2]^2},$$

其中，$f_{10}(k) = 4(2+\theta)(2-\theta)^4[2c(1-\theta)-1]k^2 + 2(1+\beta)(1-\theta)^2(2-\theta)^2[(\theta^2+2\theta-2)\beta-4+\theta+2\theta^2]c^3k + (1+\beta)^3(1-\theta)^3(2-\theta^2-\beta\theta)c^4$。因此，$E^{MC}$ 和 E^{MN} 的大小由 $f_{10}(k)$ 的符号决定。当 $\beta > \frac{\theta}{2-\theta^2}$ 且 $\theta > 1 - \frac{1}{2c}$，$f_{10}(k)$ 是一个开口向下的抛物线，此时当 $k > \underline{k}$，$f_{10}(k)$ 恒小于 0，因此，$E^{MC} < E^{MN}$。当 $\beta > \frac{\theta}{2-\theta^2}$ 且 $\theta < 1 - \frac{1}{2c}$，$f_{10}(k)$ 是一个开口向上的抛物线，且 $f_{10}(\underline{k}) < 0$，此时 $f_{10}(k) < 0$，即 $E^{MC} < E^{MN}$ 当且仅当 $k < \overline{k}_1 = $

$$\frac{(1+\beta)(1-\theta)\left[-(1-\theta)\binom{4-\theta+2\beta-}{2\theta^2-2\beta\theta-\beta\theta^2}c + \sqrt{\binom{(1-\theta)(4-\theta+2\beta-2\theta^2-2\beta\theta-\beta\theta^2)c^2}{+8(1+\beta)(2+\theta)(1-\theta)(2-\theta^2-2\beta\theta)c}-4(1+\beta)(2+\theta)(2-\theta^2-\beta\theta)}\,c^2}\right]}{(2+\theta)(2-\theta)^2[2c(1-\theta)-1]}。$$

当 $\beta < \frac{\theta}{2-\theta^2}$ 且 $\theta < 1 - \frac{1}{2c}$，$f_{10}(k)$ 是一个开口向上的抛物线，且 $f_{10}(\underline{k}) < 0$，此时 $f_{10}(k) > 0$，即 $E^{MC} < E^{MN}$，当且仅当 $k > \overline{k}_1$。当 $\beta < \frac{\theta}{2-\theta^2}$ 且 $\theta > 1 - \frac{1}{2c}$，$f_{10}(k)$

是一个开口向下的抛物线, 此时当 $k > \underline{k}$, $f_{10}(k)$ 恒小于 0, 因此, $E^{MC} > E^{MN}$。

$$E^{RC} - E^{RN} = \frac{4(1+\beta)(2-\theta)[1-(1-\theta)c](2\beta-\theta-\beta\theta^2)ckf_{11}(k)}{[4(2-\theta)^2k-(1+\beta)^2(1-\theta)^2c^2]^2[4(2+\theta)(2-\theta)^2k-(1+\beta)(1-\theta)(2-\theta^2-\beta\theta)c^2]^2}, \quad \text{其}$$

中, $f_{11}(k) = 16(2+\theta)(2-\theta)^4[2c(1-\theta)-1]k^2 + 4(1+\beta)(1-\theta)^2(2-\theta)^2[(\theta^2+2\theta-2)\beta-4+\theta+2\theta^2]c^3k + (1+\beta)^3(1-\theta)^3(2-\theta^2-\beta\theta)c^4$。因此, E^{MC} 和 E^{MN} 的大小由 $f_{11}(k)$ 的符号决定。当 $\beta > \frac{\theta}{2-\theta^2}$ 且 $\theta > 1 - \frac{1}{2c}$, $f_{11}(k)$ 是一个开口向下的抛物线, 此时当 $k > \underline{k}$, $f_{11}(k)$ 恒小于 0, 因此, $E^{RC} < E^{RN}$。当 $\beta > \frac{\theta}{2-\theta^2}$ 且 $\theta < 1 - \frac{1}{2c}$, $f_{11}(k)$ 是一个开口向上的抛物线, 且 $f_{11}(\underline{k}) < 0$, 此时 $f_{11}(k) < 0$, 即 $E^{RC} < E^{RN}$ 当且仅当 $k < \overline{k}_2 =$

$$\frac{(1+\beta)(1-\theta)\left[-(1-\theta)\begin{pmatrix}4-\theta+2\beta-\\2\theta^2-2\beta\theta-\beta\theta^2\end{pmatrix}c + \sqrt{(1-\theta)\begin{pmatrix}(1-\theta)(4-\theta+2\beta-2\theta^2-2\beta\theta-\beta\theta^2)c^2\\+8(1+\beta)(2+\theta)(1-\theta)(2-\theta^2-2\beta\theta)c\\-4(1+\beta)(2+\theta)(2-\theta^2-\beta\theta)\end{pmatrix}}\right]c^2}{8(2+\theta)(2-\theta)^2[2c(1-\theta)-1]}$$

当 $\beta < \frac{\theta}{2-\theta^2}$ 且 $\theta < 1 - \frac{1}{2c}$, $f_{11}(k)$ 是一个开口向上的抛物线, 且 $f_{11}(\underline{k}) < 0$, 此时 $f_{11}(k) > 0$, 即 $E^{RC} < E^{RN}$, 当且仅当 $k > \overline{k}_2$。当 $\beta < \frac{\theta}{2-\theta^2}$ 且 $\theta > 1 - \frac{1}{2c}$, $f_{11}(k)$ 是一个开口向下的抛物线, 此时当 $k > \underline{k}$, $f_{11}(k)$ 恒小于 0, 因此, $E^{RC} > E^{RN}$。

$$E^{NC} - E^{NN} = \frac{2(1+\beta)(3-\theta)[1-(1-\theta)c](3\beta-2\theta-\beta\theta^2)ckf_{12}(k)}{[(3-\theta)^2k-(1+\beta)^2(1-\theta)^2c^2]^2[(3+\theta)(3-\theta)^2k-(1+\beta)(1-\theta)(3-\theta^2-2\beta\theta)c^2]^2}, \quad \text{其}$$

中, $f_{12}(k) = (3+\theta)(3-\theta)^4[2c(1-\theta)-1]k^2 + (1+\beta)(1-\theta)^2(3-\theta)^2[(\theta^2+4\theta-3)\beta-6+2\theta+2\theta^2]c^3k + (1+\beta)^3(1-\theta)^3(3-\theta^2-2\beta\theta)c^4$。因此, E^{NC} 和 E^{NN} 的大小由 $f_{12}(k)$ 的符号决定。当 $\beta > \frac{2\theta}{3-\theta^2}$ 且 $\theta > 1 - \frac{1}{2c}$, $f_{12}(k)$ 是一个开口向下的抛物线, 此时当 $k > \underline{k}$, $f_{12}(k)$ 恒小于 0, 因此, $E^{NC} < E^{NN}$。当 $\beta > \frac{2\theta}{3-\theta^2}$ 且 $\theta < 1 - \frac{1}{2c}$, $f_{12}(k)$ 是一个开口向上的抛物线, 且 $f_{12}(\underline{k}) < 0$, 此时 $f_{12}(k) < 0$, 即 $E^{NC} < E^{NN}$ 当且仅当 $k < \overline{k}_3 =$

$$\frac{(1+\beta)(1-\theta)\left[-(1-\theta)\binom{6-2\theta+3\beta-}{2\theta^2-4\beta\theta-\beta\theta^2}c+\sqrt{(1-\theta)\binom{(1-\theta)(6-2\theta+3\beta-2\theta^2-4\beta\theta-\beta\theta^2)c^2}{+8(1+\beta)(3+\theta)(1-\theta)(3-\theta^2-2\beta\theta)c}}\right]c^2}{2(3+\theta)(3-\theta)^2[2c(1-\theta)-1]}。$$

当 $\beta < \frac{2\theta}{3-\theta^2}$ 且 $\theta < 1 - \frac{1}{2c}$，$f_{12}(k)$ 是一个开口向上的抛物线，且 $f_{12}(\underline{k}) < 0$，此时 $f_{12}(k) > 0$，即 $E^{NC} < E^{NN}$，当且仅当 $k > \bar{k}_3$。当 $\beta < \frac{2\theta}{3-\theta^2}$ 且 $\theta > 1 - \frac{1}{2c}$，$f_{12}(k)$ 是一个开口向下的抛物线，此时当 $k > \underline{k}$，$f_{12}(k)$ 恒小于 0，因此，$E^{NC} > E^{NN}$。

$$EcoSW^{MC} - EcoSW^{MN} = \frac{[1-(1-\theta)c](2\beta-\theta-\beta\theta^2)cf_{13}(k)}{2(1-\theta)(4-\theta^2)[2(2-\theta)^2k-(1+\beta)^2(1-\theta)^2c^2]},$$

$$[2(2+\theta)(2-\theta)^2k-(1+\beta)(1-\theta)(2-\theta^2-\beta\theta)c^2]$$

其中，$f_{13}(k) = (2-\theta)^2[-4(1-\theta)(4-\theta+2\beta-2\theta^2-2\beta\theta-\beta\theta^2)c+(1+\beta)(2+\theta)(7-4\theta)]k+2(1+\beta)^2(1-\theta)^2(2-\theta^2-\beta\theta)c^2$。因此，$EcoSW^{MC}$ 和 $EcoSW^{MN}$ 的大小由 $f_{13}(k)$ 的符号决定。当 $\beta > \frac{\theta}{2-\theta^2}$ 且 $c < \frac{(1+\beta)(2+\theta)(7-4\theta)}{4(1-\theta)(4-\theta+2\beta-2\theta^2-2\beta\theta-\beta\theta^2)}$，$f_{13}(k)$ 恒大于 0，因此，$EcoSW^{MC} > EcoSW^{MN}$。当 $\beta > \frac{\theta}{2-\theta^2}$ 且 $c > \frac{(1+\beta)(2+\theta)(7-4\theta)}{4(1-\theta)(4-\theta+2\beta-2\theta^2-2\beta\theta-\beta\theta^2)}$，$f_{13}(k) > 0$ 即 $EcoSW^{MC} > EcoSW^{MN}$ 当且仅当 $k < \frac{2(1+\beta)^2(1-\theta)^2(2-\theta^2-\beta\theta)c^2}{(2-\theta)^2[-4(1-\theta)(4-\theta+2\beta-2\theta^2-2\beta\theta-\beta\theta^2)c+(1+\beta)(2+\theta)(7-4\theta)]}$。当 $\beta < \frac{\theta}{2-\theta^2}$ 且 $c < \frac{(1+\beta)(2+\theta)(7-4\theta)}{4(1-\theta)(4-\theta+2\beta-2\theta^2-2\beta\theta-\beta\theta^2)}$，$f_{13}(k)$ 恒大于 0，因此，$EcoSW^{MC} < EcoSW^{MN}$。当 $\beta < \frac{\theta}{2-\theta^2}$ 且 $c > \frac{(1+\beta)(2+\theta)(7-4\theta)}{4(1-\theta)(4-\theta+2\beta-2\theta^2-2\beta\theta-\beta\theta^2)}$，$f_{13}(k) > 0$ 即 $EcoSW^{MC} < EcoSW^{MN}$ 当且仅当 $k < \frac{2(1+\beta)^2(1-\theta)^2(2-\theta^2-\beta\theta)c^2}{(2-\theta)^2[-4(1-\theta)(4-\theta+2\beta-2\theta^2-2\beta\theta-\beta\theta^2)c+(1+\beta)(2+\theta)(7-4\theta)]}$。

$$EcoSW^{RC} - EcoSW^{RN} = \frac{[1-(1-\theta)c](2\beta-\theta-\beta\theta^2)cf_{14}(k)}{2(1-\theta)(4-\theta^2)[4(2-\theta)^2k-(1+\beta)^2(1-\theta)^2c^2]},$$

$$[4(2+\theta)(2-\theta)^2k-(1+\beta)(1-\theta)(2-\theta^2-\beta\theta)c^2]$$

其中，$f_{14}(k) = (2-\theta)^2[-4(1-\theta)(4-\theta+2\beta-2\theta^2-2\beta\theta-\beta\theta^2)c+2(1+\beta)(2+\theta)(7-4\theta)]k+(1+\beta)^2(1-\theta)^2(2-\theta^2-\beta\theta)c^2$。因此，$EcoSW^{RC}$ 和

$EcoSW^{RN}$ 的大小由 $f_{14}(k)$ 的符号决定。当 $\beta > \dfrac{\theta}{2-\theta^2}$ 且 $c < \dfrac{(1+\beta)(2+\theta)(7-4\theta)}{2(1-\theta)(4-\theta+2\beta-2\theta^2-2\beta\theta-\beta\theta^2)}$，$f_{14}(k)$ 恒大于 0，因此，$EcoSW^{RC} > EcoSW^{RN}$。当 $\beta > \dfrac{\theta}{2-\theta^2}$ 且 $c > \dfrac{(1+\beta)(2+\theta)(7-4\theta)}{2(1-\theta)(4-\theta+2\beta-2\theta^2-2\beta\theta-\beta\theta^2)}$，$f_{14}(k) > 0$ 即 $EcoSW^{RC} > EcoSW^{RN}$ 当且仅当 $k < \dfrac{(1+\beta)^2(1-\theta)^2(2-\theta^2-\beta\theta)c^2}{2(2-\theta)^2[-2(1-\theta)(4-\theta+2\beta-2\theta^2-2\beta\theta-\beta\theta^2)c+(1+\beta)(2+\theta)(7-4\theta)]}$。

当 $\beta < \dfrac{\theta}{2-\theta^2}$ 且 $c < \dfrac{(1+\beta)(2+\theta)(7-4\theta)}{2(1-\theta)(4-\theta+2\beta-2\theta^2-2\beta\theta-\beta\theta^2)}$，$f_{14}(k)$ 恒大于 0，因此，$EcoSW^{RC} < EcoSW^{RN}$。当 $\beta < \dfrac{\theta}{2-\theta^2}$ 且 $c > \dfrac{(1+\beta)(2+\theta)(7-4\theta)}{2(1-\theta)(4-\theta+2\beta-2\theta^2-2\beta\theta-\beta\theta^2)}$，$f_{14}(k) > 0$ 即 $EcoSW^{RC} < EcoSW^{RN}$ 当且仅当 $k < \dfrac{(1+\beta)^2(1-\theta)^2(2-\theta^2-\beta\theta)c^2}{2(2-\theta)^2[-2(1-\theta)(4-\theta+2\beta-2\theta^2-2\beta\theta-\beta\theta^2)c+(1+\beta)(2+\theta)(7-4\theta)]}$。

$$EcoSW^{NC} - EcoSW^{NN} = \dfrac{[1-(1-\theta)c](3\beta-2\theta-\beta\theta^2)cf_{15}(k)}{2(1-\theta)(9-\theta^2)[(3-\theta)^2k-(1+\beta)^2(1-\theta)^2c^2]}$$

其中，$f_{15}(k) = (3-\theta)^2[-2(1-\theta)(6-2\theta+3\beta-2\theta^2-4\beta\theta-\beta\theta^2)c+(1+\beta)(3+\theta)(5-2\theta)]k + 2(1+\beta)^2(1-\theta)^2(3-\theta^2-2\beta\theta)c^2$。因此，$EcoSW^{NC}$ 和 $EcoSW^{NN}$ 的大小由 $f_{15}(k)$ 的符号决定。当 $\beta > \dfrac{2\theta}{3-\theta^2}$ 且 $c < \dfrac{(1+\beta)(3+\theta)(5-2\theta)}{2(1-\theta)(6-2\theta+3\beta-2\theta^2-4\beta\theta-\beta\theta^2)}$，$f_{15}(k)$ 恒大于 0，因此，$EcoSW^{NC} > EcoSW^{NN}$。当 $\beta > \dfrac{2\theta}{3-\theta^2}$ 且 $c > \dfrac{(1+\beta)(3+\theta)(5-2\theta)}{2(1-\theta)(6-2\theta+3\beta-2\theta^2-4\beta\theta-\beta\theta^2)}$，$f_{15}(k) > 0$ 即 $EcoSW^{NC} > EcoSW^{NN}$ 当且仅当 $k < \dfrac{2(1+\beta)^2(1-\theta)^2(3-\theta^2-2\beta\theta)c^2}{(3-\theta)^2[-2(1-\theta)(6-2\theta+3\beta-2\theta^2-4\beta\theta-\beta\theta^2)c+(1+\beta)(3+\theta)(5-2\theta)]}$。

当 $\beta < \dfrac{2\theta}{3-\theta^2}$ 且 $c < \dfrac{(1+\beta)(3+\theta)(5-2\theta)}{2(1-\theta)(6-2\theta+3\beta-2\theta^2-4\beta\theta-\beta\theta^2)}$，$f_{15}(k)$ 恒大于 0，因此，$EcoSW^{NC} < EcoSW^{NN}$。当 $\beta < \dfrac{2\theta}{3-\theta^2}$ 且 $c > \dfrac{(1+\beta)(3+\theta)(5-2\theta)}{2(1-\theta)(6-2\theta+3\beta-2\theta^2-4\beta\theta-\beta\theta^2)}$，$f_{15}(k) > 0$ 即 $EcoSW^{NC} < EcoSW^{NN}$ 当且仅当 $k < \dfrac{2(1+\beta)^2(1-\theta)^2(3-\theta^2-2\beta\theta)c^2}{(3-\theta)^2[-2(1-\theta)(6-2\theta+3\beta-2\theta^2-4\beta\theta-\beta\theta^2)c+(1+\beta)(3+\theta)(5-2\theta)]}$。

命题 5 的证明：

$$\frac{\partial x_i^{MN}}{\partial \beta} = \frac{[1-(1-\theta)c][(1-\theta)(2-\theta^2-\beta\theta)^2c^2 - 2\theta(2+\theta)(2-\theta)^2k]c}{[2(2+\theta)(2-\theta)^2k - (1+\beta)(1-\theta)(2-\beta\theta-\theta^2)c^2]^2}$$。令

上式大于 0，有 $\beta < \frac{2}{\theta} - \theta - \frac{2-\theta}{(1-\theta)\theta c}\sqrt{2\theta(1-\theta)(2+\theta)k}$。

$$\frac{\partial w_i^{MN}}{\partial \beta} = \frac{2(4-\theta^2)[1-(1-\theta)c][2\beta\theta-(1-\theta)(2+\theta)]c^2k}{[2(2+\theta)(2-\theta)^2k - (1+\beta)(1-\theta)(2-\beta\theta-\theta^2)c^2]^2}$$。令上式大

于 0，有 $\beta > \frac{(1-\theta)(2+\theta)}{2\theta}$。

$$\frac{\partial p_i^{MN}}{\partial \beta} = \frac{(4-\theta^2)[1-(1-\theta)c][2\beta\theta-(1-\theta)(2+\theta)]c^2k}{[2(2+\theta)(2-\theta)^2k - (1+\beta)(1-\theta)(2-\beta\theta-\theta^2)c^2]^2}$$。令上式大于

0，有 $\beta > \frac{(1-\theta)(2+\theta)}{2\theta}$。

$$\frac{\partial x_i^{MC}}{\partial \beta} = \frac{(1-\theta)[1-(1-\theta)c][(1+\beta)^2(1-\theta)^2c^2 + 2(2-\theta)^2k]c}{[2(2-\theta)^2k - (1+\beta)^2(1-\theta)^2c^2]^2} > 0$$。

$$\frac{\partial w_i^{MC}}{\partial \beta} = -\frac{4(1+\beta)(1-\theta)(2-\theta)[1-(1-\theta)c]c^2k}{[2(2-\theta)^2k - (1+\beta)^2(1-\theta)^2c^2]^2} < 0$$。

$$\frac{\partial p_i^{MC}}{\partial \beta} = -\frac{2(1+\beta)(1-\theta)(2-\theta)[1-(1-\theta)c]c^2k}{[2(2-\theta)^2k - (1+\beta)^2(1-\theta)^2c^2]^2} < 0$$。

$$\frac{\partial x_i^{RN}}{\partial \beta} = \frac{[1-(1-\theta)c][(1-\theta)(2-\theta^2-\beta\theta)^2c^2 - 4\theta(2+\theta)(2-\theta)^2k]c}{[4(2+\theta)(2-\theta)^2k - (1+\beta)(1-\theta)(2-\beta\theta-\theta^2)c^2]^2}$$。令

上式大于 0，有 $\beta < \frac{2}{\theta} - \theta - \frac{2(2-\theta)}{(1-\theta)\theta c}\sqrt{2\theta(1-\theta)(2+\theta)k}$。

$$\frac{\partial w_i^{RN}}{\partial \beta} = \frac{2(3-\theta)(4-\theta^2)[1-(1-\theta)c][2\beta\theta-(1-\theta)(2+\theta)]c^2k}{[4(2+\theta)(2-\theta)^2k - (1+\beta)(1-\theta)(2-\beta\theta-\theta^2)c^2]^2}$$。令上式

大于 0，有 $\beta > \frac{(1-\theta)(2+\theta)}{2\theta}$。

$$\frac{\partial p_i^{RN}}{\partial \beta} = \frac{2(4-\theta^2)[1-(1-\theta)c][2\beta\theta-(1-\theta)(2+\theta)]c^2k}{[4(2+\theta)(2-\theta)^2k - (1+\beta)(1-\theta)(2-\beta\theta-\theta^2)c^2]^2}$$。令上式大于

0，有 $\beta > \frac{(1-\theta)(2+\theta)}{2\theta}$。

$$\frac{\partial x_i^{RC}}{\partial \beta} = \frac{(1-\theta)[1-(1-\theta)c][(1+\beta)^2(1-\theta)^2c^2 + 4(2-\theta)^2k]c}{[4(2-\theta)^2k - (1+\beta)^2(1-\theta)^2c^2]^2} > 0$$。

$$\frac{\partial w_i^{RC}}{\partial \beta} = -\frac{4(1+\beta)(1-\theta)(2-\theta)(3-\theta)[1-(1-\theta)c]c^2k}{[4(2-\theta)^2k - (1+\beta)^2(1-\theta)^2c^2]^2} < 0$$。

$$\frac{\partial p_i^{RC}}{\partial \beta} = -\frac{4(1+\beta)(1-\theta)(2-\theta)[1-(1-\theta)c]c^2k}{[4(2-\theta)^2k - (1+\beta)^2(1-\theta)^2c^2]^2} < 0$$。

$$\frac{\partial x_i^{NN}}{\partial \beta} = \frac{[1-(1-\theta)c][(1-\theta)(3-\theta^2-2\beta\theta)^2c^2-2\theta(3+\theta)(3-\theta)^2k]c}{[(3+\theta)(3-\theta)^2k-(1+\beta)(1-\theta)(3-2\beta\theta-\theta^2)c^2]^2}。$$

令上式大于0，有 $\beta < \frac{3}{2\theta} - \frac{\theta}{2} - \frac{3-\theta}{2(1-\theta)\theta c}\sqrt{2\theta(1-\theta)(3+\theta)k}$。

$$\frac{\partial w_i^{NN}}{\partial \beta} = \frac{2(9-\theta^2)[1-(1-\theta)c][4\beta\theta-(1-\theta)(3+\theta)]c^2k}{[(3+\theta)(3-\theta)^2k-(1+\beta)(1-\theta)(3-2\beta\theta-\theta^2)c^2]^2}。$$

令上式大于0，有 $\beta > \frac{(1-\theta)(3+\theta)}{4\theta}$。

$$\frac{\partial p_i^{NN}}{\partial \beta} = \frac{(9-\theta^2)[1-(1-\theta)c][4\beta\theta-(1-\theta)(3+\theta)]c^2k}{[(3+\theta)(3-\theta)^2k-(1+\beta)(1-\theta)(3-2\beta\theta-\theta^2)c^2]^2}。$$

令上式大于0，有 $\beta > \frac{(1-\theta)(2+\theta)}{2\theta}$。

$$\frac{\partial x_i^{NC}}{\partial \beta} = \frac{(1-\theta)[1-(1-\theta)c][(1+\beta)^2(1-\theta)^2c^2+(3-\theta)^2k]c}{[(3-\theta)^2k-(1+\beta)^2(1-\theta)^2c^2]^2} > 0。$$

$$\frac{\partial w_i^{NC}}{\partial \beta} = -\frac{4(1+\beta)(1-\theta)(3-\theta)[1-(1-\theta)c]c^2k}{[(3-\theta)^2k-(1+\beta)^2(1-\theta)^2c^2]^2} < 0。$$

$$\frac{\partial p_i^{NC}}{\partial \beta} = -\frac{2(1+\beta)(1-\theta)(2-\theta)[1-(1-\theta)c]c^2k}{[(3-\theta)^2k-(1+\beta)^2(1-\theta)^2c^2]^2} < 0。$$

命题6 的证明：

$$\frac{\partial \pi_s^{MN}}{\partial \beta} = \frac{4[1-(1-\theta)c]^2[(2+\theta)(2-\theta)^2(12-4\theta-9\theta^2-12\beta\theta+\theta^3+2\theta^4+4\beta\theta^3)k-(1-\theta)(2-\beta\theta-\theta^2)^3c^2]c^2k}{[2(2+\theta)(2-\theta)^2k-(1+\beta)(1-\theta)(2-\beta\theta-\theta^2)c^2]^3}。$$

令上式大于0，有 $c < \frac{2-\theta}{2-\beta\theta-\theta^2}\sqrt{\frac{(2+\theta)(12-4\theta-9\theta^2-12\beta\theta+\theta^3+2\theta^4+4\beta\theta^3)k}{(1-\theta)(2-\beta\theta-\theta^2)}}$。

$$\frac{\partial \pi_s^{MC}}{\partial \beta} = \frac{4(1+\beta)(1-\theta)[1-(1-\theta)c]^2[2(2-\theta)^3k-(1+\beta)^2(1-\theta)^3c^2]c^2k}{[2(2-\theta)^2k-(1+\beta)^2(1-\theta)^2c^2]^3}。$$

当 $k > \underline{k}$，上式恒大于0，因此，$\frac{\partial \pi_s^{MC}}{\partial \beta} > 0$。

$$\frac{\partial \pi_s^{RN}}{\partial \beta} = \frac{4[1-(1-\theta)c]^2[4(2+\theta)(2-\theta)^2(12-6\theta-9\theta^2-12\beta\theta+2\theta^3+\beta\theta^2+2\theta^4+4\beta\theta^3)k-(1-\theta)(2-\beta\theta-\theta^2)^3c^2]c^2k}{[4(2+\theta)(2-\theta)^2k-(1+\beta)(1-\theta)(2-\beta\theta-\theta^2)c^2]^3}。$$

令上式大于0，有 $c < \frac{2(2-\theta)}{2-\beta\theta-\theta^2}\sqrt{\frac{(2+\theta)(12-6\theta-9\theta^2-12\beta\theta+2\theta^3+\beta\theta^2+2\theta^4+4\beta\theta^3)k}{(1-\theta)(2-\beta\theta-\theta^2)}}$。

$$\frac{\partial \pi_s^{RC}}{\partial \beta} = \frac{4(1+\beta)(1-\theta)[1-(1-\theta)c]^2[4(5-3\theta)(2-\theta)^2k-(1+\beta)^2(1-\theta)^3c^2]c^2k}{[4(2-\theta)^2k-(1+\beta)^2(1-\theta)^2c^2]^3}。$$

当 $k > \underline{k}$，上式恒大于

0，因此，$\dfrac{\partial \pi_s^{RC}}{\partial \beta} > 0$。

$$\dfrac{\partial \pi_s^{NN}}{\partial \beta} = \dfrac{4[1-(1-\theta)c]^2[(3+\theta)(3-\theta)^2(18-9\theta-7\theta^2-24\beta\theta+\theta^3+\theta^4+4\beta\theta^3)k-(1-\theta)(3-2\beta\theta-\theta^2)^3c^2]c^2k}{[(3+\theta)(3-\theta)^2k-(1+\beta)(1-\theta)(3-2\beta\theta-\theta^2)c^2]^3}$$

令上式大于0，有 $c < \dfrac{3-\theta}{3-2\beta\theta-\theta^2}\sqrt{\dfrac{(3+\theta)(18-9\theta-7\theta^2-24\beta\theta+\theta^3+\theta^4+4\beta\theta^3)k}{(1-\theta)(3-2\beta\theta-\theta^2)}}$。

$$\dfrac{\partial \pi_s^{NC}}{\partial \beta} = \dfrac{4(1+\beta)(1-\theta)[1-(1-\theta)c]^2[(3-\theta)^3k-(1+\beta)^2(1-\theta)^3c^2]c^2k}{[(3-\theta)^2k-(1+\beta)^2(1-\theta)^2c^2]^3}$$

当 $k > \underline{k}$，上式恒大于0，因此，$\dfrac{\partial \pi_s^{NC}}{\partial \beta} > 0$。

$$\dfrac{\partial \pi_{mi}^{MN}}{\partial \beta} = \dfrac{2[1-(1-\theta)c]^2[(2+\theta)(2-\theta)^2(4-2\theta-3\theta^2-4\beta\theta+\theta^3+\beta\theta^2+\theta^4+2\beta\theta^3)k-(1-\theta)(2-\beta\theta-\theta^2)^3c^2]c^2k}{[2(2+\theta)(2-\theta)^2k-(1+\beta)(1-\theta)(2-\beta\theta-\theta^2)c^2]^3}$$

令上式大于0，有 $c < \dfrac{2-\theta}{2-\beta\theta-\theta^2}\sqrt{\dfrac{(2+\theta)(4-2\theta-3\theta^2-4\beta\theta+\theta^3+\beta\theta^2+\theta^4+2\beta\theta^3)k}{(1-\theta)(2-\beta\theta-\theta^2)}}$。

$$\dfrac{\partial \pi_r^{MN}}{\partial \beta} = \dfrac{4(1-\theta)(4-\theta^2)^2[1-(1-\theta)c]^2[-2\theta\beta+(2+\theta)(1-\theta)]c^2k^2}{(1-\theta)[2(2+\theta)(2-\theta)^2k-(1+\beta)(1-\theta)(2-\beta\theta-\theta^2)c^2]^3}$$

令上式大于0，有 $\beta < \dfrac{(1-\theta)(2+\theta)}{2\theta}$。

$$\dfrac{\partial \pi_{mi}^{RN}}{\partial \beta} = \dfrac{2[1-(1-\theta)c]^2[4(2+\theta)(2-\theta)^2(4-2\theta-3\theta^2-4\beta\theta+\theta^3+\beta\theta^2+\theta^4+2\beta\theta^3)k-(1-\theta)(2-\beta\theta-\theta^2)^3c^2]c^2k}{[4(2+\theta)(2-\theta)^2k-(1+\beta)(1-\theta)(2-\beta\theta-\theta^2)c^2]^3}$$

令上式大于0，有 $c < \dfrac{2(2-\theta)}{2-\beta\theta-\theta^2}\sqrt{\dfrac{(2+\theta)(4-2\theta-3\theta^2-4\beta\theta+\theta^3+\beta\theta^2+\theta^4+2\beta\theta^3)k}{(1-\theta)(2-\beta\theta-\theta^2)}}$。

$$\dfrac{\partial \pi_r^{RN}}{\partial \beta} = \dfrac{16(1-\theta)(2-\theta)(4-\theta^2)^2[1-(1-\theta)c]^2[-2\theta\beta+(2+\theta)(1-\theta)]c^2k^2}{(1-\theta)[4(2+\theta)(2-\theta)^2k-(1+\beta)(1-\theta)(2-\beta\theta-\theta^2)c^2]^3}$$

令上式大于0，有 $\beta < \dfrac{(1-\theta)(2+\theta)}{2\theta}$。

$$\dfrac{\partial \pi_{mi}^{NN}}{\partial \beta} = \dfrac{2[1-(1-\theta)c]^2[(3+\theta)(3-\theta)^2(9-6\theta-2\theta^2-12\beta\theta+2\theta^3+4\beta\theta^2+\theta^4+4\beta\theta^3)k-(1-\theta)(3-2\beta\theta-\theta^2)^3c^2]c^2k}{[(3+\theta)(3-\theta)^2k-(1+\beta)(1-\theta)(3-2\beta\theta-\theta^2)c^2]^3}$$

令上式大于0，有 $c < \dfrac{3-\theta}{3-2\beta\theta-\theta^2}\sqrt{\dfrac{(3+\theta)(9-6\theta-2\theta^2-12\beta\theta+2\theta^3+4\beta\theta^2+\theta^4+4\beta\theta^3)k}{(1-\theta)(3-2\beta\theta-\theta^2)}}$。

$$\frac{\partial \pi_r^{NN}}{\partial \beta} = \frac{4(9-\theta^2)^2[1-(1-\theta)c]^2[-4\theta\beta+(3+\theta)(1-\theta)]c^2k^2}{[(3+\theta)(3-\theta)^2k-(1+\beta)(1-\theta)(3-2\beta\theta-\theta^2)c^2]^3}。令上式$$

大于0，有 $\beta < \dfrac{(1-\theta)(3+\theta)}{4\theta}$。

$$\frac{\partial \pi_{mi}^{MC}}{\partial \beta} = \frac{2(1+\beta)(1-\theta)^2[1-(1-\theta)c]^2c^2k}{[2(2-\theta)^2k-(1+\beta)^2(1-\theta)^2c^2]^2} > 0。$$

$$\frac{\partial \pi_r^{MC}}{\partial \beta} = \frac{8(1+\beta)(1-\theta)(2-\theta)^2[1-(1-\theta)c]^2c^2k^2}{[2(2-\theta)^2k-(1+\beta)^2(1-\theta)^2c^2]^3} > 0。$$

$$\frac{\partial \pi_{mi}^{RC}}{\partial \beta} = \frac{2(1+\beta)(1-\theta)^2[1-(1-\theta)c]^2c^2k}{[4(2-\theta)^2k-(1+\beta)^2(1-\theta)^2c^2]^2} > 0。$$

$$\frac{\partial \pi_r^{RC}}{\partial \beta} = \frac{32(1+\beta)(1-\theta)(2-\theta)^3[1-(1-\theta)c]^2c^2k^2}{[4(2-\theta)^2k-(1+\beta)^2(1-\theta)^2c^2]^3} > 0。$$

$$\frac{\partial \pi_{mi}^{NC}}{\partial \beta} = \frac{2(1+\beta)(1-\theta)^2[1-(1-\theta)c]^2c^2k}{[(3-\theta)^2k-(1+\beta)^2(1-\theta)^2c^2]^2} > 0。$$

$$\frac{\partial \pi_r^{NC}}{\partial \beta} = \frac{8(1+\beta)(1-\theta)(3-\theta)^2[1-(1-\theta)c]^2c^2k^2}{[(3-\theta)^2k-(1+\beta)^2(1-\theta)^2c^2]^3} > 0。$$

命题7 的证明：

$$\frac{\partial CS^{MN}}{\partial \beta} = \frac{2(4-\theta^2)^2[1-(1-\theta)c]^2[-2\beta\theta+(1-\theta)(2+\theta)]c^2k^2}{[2(2+\theta)(2-\theta)^2k-(1+\beta)(1-\theta)(2-\beta\theta-\theta^2)c^2]^3}。令上式$$

大于0，有 $\beta < \dfrac{(1-\theta)(2+\theta)}{2\theta}$。

$$\frac{\partial SW^{MN}}{\partial \beta} = \frac{2[1-(1-\theta)c]^2[(2+\theta)(2-\theta)^3(14+3\theta-9\theta^2-14\beta\theta-4\theta^3-8\beta\theta^2)k-2(1-\theta)(2-\beta\theta-\theta^2)^3c^2]c^2k}{[2(2+\theta)(2-\theta)^2k-(1+\beta)(1-\theta)(2-\beta\theta-\theta^2)c^2]^3}。令上式大$$

于0，有 $c < \dfrac{2-\theta}{2-\beta\theta-\theta^2}\sqrt{\dfrac{(4-\theta^2)(14+3\theta-9\theta^2-14\beta\theta-4\theta^3-8\beta\theta^2)k}{2(1-\theta)(2-\beta\theta-\theta^2)}}$。

$$\frac{\partial CS^{RN}}{\partial \beta} = \frac{8(4-\theta^2)^2[1-(1-\theta)c]^2[-2\beta\theta+(1-\theta)(2+\theta)]c^2k^2}{[4(2+\theta)(2-\theta)^2k-(1+\beta)(1-\theta)(2-\beta\theta-\theta^2)c^2]^3}。令上式$$

大于0，有 $\beta < \dfrac{(1-\theta)(2+\theta)}{2\theta}$。

$$\frac{\partial SW^{RN}}{\partial \beta} = \frac{4[1-(1-\theta)c]^2[2(2+\theta)(2-\theta)^2(28-12\theta-21\theta^2-28\beta\theta+3\theta^3+4\theta^4+8\beta\theta^3)k-(1-\theta)(2-\beta\theta-\theta^2)^3c^2]c^2k}{[4(2+\theta)(2-\theta)^2k-(1+\beta)(1-\theta)(2-\beta\theta-\theta^2)c^2]^3}。令上式大$$

于0，有 $c < \dfrac{2-\theta}{2-\beta\theta-\theta^2}\sqrt{\dfrac{2(2+\theta)(28-12\theta-21\theta^2-28\beta\theta+3\theta^3+4\theta^4+8\beta\theta^3)k}{(1-\theta)(2-\beta\theta-\theta^2)}}$。

$$\frac{\partial CS^{NN}}{\partial \beta}=\frac{2(9-\theta^{2})^{2}[1-(1-\theta)c]^{2}[-4\beta\theta+(1-\theta)(3+\theta)]c^{2}k^{2}}{[(3+\theta)(3-\theta)^{2}k-(1+\beta)(1-\theta)(3-2\beta\theta-\theta^{2})c^{2}]^{3}}。令上式$$

大于0, 有 $\beta<\dfrac{(1-\theta)(3+\theta)}{4\theta}$。

$$\frac{\partial SW^{NN}}{\partial \beta}=\frac{2[1-(1-\theta)c]^{2}[(3+\theta)(3-\theta)^{2}(15-2\theta-7\theta^{2}-20\beta\theta-2\theta^{3}-8\beta\theta^{3})k-2(1-\theta)(3-2\beta\theta-\theta^{2})^{3}c^{2}]c^{2}k}{[(3+\theta)(3-\theta)^{2}k-(1+\beta)(1-\theta)(3-2\beta\theta-\theta^{2})c^{2}]^{3}}。令上式大$$

于0, 有 $c<\dfrac{3-\theta}{3-2\beta\theta-\theta^{2}}\sqrt{\dfrac{(3+\theta)(15-2\theta-7\theta^{2}-20\beta\theta-2\theta^{3}-8\beta\theta^{3})k}{2(1-\theta)(2-\beta\theta-\theta^{2})}}$。

$$\frac{\partial CS^{MC}}{\partial \beta}=\frac{4(1+\beta)(1-\theta)(2-\theta)^{2}[1-(1-\theta)c]^{2}c^{2}k^{2}}{[2(2-\theta)^{2}k-(1+\beta)^{2}(1-\theta)^{2}c^{2}]^{3}}>0。$$

$$\frac{\partial SW^{MC}}{\partial \beta}=\frac{4(1+\beta)(1-\theta)[1-(1-\theta)c]^{2}[(2-\theta)^{2}(5-2\theta)k-(1+\beta)^{2}(1-\theta)^{3}c^{2}]c^{2}k}{[2(2-\theta)^{2}k-(1+\beta)^{2}(1-\theta)^{2}c^{2}]^{3}}。$$

当 $k>\underline{k}$, 上式恒大于0, 因此, $\dfrac{\partial SW^{MC}}{\partial \beta}>0$。

$$\frac{\partial CS^{RC}}{\partial \beta}=\frac{16(1+\beta)(1-\theta)(2-\theta)^{2}[1-(1-\theta)c]^{2}c^{2}k^{2}}{[4(2-\theta)^{2}k-(1+\beta)^{2}(1-\theta)^{2}c^{2}]^{3}}>0。$$

$$\frac{\partial SW^{RC}}{\partial \beta}=\frac{4(1+\beta)(1-\theta)[1-(1-\theta)c]^{2}[12(2-\theta)^{3}k-(1+\beta)^{2}(1-\theta)^{3}c^{2}]c^{2}k}{[4(2-\theta)^{2}k-(1+\beta)^{2}(1-\theta)^{2}c^{2}]^{3}}。$$

当 $k>\underline{k}$, 上式恒大于0, 因此, $\dfrac{\partial SW^{RC}}{\partial \beta}>0$。

$$\frac{\partial CS^{NC}}{\partial \beta}=\frac{4(1+\beta)(1-\theta)(3-\theta)^{2}[1-(1-\theta)c]^{2}c^{2}k^{2}}{[(3-\theta)^{2}k-(1+\beta)^{2}(1-\theta)^{2}c^{2}]^{3}}>0。$$

$$\frac{\partial SW^{NC}}{\partial \beta}=\frac{4(1+\beta)(1-\theta)[1-(1-\theta)c]^{2}[(4-\theta)(3-\theta)^{3}k-(1+\beta)^{2}(1-\theta)^{3}c^{2}]c^{2}k}{[(3-\theta)^{2}k-(1+\beta)^{2}(1-\theta)^{2}c^{2}]^{3}}。$$

当 $k>\underline{k}$, 上式恒大于0, 因此, $\dfrac{\partial SW^{NC}}{\partial \beta}>0$。

命题8 的证明:

$$\frac{\partial E^{MN}}{\partial \beta}=\frac{2(4-\theta^{2})^{2}[1-(1-\theta)c][2\beta\theta-(1-\theta)(2+\theta)]\{2(2+\theta)(2-\theta)^{2}[1-2(1-\theta)c]k+(1+\beta)(1-\theta)(2-\theta^{2}-\beta\theta)c^{2}\}ck}{[2(2+\theta)(2-\theta)^{2}k-(1+\beta)(1-\theta)(2-\beta\theta-\theta^{2})c^{2}]^{3}}。因$$

此, 当 $\beta<\dfrac{(1-\theta)(2+\theta)}{2\theta}$, $c<\dfrac{1}{2(1-\theta)}$, 有 $\dfrac{\partial E^{MN}}{\partial \beta}<0$; 当 $\beta<\dfrac{(1-\theta)(2+\theta)}{2\theta}$, $c>\dfrac{1}{2(1-\theta)}$, 有 $\dfrac{\partial E^{MN}}{\partial \beta}<0$ 当且仅当 $k<\dfrac{(1+\beta)(1-\theta)(2-\theta^{2}-\beta\theta)c^{2}}{2(2+\theta)(2-\theta)^{2}[2(1-\theta)c-1]}$; 当 $\beta>\dfrac{(1-\theta)(2+\theta)}{2\theta}$, $c<\dfrac{1}{2(1-\theta)}$, 有 $\dfrac{\partial E^{MN}}{\partial \beta}>0$; 当 $\beta>\dfrac{(1-\theta)(2+\theta)}{2\theta}$,

$c > \dfrac{1}{2(1-\theta)}$,有 $\dfrac{\partial E^{MN}}{\partial \beta} > 0$ 当且仅当 $k < \dfrac{(1+\beta)(1-\theta)(2-\theta^2-\beta\theta)c^2}{2(2+\theta)(2-\theta)^2[2(1-\theta)c-1]}$。然而,当 $\beta > \dfrac{(1-\theta)(2+\theta)}{2\theta}$,必有 $c > \dfrac{1}{2(1-\theta)}$,因此,$\dfrac{\partial E^{MN}}{\partial \beta} > 0$ 当且仅当 $\beta > \dfrac{(1-\theta)(2+\theta)}{2\theta}$ 或 $\beta < \dfrac{(1-\theta)(2+\theta)}{2\theta}$, $c > \dfrac{1}{2(1-\theta)}$, $k < \dfrac{(1+\beta)(1-\theta)(2-\theta^2-\beta\theta)c^2}{2(2+\theta)(2-\theta)^2[2(1-\theta)c-1]}$。

$$\dfrac{\partial E^{MC}}{\partial \beta} = \dfrac{4(1+\beta)(1-\theta)(2-\theta)[1-(1-\theta)c]\{2(2-\theta)^2[2c(1-\theta)-1]k-(1+\beta)^2(1-\theta)^2c^2\}ck}{[2(2-\theta)^2k-(1+\beta)^2(1-\theta)^2c^2]^3}$$

若 $c < \dfrac{1}{2(1-\theta)}$,有 $\dfrac{\partial E^{MC}}{\partial \beta} < 0$。若 $c > \dfrac{1}{2(1-\theta)}$,$\dfrac{\partial E^{MC}}{\partial \beta} < 0$ 当且仅当 $k < \dfrac{(1+\beta)^2(1-\theta)^2}{2(2-\theta)^2[2c(1-\theta)-1]}$。

$$\dfrac{\partial E^{RN}}{\partial \beta} = \dfrac{4(4-\theta^2)^2[1-(1-\theta)c][2\beta\theta-(1-\theta)(2+\theta)]\{4(2+\theta)(2-\theta)^2[1-2(1-\theta)c]k+(1+\beta)(1-\theta)[(2-\theta^2-\beta\theta)c^2]\}ck}{[4(2+\theta)(2-\theta)^2k-(1+\beta)(1-\theta)(2-\beta\theta-\theta^2)c^2]^3}$$

因此,当 $\beta < \dfrac{(1-\theta)(2+\theta)}{2\theta}$,$c < \dfrac{1}{2(1-\theta)}$,有 $\dfrac{\partial E^{RN}}{\partial \beta} < 0$;当 $\beta < \dfrac{(1-\theta)(2+\theta)}{2\theta}$,$c > \dfrac{1}{2(1-\theta)}$,有 $\dfrac{\partial E^{RN}}{\partial \beta} < 0$ 当且仅当 $k < \dfrac{(1+\beta)(1-\theta)(2-\theta^2-\beta\theta)c^2}{4(2+\theta)(2-\theta)^2[2(1-\theta)c-1]}$;当 $\beta > \dfrac{(1-\theta)(2+\theta)}{2\theta}$,$c < \dfrac{1}{2(1-\theta)}$,有 $\dfrac{\partial E^{RN}}{\partial \beta} > 0$;当 $\beta > \dfrac{(1-\theta)(2+\theta)}{2\theta}$,$c > \dfrac{1}{2(1-\theta)}$,有 $\dfrac{\partial E^{RN}}{\partial \beta} > 0$ 当且仅当 $k < \dfrac{(1+\beta)(1-\theta)(2-\theta^2-\beta\theta)c^2}{4(2+\theta)(2-\theta)^2[2(1-\theta)c-1]}$。然而,当 $\beta > \dfrac{(1-\theta)(2+\theta)}{2\theta}$,必有 $c > \dfrac{1}{2(1-\theta)}$,因此,$\dfrac{\partial E^{RN}}{\partial \beta} > 0$ 当且仅当 $\beta > \dfrac{(1-\theta)(2+\theta)}{2\theta}$ 或 $\beta < \dfrac{(1-\theta)(2+\theta)}{2\theta}$, $c > \dfrac{1}{2(1-\theta)}$, $k < \dfrac{(1+\beta)(1-\theta)(2-\theta^2-\beta\theta)c^2}{4(2+\theta)(2-\theta)^2[2(1-\theta)c-1]}$。

$$\dfrac{\partial E^{RC}}{\partial \beta} = \dfrac{8(1+\beta)(1-\theta)(2-\theta)[1-(1-\theta)c]\{4(2-\theta)^2[2c(1-\theta)-1]k-(1+\beta)^2(1-\theta)^2c^2\}ck}{[4(2-\theta)^2k-(1+\beta)^2(1-\theta)^2c^2]^3}$$

若 $c < \dfrac{1}{2(1-\theta)}$,有 $\dfrac{\partial E^{MC}}{\partial \beta} < 0$。若 $c > \dfrac{1}{2(1-\theta)}$,$\dfrac{\partial E^{MC}}{\partial \beta} < 0$ 当且仅当 $k < \dfrac{(1+\beta)^2(1-\theta)^2}{4(2-\theta)^2[2c(1-\theta)-1]}$。

$$\dfrac{\partial E^{NN}}{\partial \beta} = \dfrac{2(9-\theta^2)^2[1-(1-\theta)c][4\beta\theta-(1-\theta)(3+\theta)]\{(3+\theta)(3-\theta)^2[1-2(1-\theta)c]k+(1+\beta)(1-\theta)(3-\theta^2-2\beta\theta)c^2)\}ck}{[(3+\theta)(3-\theta)^2k-(1+\beta)(1-\theta)(3-2\beta\theta-\theta^2)c^2]^3}$$

因此，当 $\beta < \dfrac{(1-\theta)(3+\theta)}{4\theta}$，$c < \dfrac{1}{2(1-\theta)}$，有 $\dfrac{\partial E^{NN}}{\partial \beta} < 0$；当 $\beta < \dfrac{(1-\theta)(3+\theta)}{4\theta}$，$c > \dfrac{1}{2(1-\theta)}$，有 $\dfrac{\partial E^{NN}}{\partial \beta} < 0$ 当且仅当 $k < \dfrac{(1+\beta)(1-\theta)(3-\theta^2-2\beta\theta)c^2}{(3+\theta)(3-\theta)^2[2(1-\theta)c-1]}$；当 $\beta > \dfrac{(1-\theta)(3+\theta)}{4\theta}$，$c < \dfrac{1}{2(1-\theta)}$，有 $\dfrac{\partial E^{NN}}{\partial \beta} > 0$；当 $\beta > \dfrac{(1-\theta)(3+\theta)}{4\theta}$，$c > \dfrac{1}{2(1-\theta)}$，有 $\dfrac{\partial E^{NN}}{\partial \beta} > 0$ 当且仅当 $k < \dfrac{(1+\beta)(1-\theta)(3-\theta^2-2\beta\theta)c^2}{(3+\theta)(3-\theta)^2[2(1-\theta)c-1]}$。

$$\dfrac{\partial E^{NC}}{\partial \beta} = \dfrac{4(1+\beta)(1-\theta)(3-\theta)[1-(1-\theta)c]\{(3-\theta)^2[2c(1-\theta)-1]k - (1+\beta)^2(1-\theta)^2c^2\}ck}{[(3-\theta)^2 k - (1+\beta)^2(1-\theta)^2 c^2]^3}$$

若 $c < \dfrac{1}{2(1-\theta)}$，有 $\dfrac{\partial E^{MC}}{\partial \beta} < 0$。若 $c > \dfrac{1}{2(1-\theta)}$，$\dfrac{\partial E^{MC}}{\partial \beta} < 0$ 当且仅当 $k < \dfrac{(1+\beta)^2(1-\theta)^2}{(3-\theta)^2[2c(1-\theta)-1]}$。

$$\dfrac{\partial EcoSW^{MN}}{\partial \beta} = \dfrac{[1-(1-\theta)c]((4-\theta^2)\{8\theta(1-\theta)(2-\theta^2-\beta\theta)c+(2+\theta)(7-4\theta)[-2\beta\theta+(2-\theta)(1-\theta)]\}k - 2(1-\theta^2)(2-\theta^2-\beta\theta)^2 c^2)c}{2(1-\theta)(2+\theta)[2(2+\theta)(2-\theta)^2 k - (1+\beta)(1-\theta)(2-\beta\theta-\theta^2)c^2]^2}$$

若 $\beta < \dfrac{(1-\theta)(28+12\theta-9\theta^2+8\theta c-4\theta^3-8\theta^3 c)}{2\theta[14-\theta-4\theta^2+4\theta(1-\theta)c]}$，$\dfrac{\partial EcoSW^{MN}}{\partial \beta} > 0$ 当且仅当 $k >$

$\dfrac{2(1-\theta^2)(2-\theta^2-\beta\theta)^2 c^2}{(4-\theta^2)\{8\theta(1-\theta)(2-\theta^2-\beta\theta)c+(2+\theta)(7-4\theta)[-2\beta\theta+(2-\theta)(1-\theta)]\}}$；

否则，$\dfrac{\partial EcoSW^{MN}}{\partial \beta} < 0$。

$$\dfrac{\partial EcoSW^{MC}}{\partial \beta} = \dfrac{(1+\beta)[1-(1-\theta)c][7-4\theta-4(1-\theta)^2 c]ck}{[2(2-\theta)^2 k - (1+\beta)^2(1-\theta)^2 c^2]^2} > 0$$

$$\dfrac{\partial EcoSW^{RN}}{\partial \beta} = \dfrac{[1-(1-\theta)c]\{2(4-\theta^2)(4\theta(1-\theta)(2-\theta^2-\beta\theta)c+(2+\theta)(7-4\theta)[-2\beta\theta+(2-\theta)(1-\theta)]\}k - (1-\theta^2)(2-\theta^2-\beta\theta)^2 c^2)c}{2(1-\theta)(2+\theta)[4(2+\theta)(2-\theta)^2 k - (1+\beta)(1-\theta)(2-\beta\theta-\theta^2)c^2]^2}$$

若 $\beta < \dfrac{(1-\theta)(28+12\theta-9\theta^2+8\theta c-4\theta^3-4\theta^3 c)}{2\theta[14-\theta-4\theta^2+2\theta(1-\theta)c]}$，$\dfrac{\partial EcoSW^{RN}}{\partial \beta} > 0$ 当且仅当 $k >$

$\dfrac{(1-\theta^2)(2-\theta^2-\beta\theta)^2 c^2}{2(4-\theta^2)\{4\theta(1-\theta)(2-\theta^2-\beta\theta)c+(2+\theta)(7-4\theta)[-2\beta\theta+(2-\theta)(1-\theta)]\}}$；

否则，$\dfrac{\partial EcoSW^{RN}}{\partial \beta} < 0$。

$$\dfrac{\partial EcoSW^{RC}}{\partial \beta} = \dfrac{2(1+\beta)(2-\theta)[1-(1-\theta)c][7-4\theta-2(1-\theta)^2 c]ck}{[4(2-\theta)^2 k - (1+\beta)^2(1-\theta)^2 c^2]^2} > 0$$

$$\frac{\partial EcoSW^{NN}}{\partial \beta} = \frac{[1-(1-\theta)c]((9-\theta^2)\{8\theta(1-\theta)(3-\theta^2-2\beta\theta)c+(3+\theta)(5-2\theta)[-4\beta\theta+(3-\theta)(1-\theta)]\}k - 2(1-\theta^2)(3-\theta^2-2\beta\theta)^2c^2)c}{2(1-\theta)(3+\theta)[(3+\theta)(3-\theta)^2k-(1+\beta)(1-\theta)(3-2\beta\theta-\theta^2)c^2]^2}。$$

若 $\beta < \dfrac{(1-\theta)(45+12\theta-7\theta^2+24\theta c-2\theta^3-8\theta^3 c)}{4\theta[15-\theta-2\theta^2+4\theta(1-\theta)c]}$，$\dfrac{\partial EcoSW^{NN}}{\partial \beta} > 0$ 当且仅当 $k >$

$$\frac{2(1-\theta^2)(3-\theta^2-2\beta\theta)^2 c^2}{(9-\theta^2)\{8\theta(1-\theta)(3-\theta^2-2\beta\theta)c+(3+\theta)(5-2\theta)[-4\beta\theta+(3-\theta)(1-\theta)]\}};$$

否则，$\dfrac{\partial EcoSW^{NN}}{\partial \beta} < 0$。

$$\frac{\partial EcoSW^{NC}}{\partial \beta} = \frac{(1+\beta)(3-\theta)[1-(1-\theta)c][5-2\theta-2(1-\theta)^2 c]ck}{[(3-\theta)^2 k-(1+\beta)^2(1-\theta)^2 c^2]^2} > 0。$$

引理 2 的证明：

构建 π_s 关于 p_1 和 p_2 的海塞矩阵：

$$H_s^I = \begin{bmatrix} -2 & 2\theta \\ 2\theta & -2 \end{bmatrix} \quad (A-18)$$

由于 $\det(H_s^I) = 4(1-\theta^2) > 0$，故 π_s 是关于 p_1 和 p_2 的凹函数，且供应链的最优反应函数可以由一阶条件确定，即：

$$p_i = \frac{1+(1-\theta)c-(1-\theta)cx_i-\beta(1-\theta)cx_{3-i}}{2(1-\theta)} \quad (A-19)$$

将式（A-19）代入式（8-3），并构建 π_s 关于 x_i 的海塞矩阵：

$$H_s^I = \begin{bmatrix} \dfrac{(\beta^2-2\beta\theta+1)c^2}{2}-2k & -\dfrac{(\beta^2\theta-2\beta+\theta)c^2}{2} \\ -\dfrac{(\beta^2\theta-2\beta+\theta)c^2}{2} & \dfrac{(\beta^2-2\beta\theta+1)c^2}{2}-2k \end{bmatrix} \quad (A-20)$$

因此，若 $\theta > \dfrac{2\beta}{1+\beta^2}$，$\pi_s$ 是关于 x_i 的凹函数当且仅当 $k > \dfrac{(1-\beta)^2(1+\theta)c^2}{4}$；若 $\theta < \dfrac{2\beta}{1+\beta^2}$，$\pi_s$ 是关于 x_i 的凹函数当且仅当 $k > \dfrac{(1+\beta)^2(1-\theta)c^2}{4}$。此时，供应链的均衡决策可以由一阶条件确定，即：$x_i = \dfrac{(1+\beta)(1+(1-\theta)c)c}{4k-(1+\beta)^2(1-\theta)c^2}$，将上式代入式（A-19），可以得到均衡时的供应链决策。

命题 9 的证明：

（1）制造商领导模型：构建 π_r 关于 p_1 和 p_2 的海塞矩阵，即式（A-1）。由于 $\det(H_r^{MC}) = 4(1-\theta^2) > 0$，故 π_r 是关于 p_1 和 p_2 的凹函数，且零售商的最优反应函数可以由一阶条件确定，即式（A-2）。若改进的两部定价契约可以协调供应链，必有 $p_i^I = \frac{1-(1-\theta)w}{2(1-\theta)}$，因此：

$$w = \frac{[4k-(1+\beta)^2 c]c}{4k-(1+\beta)^2(1-\theta)c^2} \quad (A-21)$$

将式（A-21）和式（A-2）代入式（8-4），并构建 π_c 关于 x_1 和 x_2 的海塞矩阵，即：

$$H_c^{TT} = \begin{bmatrix} -2k & 0 \\ 0 & -2k \end{bmatrix} \quad (A-22)$$

故 π_r 是关于 p_1 和 p_2 的凹函数，且制造商绿色技术创新联盟的最优决策可以由一阶条件确定，即：

$$x_i = \frac{2[c-(1-\theta)c^2+2s]k-(1+\beta)^2(1-\theta)c^2 s}{2k[4k-(1+\beta)^2(1-\theta)c^2]} \quad (A-23)$$

若改进的两部定价契约可以协调供应链，必有 $x_i^I = \frac{2[c-(1-\theta)c^2+2s]k-(1+\beta)^2(1-\theta)c^2 s}{2k[4k-(1+\beta)^2(1-\theta)c^2]}$，因此：

$$s = \frac{2[1-(1-\theta)c]\beta kc}{4k-(1+\beta)^2(1-\theta)c^2} \quad (A-24)$$

此时，制造商 i 的利润为 $\pi_{mi} = -\frac{(1-\beta^2)[1-(1-\theta)c]^2 k c^2}{[4k-(1+\beta)^2(1-\theta)c^2]^2} + l$。若改进的两部定价契约可以协调供应链，必有 $-\frac{(1-\beta^2)[1-(1-\theta)c]^2 k c^2}{[4k-(1+\beta)^2(1-\theta)c^2]^2} + l = \pi_{mi}^{NC}$，因此 $l = \frac{2[1-(1-\theta)c]^2\{-8k^2+(1+\beta)[(1-\beta)\theta^2-8\beta(1-\theta)]c^2 k+\beta(1+\beta)^3(1-\theta)^2 c^4\}k}{[4k-(1+\beta)^2(1-\theta)c^2]^2[2(2-\theta)^2 k-(1+\beta)^2(1-\theta)^2 c^2]}$

（2）零售商领导模型：构建 π_r 关于 p_1 和 p_2 的海塞矩阵，即式（A-1）。由于 $\det(H_r^{MC}) = 4(1-\theta^2) > 0$，故 π_r 是关于 p_1 和 p_2 的凹函数，且零售商的最优反应函数可以由一阶条件确定，即式（A-2）。若改进的两部定价契约可以协调供应链，必有 $p_i^I = \frac{1-(1-\theta)w}{2(1-\theta)}$，因此：

$$w = \frac{[4k-(1+\beta)^2 c]c}{4k-(1+\beta)^2(1-\theta)c^2} \quad (A-25)$$

将式（A-21）和式（A-2）代入式（8-4），并构建 π_c 关于 x_1 和 x_2 的海塞矩阵，即：

$$H_c^{TT} = \begin{bmatrix} -2k & 0 \\ 0 & -2k \end{bmatrix} \quad (A-26)$$

故 π_r 是关于 p_1 和 p_2 的凹函数，且制造商绿色技术创新联盟的最优决策可以由一阶条件确定，即：

$$x_i = \frac{2[c-(1-\theta)c^2+2s]k-(1+\beta)^2(1-\theta)c^2 s}{2k[4k-(1+\beta)^2(1-\theta)c^2]} \quad (A-27)$$

若改进的两部定价契约可以协调供应链，必有 $x_i^I = \frac{2[c-(1-\theta)c^2+2s]k-(1+\beta)^2(1-\theta)c^2 s}{2k[4k-(1+\beta)^2(1-\theta)c^2]}$，因此

$$s = \frac{2[1-(1-\theta)c]\beta kc}{4k-(1+\beta)^2(1-\theta)c^2} \quad (A-28)$$

此时，制造商 i 的利润为 $\pi_{mi} = -\frac{(1-\beta^2)[1-(1-\theta)c]^2 k c^2}{[4k-(1+\beta)^2(1-\theta)c^2]^2} + l$，零售商的利润为 $\pi_r = \frac{4[1-(1-\theta)c]^2[2k-\beta(1+\beta)(1-\theta)c^2]k}{(1-\theta)[4k-(1+\beta)^2(1-\theta)c^2]^2} - l$。若改进的两部定价契约可以协调供应链，需保证供应链成员的利润在该契约下不降低，因此有

$-\frac{(1-\beta^2)[1-(1-\theta)c]^2 k c^2}{[4k-(1+\beta)^2(1-\theta)c^2]^2} + l \geq \pi_{mi}^{jC}$，

$\frac{4[1-(1-\theta)c]^2[2k-\beta(1+\beta)(1-\theta)c^2]k}{(1-\theta)[4k-(1+\beta)^2(1-\theta)c^2]^2} - l \geq \pi_r^{jC}$，即 $l \in [\underline{l}^j, \bar{l}^j]$，其中 $j=M,R,N$，且

$$\underline{l}^M = \frac{2[1-(1-\theta)c]^2\{8k^2+(1+\beta)[(1-\beta)\theta^2-8\beta(1-\theta)]c^2 k-\beta(1+\beta)^3(1-\theta)^2 c^4\}k}{[4k-(1+\beta)^2(1-\theta)c^2]^2[2(2-\theta)^2 k-(1+\beta)^2(1-\theta)^2 c^2]},$$

$$\bar{l}^M = \frac{2[1-(1-\theta)c]^2 \begin{pmatrix} 16(3-\theta)(2-\theta)^2 k^3 - 8(1+\beta)(2-\theta)^2 \\ (1-2\theta+5\beta-6\beta\theta+\beta\theta^2)k^2 - (1+\beta)^3(1-\theta) \\ (4\theta-32\beta-3\theta^2+68\beta\theta-43\beta\theta^2+8\beta\theta^3)c^4 k - \\ 2\beta(1+\beta)^5(1-\theta)^4 c^6 \end{pmatrix} k}{[4k-(1+\beta)^2(1-\theta)c^2]^2[2(2-\theta)^2 k-(1+\beta)^2(1-\theta)^2 c^2]^2},$$

$$\underline{l}^R = \frac{2[1-(1-\theta)c]^2\{8k^2-(1+\beta)[(1-\beta)\theta^2-2(3\beta-1)(1-\theta)]c^2 k+\beta(1+\beta)^3(1-\theta)^2 c^4\}k}{[4k-(1+\beta)^2(1-\theta)c^2]^2[4(2-\theta)^2 k-(1+\beta)^2(1-\theta)^2 c^2]},$$

$$\bar{l}^R = \frac{4[1-(1-\theta)c]^2 \begin{pmatrix} 32(2-\theta)^3 k^3 - 16(1+\beta)(2-\theta)^2 \\ (-1+3\beta-4\beta\theta+\beta\theta^2)k^2 - 2(1+\beta)^3(1-\theta) \\ (7-10\theta-9\beta+5\theta^2+22\beta\theta-\theta^3-15\beta\theta^2+ \\ 3\beta\theta^3)c^4 k - \beta(1+\beta)^5(1-\theta)^4 c^6 \end{pmatrix} k}{[4k-(1+\beta)^2(1-\theta)c^2]^2[4(2-\theta)^2 k-(1+\beta)^2(1-\theta)^2 c^2]^2},$$

$$\underline{l}^N = \frac{[1-(1-\theta)c]^2\{16k^2+(1+\beta)[(1-\beta)\theta^2+1+2\theta-17\beta+14\beta\theta]c^2 k+2\beta(1+\beta)^3(1-\theta)^2 c^4\}k}{[4k-(1+\beta)^2(1-\theta)c^2]^2[(3-\theta)^2 k-(1+\beta)^2(1-\theta)^2 c^2]},$$

$$\bar{l}^R = \frac{2[1-(1-\theta)c]^2 \begin{pmatrix} 4(5-\theta)(3-\theta)^2 k^3 - 2(1+\beta)(3-\theta)^2 \\ (-4\theta+9\beta-10\beta\theta+\beta\theta^2)k^2 - (1+\beta)^3(1-\theta) \\ (5+2\theta-31\beta-3\theta^2+62\beta\theta-31\beta\theta^2+4\beta\theta^3) \\ c^4 k - 2\beta(1+\beta)^5(1-\theta)^4 c^6 \end{pmatrix} k}{[4k-(1+\beta)^2(1-\theta)c^2]^2[(3-\theta)^2 k-(1+\beta)^2(1-\theta)^2 c^2]^2}。$$

第9章 碳减排政策下绿色供应链决策模型及市场权力结构影响研究

根据 2022 年 2 月联合国政府间气候变化专门委员会（IPCC）的报告，人类活动导致了更频繁和严重的极端天气和气候事件，对自然系统造成了不可逆转的破坏（Yi 等，2022）。为了实现《巴黎协定》中将全球升温控制在 1.5℃ 以下的目标，各国需要及时采取碳减排措施。碳减排已成为当前和未来世界各国社会经济发展中的重要议题。欧盟承诺到 2030 年将碳排放量在 1990 年的基础上减少 55%（Mateus 等，2019）；中国承诺力争在 2030 年前实现碳达峰，并争取在 2060 年前实现碳中和。然而，由于市场的自发性、生产成本制约以及社会责任不足等原因，许多企业对主动进行碳减排缺乏热情（夏西强等，2023），完全依靠市场力量难以达到理想的减排效果。因此，政府就要通过政策立法推动碳减排。碳税政策、碳限额与交易政策以及碳标签政策逐渐成为世界各国有效规范企业降低碳排放的重要手段（Song 等，2023；Xu 等，2022）。

2023 年 1 月，中国政府发布了名为《中国绿色发展的新时代》的白皮书，强调了推动经济社会向绿色低碳发展的方向。研究表明，绿色技术的研发在中国实现碳达峰碳中和目标中将起到至少 60% 的作用（Xu 等，2021；邢青松等，2023），这也是企业提高市场竞争力和实现绿色转型的根本途径。在进行绿色技术研发的过程中，绿色技术的溢出效应将在企业之间创造积极的创新环境，并促使研发成本降低。然而，在这个过程中可能存在"搭便车"现象，使企业自身竞争优势降低。绿色技术溢出的双向性增加了绿色供应链决策的复杂性。在实际的供应链运营过程中，供应链成员之间的资源差异将推动市场权力结构的多样性。无论是在买方市场还是卖方市场，市场主导者都会根据自身地位的优势来追求自身利益的最大化。绿色技术溢出和市场权力结构不仅会影响企业的决策，还将进一步影响政府在制定和实施碳减排政策时的考量。因此，考虑到绿色技术溢出和市场权力结构，研究供应链成员在不同碳减排政策下如何制定最优的定价策略和研发策略具有重要的现实意义。

9.1 碳减排政策下绿色供应链决策文献综述

本章针对碳减排政策、绿色技术研发与溢出以及绿色供应链三个方面研究了各国文献。多位学者就碳税政策、碳限额与交易政策、碳标签政策等不同方面进行了研究。例如，黄帝和张菊亮（2021）研究了碳税政策对供应链定价和减排决策的影响；Luo 等（2022）构建了四个博弈模型，探讨了碳税政策对制造商和再制造商生产和定价的影响；张川等（2023）研究了在碳限额与交易政策背景下，融资方式对供应链定价和减排决策的影响；Ghosh 等（2020）探究了在碳限额与交易政策下，产品兼容性对决策的影响；吴军等（2022）在碳标签政策的背景下研究了供应链成员利益分配问题；Gao 等（2021）则研究了碳标签政策对消费者购买意愿的影响。

研发绿色技术是促进经济可持续发展的重要手段（张玉明等，2021）。刘丽等人（2023）研究了技术创新成功率和绿色度提升率对供应链绿色技术研发的影响。汪明月等（2021）探讨了不确定环境下相关因素对绿色技术创新和经济绩效的影响。另外，Liu 等（2020）研究了不同协调契约对产品绿色度的影响，而 Hu 等（2023）则分析了城市生态文明建设对绿色技术创新水平的影响，结果显示生态文明建设有助于加强产业基础设施建设和优化组织结构。Zhang 等（2023）则基于研发动机和专利价值分析政府环境规制对绿色技术研发的影响。绿色技术溢出指一个组织的绿色技术以无偿或低成本的方式对另一个组织产生影响。韩先峰等（2023）考虑了绿色技术双向直接投资产生的动态联动以及绿色技术溢出对中国绿色创新的影响。Shang 等（2022）运用空间杜宾模型研究了绿色技术创新对城市生态效率趋同的直接效应和溢出效应。此外，Pan 等（2021）通过实证研究探讨了区域间绿色技术溢出对能源强度的影响。

许多学者已对绿色供应链进行了深入研究。刘丽等（2023）利用博弈模型，探讨了绿色技术创新和制造商竞争对绿色供应链决策的影响。张莉（2016）通过实证研究验证了在关系风险下，关系收益对绿色供应链知识共享的影响。Lai 等（2023）在制造商资本约束的背景下，研究了绿色供应链成员在生产和融资战略选择方面的考虑。另外，Long 等（2022）研究了企业的绿色敏感度和消费者的绿色偏好对绿色供应链决策的影响。Tao 等（2023）探究了消费者的绿色需求对四种不同渠道结构绿色供应链的最优决策的影响。Li 等（2022）研究了制造商实施区块链技术以及零售商的公平偏好对绿色可持续供应链决策的影响。

总结以上研究可以发现,目前大部分研究关注单一碳减排政策对供应链决策的影响,很少有学者同时考虑碳减排政策的差异性和可控性,并对不同的碳减排政策进行系统求解和分析,也较少考虑市场权益结构对供应链决策的影响。此外,一些学者研究了绿色技术研发和技术溢出,但鲜有学者研究绿色技术溢出对绿色供应链定价和研发的影响。本章旨在基于不同市场权益结构,综合考虑不同碳减排政策下的最优定价和绿色技术研发决策,为政府调整政策类型和强度、供应链成员制定决策提供参考。另外,绿色技术研发是推动绿色供应链减排的关键,也是实现"双碳"目标的支撑。然而,绿色技术溢出的正负效应可对供应链成员的决策产生干扰,供应链成员之间的竞争关系和生产成本也会影响制造商和零售商的最佳决策。因此,本章将研究绿色技术溢出对绿色供应链定价和绿色技术研发水平的影响,为政府和企业全面推动绿色低碳供应链的发展提供指导。

9.2 绿色供应链决策问题描述与假设

9.2.1 问题描述

本研究构建了一个包括单一供应商和两个相互竞争的制造商(用 i 表示,$i=1,2$)的绿色供应链模型,如图9-1所示。在这个模型中,供应商向制造商提供原材料,制造商利用这些原材料进行产品生产。每个制造商生产一个单位的产品需要从供应商处获得一个单位的原材料。两个制造商在追求利益最大化的前提下进行绿色技术研发,旨在降低生产成本的同时促进碳减排。这两个制造商相互竞争的同时也存在绿色技术溢出。供应商以统一的批发价 w 将单位原材料销售给制造商,而制造商 i 则以价格 p_i 将产品销售给消费者。政府通过推行碳税政策、碳排放限额与交易政策以及碳标签政策来促进碳减排。其中,碳税政策是指政府根据制造商生产产品的碳排放量征收碳税;碳排放限额与交易政策是指政府通过设定碳排放上限约束企业的碳排放总量,并通过允许碳交易的措施鼓励制造商进行绿色技术研发;碳标签政策是指政府将产品的绿色标签显示在产品包装上,以引导消费者偏好绿色产品,从而促进碳减排。本章的主要符号及说明如表9-1所示。

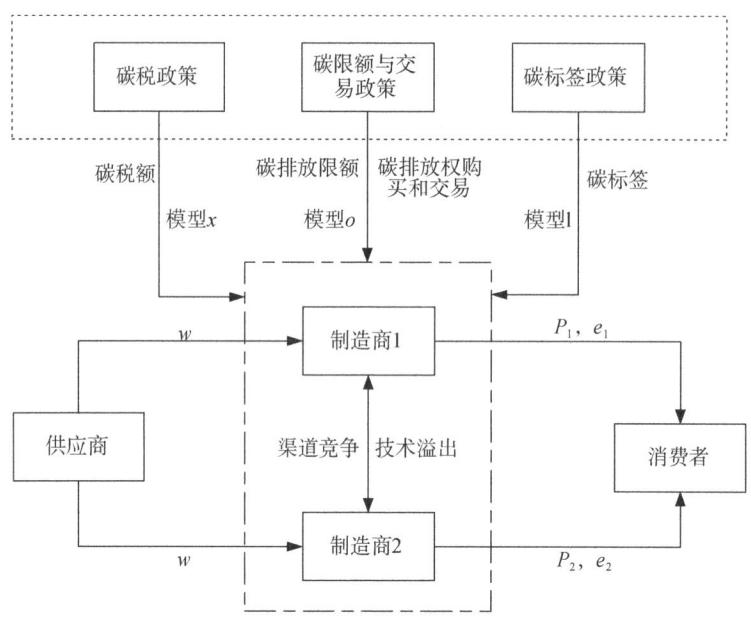

图 9-1　碳减排政策下的供应链模型

表 9-1　　　　　　　　　符号说明

符号	说明
w	供应商处原材料的批发价
p_i	制造商 i 生产产品的零售价，$i=1,2$
q_i	制造商 i 生产产品的市场需求，$i=1,2$
c	制造商生产产品的成本
e_n	制造商生产产品的初始碳排放量
e_i	制造商 i 进行绿色技术研发产生的碳减排量，代表制造商的绿色技术研发水平，$i=1,2$
t	单位产品需缴纳的碳税额
n	制造商进行绿色技术研发的成本系数
e	政府设置单位产品的碳限额
p_e	碳交易价格
δ	消费者对碳标签产品的绿色偏好
λ	绿色技术溢出系数

9.2.2　模型假设

本章主要基于以下假设：

H_1：制造商 i 进行绿色技术研发时的成本函数为 $\frac{n}{2}e_i^2$（Zhu 等，2022），n 为绿色技术研发成本系数，$n>0$。e_i 是制造商 i 进行绿色术研发所产生的碳减排量，代表制造商的绿色技术研发水平，$e_i>0$。

H_2：制造商 i 所生产产品的市场需求是线性的，假设两个制造商的市场总需求都为 1，其产品的市场需求量可表示为 $q_i = 1 - \alpha p_i + \beta p_{3-i} + \delta(e_i + \lambda e_{3-i})$（Panda 等，2020），$\delta$ 表征消费者的绿色偏好，α 为价格敏感系数，β 为产品竞争系数。为突出碳标签政策的效果，令碳税政策和碳限额与交易政策下 $\delta=0$。为简化计算，令价格敏感系数 $\alpha=1$，市场竞争系数 $\beta=0.5$。

H_3：将供应商的生产成本简化为 0，两个制造商生产产品的初始成本都为 c。

H_4：两个制造商同时进行绿色技术研发，且都存在技术溢出。研发后制造商 i 的碳排放量降为 $e_n - e_i - \lambda e_{3-i}$（Ghosh 等，2020），$e_n$ 为制造商生产单位产品的初始碳排放量，λ 为技术溢出系数，令 $e_n - e_i - \lambda e_{3-i} \geq 0$。

H_5：为确保存在最优解，假设满足以下条件：$2-t^2>0$，$3n-t^2(1+\lambda)>0$，$2-p_e^2>0$，$3n-p_e^2(1+\lambda)>0$，$2-\delta^2>0$，$3n-2\delta^2(1+\lambda)>0$，$16n-7t^2>0$，$16n-7p_e^2>0$，$28n-\delta^2(3-\lambda)^2>0$，$9n+\delta^2(\lambda^2-2\lambda-3)>0$，证明过程见本章附录。

H_6：单位碳排放需缴纳的碳税额为 t（Luo 等，2022）。

H_7：碳限额与交易政策下，单位产品的碳限额值为 e。制造商生产过程中产生的超过碳限额值的碳排放需要以单价 p_e 购买碳排放权。若制造商的碳排放量小于碳限额值，则可以将多余的碳排放权以价格 p_e 在市场上进行交易（张川等，2023）。

H_8：碳标签政策下，产品的绿色信息显示在包装上。消费者对产品的碳减排量较为敏感，具体表现为消费者的绿色偏好 δ。两个制造商进行绿色技术研发时，制造商 i 的市场需求将增加 $\delta(e_i + \lambda e_{3-i})$（Gao 等，2021）。

H_9：本章要考虑买方市场和卖方市场两种市场权力结构。买方市场为制造商主导，卖方市场为供应商主导。

9.3 模型及均衡解

9.3.1 碳税政策下考虑绿色技术溢出的供应链决策研究（模型 x）

碳税政策下，供应商、制造商 1 和制造商 2 的利润函数如下：

$$\pi_s^x = w^x(q_1^x + q_2^x) \qquad (9-1)$$

$$\pi_1^x = [p_1^x - w^x - c - t(e_n - e_1^x - \lambda e_2^x)]q_1^x - \frac{n}{2}(e_1^x)^2 \qquad (9-2)$$

$$\pi_2^x = [p_2^x - w^x - c - t(e_n - e_2^x - \lambda e_1^x)]q_2^x - \frac{n}{2}(e_2^x)^2 \qquad (9-3)$$

碳税政策下，最优批发价、零售价以及绿色技术研发水平如下：

（1）买方市场（制造商占主导地位 MS）

$$w^x = \frac{14n(2-c-e_n t)}{36n - 7t^2(1+\lambda)}$$

$$p_i^x = \frac{2[n(22+7c+7e_n t) - 7t^2(1+\lambda)]}{36n - 7t^2(1+\lambda)}$$

$$e_i^x = \frac{7t(2-c-e_n t)}{36n - 7t^2(1+\lambda)}$$

（2）卖方市场（供应商占主导地位 SS）

$$w^x = \frac{2-c-te_n}{2}$$

$$p_i^x = \frac{n(4+c+e_n t) - 2t^2(1+\lambda)}{3n - t^2(1+\lambda)}$$

$$e_i^x = \frac{t(2-c-e_n t)}{6n - 2t^2(1+\lambda)}$$

9.3.2 碳限额与交易政策下考虑绿色技术溢出的供应链决策研究（模型 o）

碳限额与交易政策下，供应商、制造商 1 和制造商 2 的利润函数如下：

$$\pi_s^o = w^o(q_1^o + q_2^o) \qquad (9-4)$$

$$\pi_1^o = [p_1^o - w - c - p_e(e_n - e_1^o - \lambda e_2^o - e)]q_1^o - \frac{n}{2}(e_1^o)^2 \qquad (9-5)$$

$$\pi_2^o = [p_2^o - w - c - p_e(e_n - e_2^o - \lambda e_1^o - e)]q_2^o - \frac{n}{2}(e_2^o)^2 \qquad (9-6)$$

碳限额与交易政策下，供应商最优批发价、制造商最优零售价以及最优绿色技术研发水平如下：

（1）买方市场（制造商占主导地位 MS）

$$w^o = \frac{14n[2-c-(e_n-e)p_e]}{36n - 7p_e^2(1+\lambda)}$$

$$p_i^o = \frac{2\{n[22+7c+7(e_n-e)p_e] - 7p_e^2(1+\lambda)\}}{36n - 7p_e^2(1+\lambda)}$$

$$e_i^\circ = \frac{7p_e[2-c-(e_n-e)p_e]}{36n-7p_e^2(1+\lambda)}$$

(2) 卖方市场（供应商占主导地位 SS）

$$w^\circ = \frac{2-c-p_e(e_n-e)}{2}$$

$$p_i^\circ = \frac{n[4+c+(e_n-e)p_e]-2p_e^2(1+\lambda)}{3n-p_e^2(1+\lambda)}$$

$$e_i^\circ = \frac{p_e[2-c-(e_n-e)p_e]}{6n-2p_e^2(1+\lambda)}$$

9.3.3 碳标签政策下考虑绿色技术溢出的供应链决策研究（模型1）

碳标签政策下，供应商、制造商1和制造商2的利润函数如下：

$$\pi_s^1 = w^1(q_1^1+q_2^1) \tag{9-7}$$

$$\pi_1^1 = (p_1^1-w-c)q_1^1 - \frac{n}{2}(e_1^1)^2 \tag{9-8}$$

$$\pi_2^1 = (p_2^1-w-c)q_2^1 - \frac{n}{2}(e_2^1)^2 \tag{9-9}$$

碳标签政策下，最优批发价、零售价以及绿色技术研发水平如下：

(1) 买方市场（制造商占主导地位 MS）

$$w^1 = \frac{7(2-c)n}{2[9n+\delta^2(\lambda^2-2\lambda-3)]}$$

$$p_i^1 = \frac{(22+7c)n+2c\delta^2(\lambda^2-2\lambda-3)}{2[9n+\delta^2(\lambda^2-2\lambda-3)]}$$

$$e_i^1 = \frac{(2-c)\delta(3-\lambda)}{2[9n+\delta^2(\lambda^2-2\lambda-3)]}$$

(2) 卖方市场（供应商占主导地位 SS）

$$w^1 = \frac{2-c}{2}$$

$$p_i^1 = \frac{(4+c)n-(2+c)\delta^2(1+\lambda)}{3n-2\delta^2(1+\lambda)}$$

$$e_i^1 = \frac{(2-c)\delta}{6n-4\delta^2(1+\lambda)}$$

9.3.4 均衡分析

命题1 在不同市场权力结构下，碳税政策对供应链最优决策的影响如下：

(1) 在买方市场中,当 $\dfrac{7(1+\lambda)(2-c)-\sqrt{7}\sqrt{(1+\lambda)[-36e_n^2n+7(-2+c)^2(1+\lambda)]}}{7e_n(1+\lambda)}$

$<t<\dfrac{7(1+\lambda)(2-c)+\sqrt{7}\sqrt{(1+\lambda)[-36e_n^2n+7(-2+c)^2(1+\lambda)]}}{7e_n(1+\lambda)}$ 时,批发价 w^x 是关于碳税额 t 的增函数,否则为其减函数;在卖方市场中,批发价 w^x 是关于碳税额 t 的减函数。

(2) 在买方市场中,当 $\dfrac{7(1+\lambda)(2-c)-\sqrt{7}\sqrt{(1+\lambda)[-36e_n^2n+7(-2+c)^2(1+\lambda)]}}{7e_n(1+\lambda)}$

$<t<\dfrac{7(1+\lambda)(2-c)+\sqrt{7}\sqrt{(1+\lambda)[-36e_n^2n+7(-2+c)^2(1+\lambda)]}}{7e_n(1+\lambda)}$ 时,零售价 p_i^x 是关于碳税额 t 的减函数;否则为其增函数。在卖方市场中,当

$\dfrac{(2-c)(1+\lambda)-\sqrt{(1+\lambda)[4(1+\lambda)-3e_n^2n-c(4-c)(1+\lambda)]}}{e_n(1+\lambda)}<t<$

$\dfrac{(2-c)(1+\lambda)+\sqrt{(1+\lambda)[4(1+\lambda)-3e_n^2n-c(4-c)(1+\lambda)]}}{e_n(1+\lambda)}$ 时,零售价 p_i^x 为碳税额 t 的减函数,否则为其增函数。

(3) 在买方市场中,当 $\dfrac{6\{6e_nn-\sqrt{n[4(-7+9e_n^2n-7\lambda)+28c(1+\lambda)-7c^2(1+\lambda)]}\}}{7(2-c)(1+\lambda)}$

$<t<\dfrac{6\{6e_nn+\sqrt{n[4(-7+9e_n^2n-7\lambda)+28c(1+\lambda)-7c^2(1+\lambda)]}\}}{7(2-c)(1+\lambda)}$ 时,绿色技术研发水平 e_i^x 是关于碳税额 t 的减函数,否则为其增函数;在卖方市场中,当

$\dfrac{e_nn-\sqrt{n[-4+en^2n-4\lambda+4c(1+\lambda)-c^2(1+\lambda)]}}{(2-c)(1+\lambda)}<t<$

$\dfrac{e_nn+\sqrt{n[-4+en^2n-4\lambda+4c(1+\lambda)-c^2(1+\lambda)]}}{(2-c)(1+\lambda)}$ 时,绿色技术研发水平 e_i^x 是关于碳税额 t 的减函数,否则为其增函数。

命题 1 表明,碳税政策的强度对买方市场和卖方市场下供应链最优决策产生不同影响。在买方市场中,批发价与碳税政策强度的关系是不确定的,并与具体的阈值范围相关。然而,在卖方市场中,随着碳税政策强度的增加,批发价会下降。在卖方市场中,供应商处于先动优势地位,面对较高的碳税政策,他们会选择通过降低批发价来获取更高的收益。在不同的市场权力结构下,碳税政策的强度对制造商的零售价和绿色技术研发水平会产生大致相似的影响趋势,但买方市场和卖方市场存在不同的阈值。

命题 2 在不同市场权力结构下，碳限额与交易政策对供应链最优决策的影响如下：

（1）在买方市场中，批发价 w^o 是关于碳限额值 e 的增函数，当

$$\frac{7(1+\lambda)(2-c) - \sqrt{7}\sqrt{(1+\lambda)[-36(e_n-e)^2 n + 7(-2+c)^2(1+\lambda)]}}{7(e_n-e)(1+\lambda)} < p_e <$$

$$\frac{7(1+\lambda)(2-c) + \sqrt{7}\sqrt{(1+\lambda)[-36(e_n-e)^2 n + 7(-2+c)^2(1+\lambda)]}}{7(e_n-e)(1+\lambda)}$$ 时，批

发价 w^o 是关于碳税额 p_e 的增函数；否则为其减函数。在卖方市场中，批发价 w^o 是关于碳限额值 e 的增函数，是关于碳交易价格 p_e 的减函数。

（2）在买方市场中，零售价 p_1^o 是关于碳限额值 e 的减函数，当

$$\frac{7(1+\lambda)(2-c) - \sqrt{7}\sqrt{(1+\lambda)[-36(e_n-e)^2 n + 7(-2+c)^2(1+\lambda)]}}{7(e_n-e)(1+\lambda)} < p_e <$$

$$\frac{7(1+\lambda)(2-c) + \sqrt{7}\sqrt{(1+\lambda)[-36(e_n-e)^2 n + 7(-2+c)^2(1+\lambda)]}}{7(e_n-e)(1+\lambda)}$$ 时，批

发价 p_1^o 是关于碳税额 p_e 的减函数；否则为其增函数。在卖方市场中，零售价 p_1^o 是关于碳限额值 e 的减函数；当

$$\frac{(2-c)(1+\lambda) - \sqrt{(1+\lambda)[4(1+\lambda) - 3(e_n-e)^2 n - c(4-c)(1+\lambda)]}}{(e_n-e)(1+\lambda)} < p_e <$$

$$\frac{(2-c)(1+\lambda) + \sqrt{(1+\lambda)[4(1+\lambda) - 3(e_n-e)^2 n - c(4-c)(1+\lambda)]}}{(e_n-e)(1+\lambda)}$$ 时，零

售价 p_1^o 是关于碳交易价格 p_e 的减函数；否则为其增函数。

（3）在买方市场中，绿色技术研发水平 e_1^o 是关于碳限额值 e 的增函数，当

$$\frac{6(6(e_n-e)n - \sqrt{n\{4[-7+9(e_n-e)^2 n - 7\lambda] + 28c(1+\lambda) - 7c^2(1+\lambda)]\}})}{7(2-c)(1+\lambda)} <$$

$$p_e < \frac{6(6(e_n-e)n + \sqrt{n\{4[-7+9(e_n-e)^2 n - 7\lambda] + 28c(1+\lambda) - 7c^2(1+\lambda)\}})}{7(2-c)(1+\lambda)}$$

时，绿色技术研发水平 e_1^x 是关于碳税额 t 的减函数；否则为其增函数。在卖方市场中，绿色技术研发水平 e_1^o 是关于碳限额值 e 的增函数，当

$$\frac{(e_n-e)n - \sqrt{n[-4+(e_n-e)^2 n - 4\lambda + 4c(1+\lambda) - c^2(1+\lambda)]}}{(2-c)(1+\lambda)} < p_e <$$

$$\frac{(e_n-e)n + \sqrt{n[-4+(e_n-e)^2 n - 4\lambda + 4c(1+\lambda) - c^2(1+\lambda)]}}{(2-c)(1+\lambda)}$$ 时，绿色技术

研发水平 e_1^o 是关于碳交易价格 p_e 的减函数；否则为其增函数。

命题2指出，在买方市场和卖方市场中，碳限额值对供应链最优决策的影响是固定且相同的。然而，碳交易价格对买方市场和卖方市场的影响存在差异。在买方市场中，批发价与碳交易价格的关系是不确定的，需要考虑技术溢出系数、生产成本以及研发成本系数等参数进行分析。而在卖方市场中，随着碳交易价格的上升，批发价会下降。在这种情况下，供应商处于先动优势地位，面对较高的碳减排经济压力，他们会选择通过降低批发价来获得最大收益。在不同的市场权力结构下，碳交易价格对制造商的零售价和绿色技术研发水平的影响趋势大致相似，但买方市场和卖方市场存在不同的阈值。

命题3 在不同市场权力结构下，碳标签政策对供应链最优决策的影响如下：

（1）在买方市场中，批发价 w^1、零售价 p_1^1 和绿色技术研发水平 e_1^1 都是关于消费者绿色偏好值 δ 的增函数。

（2）在卖方市场中，批发价 w^1 不受碳标签政策的影响，零售价 p_1^1 和绿色技术研发水平 e_1^1 都是关于消费者绿色偏好值 δ 的增函数。

命题3表明，碳标签政策将通过消费者的绿色偏好来促进制造商的碳减排，从而对供应链决策产生影响。在买方市场中，消费者的绿色偏好会推动批发价上升。然而，在卖方市场中，批发价并不受消费者绿色偏好的影响。这表明，在制造商主导的情况下，消费者的偏好和市场需求更加重要。无论是在买方市场还是卖方市场，制造商的零售价和绿色技术研发水平都会随着消费者绿色偏好值的增加而增加。消费者对绿色产品的偏好增加将促使制造商提高绿色技术研发水平以满足市场需求。然而，这也会使制造商的减排成本增加，因此他们需要提高零售价来保证收益。

命题4 不同碳减排政策及市场权力结构下，绿色技术溢出系数对决策的影响：

（1）在碳税和碳限额与交易政策下，买方市场中批发价 w 是关于绿色技术溢出系数 λ 的增函数，但在卖方市场中，批发价不受绿色技术溢出系数 λ 的影响；在买方市场和卖方市场中，制造商的零售价 p_1 是关于绿色技术溢出系数 λ 的减函数，绿色技术研发水平 e_1 是关于绿色技术溢出系数 λ 的增函数。

（2）碳标签政策下，买方市场中批发价 w 是关于绿色技术溢出系数 λ 的增函数，但卖方市场中批发价不随绿色技术溢出系数 λ 改变。在买方市场中，制造商的零售价 p_1^1 是关于绿色技术溢出系数 λ 的增函数，绿色技术研发水平 e_1^1 随绿色技术溢出系数 λ 的变化趋势不稳定，若 $9n - \delta^2(3-\lambda)^2 < 0$，$e_1^1$ 是 λ

的增函数；否则为其减函数。在卖方市场，制造商的零售价 p_i^1 和绿色技术研发水平 e_i^1 都是关于绿色技术溢出系数 λ 的增函数。

命题 4 指出，在买方市场中，三种不同碳减排政策下的最优批发价与绿色技术溢出系数呈正相关关系，然而在卖方市场中，绿色技术溢出系数对三种不同碳减排政策下的最优批发价没有影响。在卖方市场中，供应商以追求最大收益为目标，较少受到外部因素的影响。在碳税政策和碳限额与交易政策下，绿色技术溢出系数的增加会促使零售价降低和绿色技术研发水平提升。在碳标签政策下，绿色技术溢出系数的增加有利于提升减排技术水平，以更好地满足消费者对低碳产品的偏好，消费者愿意以更高的零售价购买产品。在碳标签政策下，在买方市场中，绿色技术研发水平会随着绿色技术溢出系数的变化而变化，趋势不确定，但在卖方市场中，绿色技术溢出系数的增加会推动绿色技术研发水平的提高。

命题 5 不同市场权力结构下最优决策间的关系如下：

（1）碳税政策下，买方市场和卖方市场最优决策间的关系：当 $8n - 7t^2(1+\lambda) \geq 0$ 时，$w^{x-ss} \geq w^{x-ms}$；当 $6n - 7t^2(1+\lambda) \geq 0$ 时，$p_i^{x-ss} \geq p_i^{x-ms}$ 且 $e^{x-ss} \geq e^{x-ms}$。

（2）碳限额与交易政策下，买方市场和卖方市场最优决策间的关系：当 $8n - 7p_e^2(1+\lambda) \geq 0$ 时，$w^{o-ss} \geq w^{o-ms}$；当 $6n - 7p_e^2(1+\lambda) \geq 0$ 时，$p_i^{o-ss} \geq p_i^{o-ms}$ 且 $e^{o-ss} \geq e^{o-ms}$。

（3）碳标签政策下，买方市场和卖方市场最优决策间的关系：当 $2n - \delta^2(3 + 2\lambda - \lambda^2) \geq 0$ 时，$w^{1-ss} \geq w^{1-ms}$；当 $3n^2 + 2\delta^4(3-\lambda)(1+\lambda)^2 + 4n\delta^2(-2 - \lambda + \lambda^2) \geq 0$ 时，$p_i^{1-ss} \geq p_i^{1-ms}$；$e^{o-ss} > e^{o-ms}$。

命题 5 指出，在不同的碳减排政策下，买方市场中的最优决策与卖方市场中的最优决策之间通常没有固定的大小关系，需要结合具体的阈值对多个参数进行分析，例如绿色技术溢出系数、绿色技术研发成本系数以及碳减排政策参数等。在碳标签政策下，卖方市场中的绿色技术研发水平大于买方市场中的绿色技术研发水平。这是因为在卖方市场中，高研发水平可以带来更高的收益，而在买方市场中，制造商占据更大的话语权，会合理地控制绿色技术研发水平以达到自身的收益最大化。

9.4 数值分析

本部分采用数值分析方法来研究不同碳减排政策下的最优决策。因为篇幅有限且在不同碳减排政策下，买方市场和卖方市场中最优决策的趋势大体相似，所以本章仅分析卖方市场情景下绿色供应链的最优决策。结合相关文献以及市场数据［夏西强等（2023），Xia等（2020）］，令 $c=0.5$，$e_n=0.5$，$e=0.3$，$p_e=0.5$，$\delta=0.3$，$t=0.4$，$n=1$，$\lambda=0.4$。

9.4.1 不同市场权力结构下供应链最优决策间的关系

根据图9-2（a），碳税政策下，当 $\lambda > \frac{8n}{7t^2} - 1$ 时，买方市场的批发价高于卖方市场的批发价，对应图9-2（a）中的白色区域③。在同等碳税压力下，高绿色技术溢出系数能够推动卖方市场降低批发价。同时，当 $\lambda > \frac{6n}{7t^2} - 1$ 时，买方市场的零售价和绿色技术研发水平将高于卖方市场的数值，对应图9-2（a）中的白色和深灰色区域②。在同等碳税压力下，买方市场中的制造商将拥有更强的议价能力，因此他们会制定更高的零售价以弥补高技术溢出所带来的损失，并且加大绿色技术研发力度以提升行业地位。与图9-2（a）描述的结论类似，如图9-2（b）所示，在碳限额与交易政策下，最优解与特定条件之间的关系基本相似。当 $\lambda > \frac{8n}{7p_e^2} - 1$ 时，买方市场的批发价将高于卖方市场的批发价，对应图9-2（b）中的白色区域③。当 $\lambda > \frac{6n}{7p_e^2} - 1$ 时，买方市场的零售价和绿色技术研发水平将高于卖方市场的数值，对应图9-2（b）中的白色区域③和深灰色区域②。在图9-2（a）和图9-2（b）中，浅灰色区域代表非可行区域。在碳标签政策下，如图9-2（c）所示，当 $0 < n < \frac{\delta^2(3+2\lambda-\lambda^2)}{2}$ 时，买方市场的批发价将高于卖方市场的批发价，对应图9-2（c）中的区域②。当低碳偏好相同时，高绿色技术研发成本系数将促使卖方市场的批发价高于买方市场的批发价。当 $n > \frac{\delta^2(3+2\lambda-\lambda^2)}{2}$ 时，买方市场的批发价将低于卖方市场的批发价，对应图9-2（c）中的灰色区域①。在碳标签政策下，如图9-2（d）所示，当 $3n^2 + 2\delta^4(3-\lambda)(1+\lambda)^2 + 4n\delta^2(-2-\lambda+\lambda^2) > 0$ 时，买方市场的零售价将低于卖方市场的批发价，对应图9-2（d）中的灰色区域①；当 $3n^2 + 2\delta^4(3-\lambda)(1+\lambda)^2 + 4n\delta^2(-2-\lambda+\lambda^2) < 0$ 时，买方市场的零售价将高于卖方市场的批发价，对应图9-2（d）中的区域①。

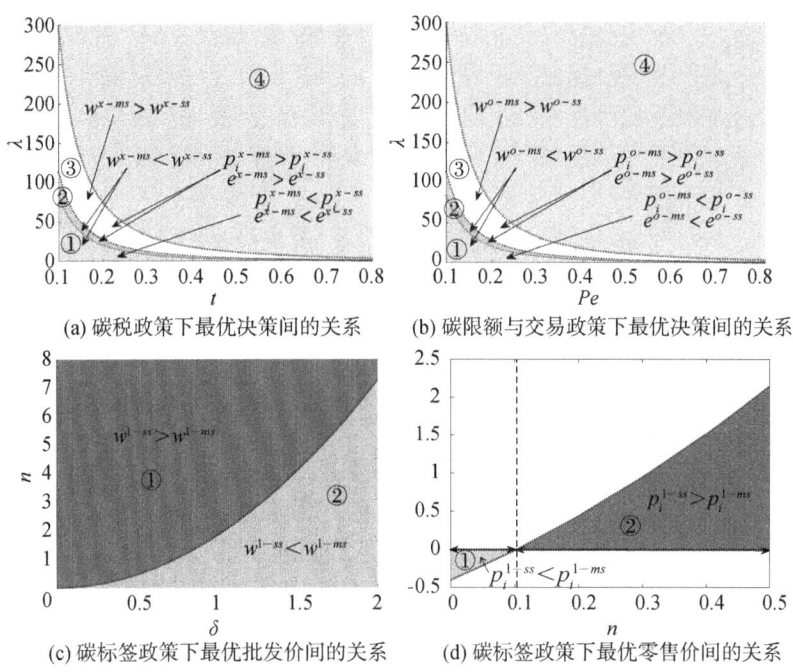

图 9-2 不同市场权力结构下最优决策间的关系

9.4.2 碳税政策下供应链最优决策

根据图 9-3（a），碳税政策对零售价的影响并不是固定的。在初始阶段，随着碳税额的上升，零售价也会随之上升，很快达到峰值，并随着碳税额的上升而逐渐下降。当碳税额较低时，增加碳税额会增加制造商的碳减排成本，从而导致零售价上升。但当碳税额上升到一定程度时，综合考虑多个因素后，零售价会随着碳税额的增加而下降。根据图 9-3（b）和（c），在一定范围内，随着碳税额的增加，制造商的绿色技术研发水平和批发价都会增加。碳税额的增加意味着单位碳排放成本上升，因此制造商需要提高绿色技术研发水平以缓解高昂的碳排放成本。碳税额的增加会促使制造商的单位产品碳减排成本和研发成本上升，此时供应商通过降低批发价来共同承担成本，以确保自身收益最大化。图 9-3 还表明，技术溢出系数的增加并不会影响批发价，但可以促使制造商进行技术研发并降低零售价。

9.4.3 碳限额与交易政策下供应链最优决策

根据图 9-4（a）显示，随着碳排放配额的增加，制造商零售价下降，但碳交易价格对零售价的影响并不是固定的。当碳限额较高时，碳交易价格

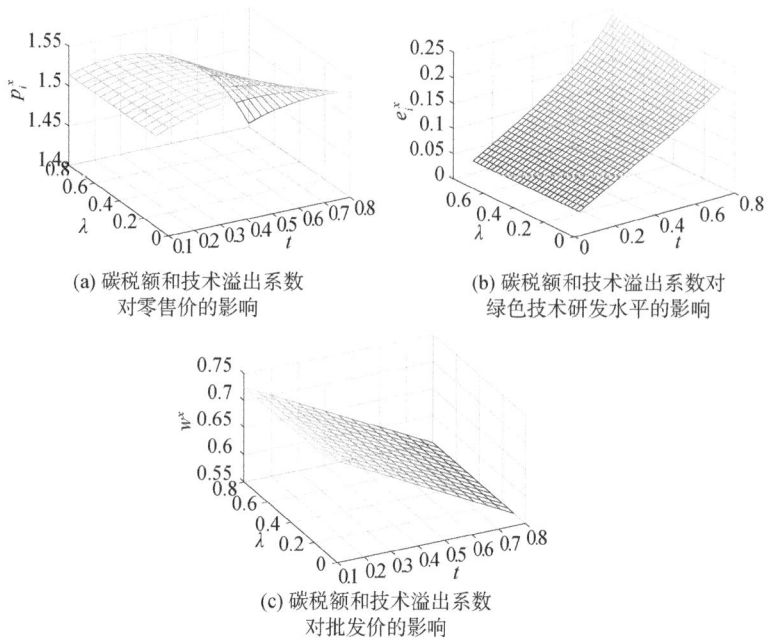

图 9-3 碳税政策和技术溢出系数对供应链决策的影响

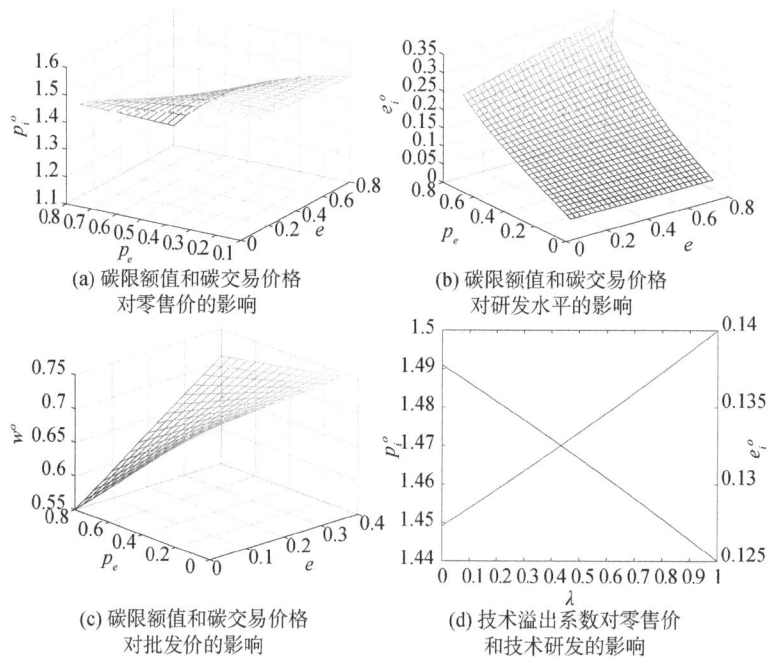

图 9-4 碳限额与交易政策和技术溢出系数对供应链决策的影响

上升会促使零售价下降。而当碳限额较低时,制造商的零售价会随着碳交易价格的上升而上升,但随后会随着碳交易价格的上升而下降。从图 9-4(b)

和图 9-4（c）中可以看出，碳限额的增加表示政府管制力度的减弱，这将导致减排成本的降低或减排利润的增加，供应商将通过提高批发价来分享制造商的政策红利。在一定范围内，碳交易价格上升将导致零售价上升，为了避免制造商因成本过高而大幅减产或停产，供应商将通过降低批发价来确保自身的利益。此时，碳限额较低，增加碳限额可能会推动绿色技术研发水平提高。根据图 9-4（d），增加绿色技术的溢出系数将降低制造商的绿色技术研发成本，并在推动制造商降低零售价的同时提高绿色技术研发水平。

9.5.4 碳标签政策下供应链最优决策

根据图 9-5（a）和图 9-5（b）的显示，随着消费者绿色偏好的升高，制造商将提高零售价，同时也会激发制造商技术研发的积极性。制造商将加大绿色技术研发水平来扩大市场规模，并赢得消费者的青睐，消费者愿意以更高的价格购买产品。同时，技术溢出系数的上升也可以促进零售价和绿色技术研发水平的提高。技术溢出水平的上升可以促进技术共享，形成良好的创新氛围，从而降低企业的研发和生产成本。根据图 9-5（c），碳标签政策和技术溢出对供应商的批发价不会产生影响，此时碳标签政策和技术溢出主要通过影响制造商的决策来对供应链产生影响。

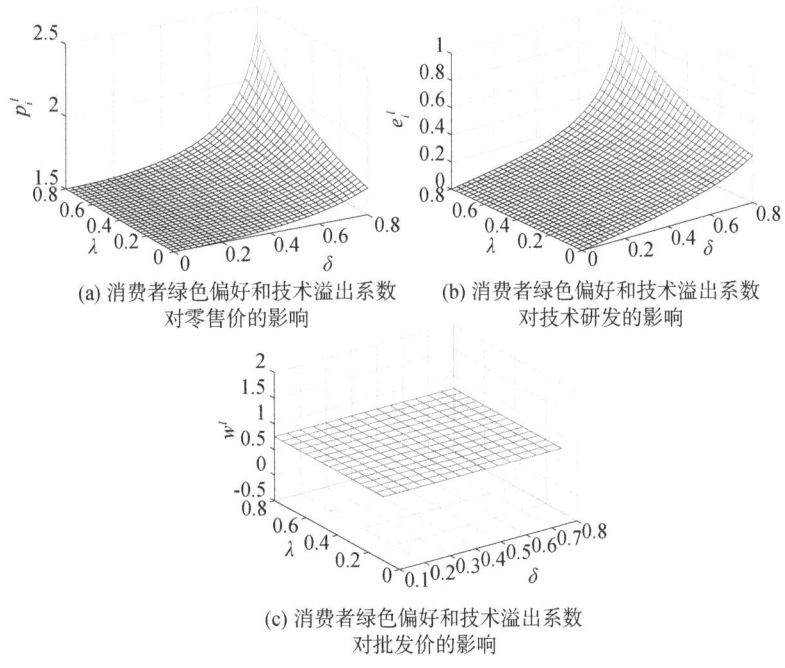

(a) 消费者绿色偏好和技术溢出系数对零售价的影响

(b) 消费者绿色偏好和技术溢出系数对技术研发的影响

(c) 消费者绿色偏好和技术溢出系数对批发价的影响

图 9-5　碳标签政策和技术溢出系数对供应链决策的影响

本章的研究对象是一个包含一个供应商和两个制造商的绿色供应链模型，基于绿色技术溢出和市场权力结构研究不同碳减排政策下的最优决策。本章得出了以下结论：

（1）提高碳税政策的实施力度可以促进卖方市场批发价降低，对卖方市场零售价、绿色技术研发水平以及买方市场的所有决策的影响是多方面的。碳税政策对买方市场和卖方市场零售价以及绿色技术研发水平的影响趋势大致相同，但具体的阈值存在差异。

（2）在碳限额与交易政策下，碳限额对买方市场及卖方市场最优决策的影响是相似的。碳限额的增加会推动批发价和绿色技术研发水平的提升，同时促进零售价的降低。碳交易价格的上升会促使卖方市场批发价上升，但对卖方市场零售价、绿色技术研发水平以及买方市场的所有决策影响都是多方面的。碳交易价格对买方市场及卖方市场零售价以及绿色技术研发水平的影响趋势大致相同，但具体阈值存在差异。

（3）碳标签政策通过消费者对绿色偏好的影响来影响供应链决策。在买方市场中，随着绿色偏好值的增加，批发价也会上升，但卖方市场的批发价不受绿色偏好的影响。无论是在买方市场还是卖方市场，零售价和绿色技术研发水平都会随着绿色偏好值的增加而增加。

（4）在不同的碳减排政策下，买方市场的批发价与绿色技术溢出系数呈正相关关系，而卖方市场的批发价则不受绿色技术溢出系数的影响。在碳税和碳限额与交易政策下，零售价随着绿色技术溢出系数的增加而下降，而绿色技术研发水平则随着绿色技术溢出系数的增加而上升。在碳标签政策下，买方市场和卖方市场的零售价都会随着绿色技术溢出系数的增加而上升，但买方市场中绿色技术研发水平与绿色技术溢出系数之间的关系是不确定的。在不同的碳减排政策下，买方市场和卖方市场最优决策的大小关系通常是不确定的，需要结合多个参数进行分析。

本章主要得出以下管理启示：

（1）在宽松或严格的碳税政策或碳限额与交易政策下，政府采取积极的管制措施可以鼓励制造商加大绿色技术研发。政府实施碳标签政策时，应积极提高公众对绿色产品的偏好，例如通过宣传碳普惠和碳减排政策来刺激制造商从需求端进行绿色技术研发。在不同的市场环境和碳减排政策下，政府都可以通过促进绿色技术的溢出效应来推动碳减排，比如推动行业协会间的交流和促进产学研合作。

（2）原材料供应商和制造商需要及时了解政府的碳减排政策动态，以便迅速调整定价、生产和研发策略。在不同的市场结构和减排政策下，制造商积极进行行业交流和技术共享可以提高整个行业的绿色技术水平。原材料供应商和制造商可以在生产和销售过程中适当地宣传和引导，以提高消费者对绿色产品的偏好，从而促进碳标签政策下绿色技术研发水平的提高。

（3）政府、供应商和制造商可以共同合作建立信息平台，实现政策信息、买方信息和卖方信息的互联互通，以及绿色技术的共享。通过这个平台，在推动社会低碳发展的同时，也能够辅助供应商和制造商制订生产计划和定价计划。

本章的研究还存在一些不足之处，可以从以下几个方面进行进一步拓展。

首先，本章仅研究了三种碳减排政策下的最优决策，未来可以扩展研究范围，探究在多种碳减排政策并行实施时供应链的最优决策问题。

其次，本章主要研究了制造商占主导地位的买方市场和供应商占主导地位的卖方市场下的决策问题，未来可以将研究重点放在制造商和供应商地位均等的情境下，探索最优决策问题。

最后，本章研究了完全信息下的博弈模型，但未考虑信息不对称的情况。未来的研究可以将信息不对称纳入供应链模型，以更全面地分析决策过程和结果。

在上述方面进行进一步的拓展研究，可以更加深入地理解供应链中碳减排政策下的最优决策问题，并为实际应用提供更具指导性的建议。

本章附录

（1）碳税政策下的最优决策（MS）

运用逆向归纳法对模型进行求解。首先，求解关于供应商利润的一阶偏导数，使其偏导数为0。此时，两个制造商的海塞矩阵为：

$$H(w) = \begin{bmatrix} -2 \end{bmatrix}$$

$H_1 = -2 < 0$，海塞矩阵负定，存在最优解。将 w 代入两个制造商的利润方程，求得海塞矩阵为：

$$H(m_{m1}, e_{m1}) = H(m_{m2}, e_{m2}) = \begin{bmatrix} -\dfrac{7}{4} & -\dfrac{7t}{8} \\ -\dfrac{7t}{8} & -n \end{bmatrix}$$

当 $H_1 = -\dfrac{7}{4} < 0$，$H_2 = \dfrac{7(16n - 7t^2)}{64} > 0$ 时，海塞矩阵负定，存在最优解，即需满足 $16n - 7t^2 > 0$ 时，存在最优解。即本部分需满足假设条件 $16n - 7t^2 >$

0，方可求解最优决策。

(2) 碳税政策下的最优决策（SS）

运用逆向归纳法对模型进行求解。首先，求解关于两个制造商利润的一阶偏导数，使其偏导数为0。此时，两个制造商的海塞矩阵为：

$$H(p_{m1},e_{m1}) = H(p_{m2},e_{m2}) = \begin{bmatrix} -2 & -t \\ -t & -n \end{bmatrix}$$

当 $H_1 = -2 < 0$，$H_2 = 2n - t^2 > 0$ 时，海塞矩阵负定，存在最优解，即需满足 $2 - t^2 > 0$ 时，存在最优解。将 p_{m1}, p_{m2} 代入供应商的利润方程，求得海塞矩阵为：

$$H(w) = \left[-\frac{4n}{3n - t^2(1+\lambda)} \right]$$

当 $H_1 = -\dfrac{4n}{3n - t^2(1+\lambda)} < 0$ 时，海塞矩阵负定，存在最优解，即需满足 $3n - t^2(1+\lambda) > 0$ 时，存在最优解。即本部分需满足假设条件 $2 - t^2 > 0$ 和 $3n - t^2(1+\lambda) > 0$，方可求解最优决策。

(3) 碳限额与交易政策下的最优决策（MS）

运用逆向归纳法对模型进行求解。首先，求解关于供应商利润的一阶偏导数，使其偏导数为0。此时，两个制造商的海塞矩阵为：

$$H(w) = \begin{bmatrix} -2 \end{bmatrix}$$

$H_1 = -2 < 0$，海塞矩阵负定，存在最优解。将 w 代入两个制造商的利润方程，求得海塞矩阵为：

$$H(m_{m1},e_{m1}) = H(m_{m2},e_{m2}) = \begin{bmatrix} -\dfrac{7}{4} & -\dfrac{7p_e}{8} \\ -\dfrac{7p_e}{8} & -n \end{bmatrix}$$

当 $H_1 = -\dfrac{7}{4} < 0$，$H_2 = \dfrac{7(16n - 7p_e^2)}{64} > 0$ 时，海塞矩阵负定，存在最优解，即需满足 $16n - 7p_e^2 > 0$ 时，存在最优解。即本部分需满足假设条件 $16n - 7p_e^2 > 0$，方可求解最优决策。

(4) 碳限额与交易政策下的最优决策（SS）

运用逆向归纳法对模型进行求解。首先，求解关于两个制造商利润的一阶偏导数，使其偏导数为0。此时，两个制造商的海塞矩阵为：

$$H(p_{m1},e_{m1}) = H(p_{m2},e_{m2}) = \begin{bmatrix} -2 & -p_e \\ -p_e & -n \end{bmatrix}$$

当 $H_1 = -2 < 0$，$H_2 = 2n - p_e^2 > 0$ 时，海塞矩阵负定，存在最优解，即需满足 $2 - p_e^2 > 0$ 时，存在最优解。将 p_{m1}, p_{m2} 代入供应商的利润方程，求得海塞矩阵为：

$$H(w) = \left[-\frac{4n}{3n - p_e^2(1+\lambda)} \right]$$

当 $H_1 = -\frac{4n}{3n - p_e^2(1+\lambda)} < 0$ 时，海塞矩阵负定，存在最优解，即需满足 $3n - p_e^2(1+\lambda) > 0$ 时，存在最优解。即本部分需满足假设条件 $2 - p_e^2 > 0$ 和 $3n - p_e^2(1+\lambda) > 0$，方可求解最优决策。

（5）碳标签政策下的最优决策（MS）

运用逆向归纳法对模型进行求解。首先，求解关于供应商利润的一阶偏导数，使其偏导数为 0。此时，两个制造商的海塞矩阵为：

$$H(w) = [-2]$$

$H_1 = -2 < 0$，海塞矩阵负定，存在最优解。将 w 代入两个制造商的利润方程，求得海塞矩阵为：

$$H(m_{m1}, e_{m1}) = H(m_{m2}, e_{m2}) = \begin{bmatrix} -\dfrac{7}{4} & \dfrac{\delta(3-\lambda)}{4} \\ \dfrac{\delta(3-\lambda)}{4} & -n \end{bmatrix}$$

当 $H_1 = -\dfrac{7}{4} < 0$，$H_2 = \dfrac{28n - \delta^2(3-\lambda)^2}{16} > 0$ 时，海塞矩阵负定，存在最优解，即需满足 $28n - \delta^2(3-\lambda)^2 > 0$ 时，存在最优解。即本部分需满足假设条件 $28n - \delta^2(3-\lambda)^2 > 0$，方可求解最优决策。为满足最优解大于 0，令 $9n + \delta^2(\lambda^2 - 2\lambda - 3) > 0$。

（6）碳标签政策下的最优决策（SS）

运用逆向归纳法对模型进行求解。首先，求解关于两个制造商利润的一阶偏导数，使其偏导数为 0。此时，两个制造商的海塞矩阵为：

$$H(p_{m1}, e_{m1}) = H(p_{m2}, e_{m2}) = \begin{bmatrix} -2 & \delta \\ \delta & -n \end{bmatrix}$$

当 $H_1 = -2 < 0$，$H_2 = 2n - \delta^2 > 0$ 时，海塞矩阵负定，存在最优解，即需满足 $2 - \delta^2 > 0$ 时，存在最优解。将 p_{m1}, p_{m2} 代入供应商的利润方程，求得海塞矩阵为：

$$H(w) = \left[-\frac{4n}{3n - 2\delta^2(1+\lambda)} \right]$$

当 $H_1 = -\dfrac{4n}{3n - 2\delta^2(1+\lambda)} < 0$ 时，海塞矩阵负定，存在最优解，即需满足

$3n - 2\delta^2(1+\lambda) > 0$ 时，存在最优解。即本部分需满足假设条件 $2 - \delta^2 > 0$ 和 $3n - 2\delta^2(1+\lambda) > 0$，方可求解最优决策。

命题 1：

证明：(1) $\dfrac{\partial w^{ssx}}{\partial t} = \dfrac{-e_n}{2} < 0$，令 $\dfrac{\partial w^{msx}}{\partial t} = \dfrac{14n\{14t(2-c)(1+\lambda) - e_n[36n + 7t^2(1+\lambda)]\}}{[36n - 7t^2(1+\lambda)]^2}$

> 0，解得 $\dfrac{7(1+\lambda)(2-c) - \sqrt{7}\sqrt{(1+\lambda)[-36e_n^2 n + 7(-2+c)^2(1+\lambda)]}}{7e_n(1+\lambda)} < t$

$< \dfrac{7(1+\lambda)(2-c) + \sqrt{7}\sqrt{(1+\lambda)[-36e_n^2 n + 7(-2+c)^2(1+\lambda)]}}{7e_n(1+\lambda)}$

(2) 令 $\dfrac{\partial p_i^{ssx}}{\partial t} = \dfrac{n\{2(-2+c)t(1+\lambda) + e_n[3n + t^2(1+\lambda)]\}}{[-3n + t^2(1+\lambda)]^2} < 0$，解得

$\dfrac{(2-c)(1+\lambda) - \sqrt{(1+\lambda)[4(1+\lambda) - 3e_n^2 n - c(4-c)(1+\lambda)]}}{e_n(1+\lambda)} < t <$

$\dfrac{(2-c)(1+\lambda) + \sqrt{(1+\lambda)[4(1+\lambda) - 3e_n^2 n - c(4-c)(1+\lambda)]}}{e_n(1+\lambda)}$；

令 $\dfrac{\partial p_i^{msx}}{\partial t} = \dfrac{14n\{14t(2-c)(1+\lambda) + e_n[36n + 7t^2(1+\lambda)]\}}{[36n - 7t^2(1+\lambda)]^2} < 0$，解得

$\dfrac{7(1+\lambda)(2-c) - \sqrt{7}\sqrt{(1+\lambda)[-36e_n^2 n + 7(-2+c)^2(1+\lambda)]}}{7e_n(1+\lambda)} < t <$

$\dfrac{7(1+\lambda)(2-c) + \sqrt{7}\sqrt{(1+\lambda)[-36e_n^2 n + 7(-2+c)^2(1+\lambda)]}}{7e_n(1+\lambda)}$

(3) 令 $\dfrac{\partial e_i^{ssx}}{\partial t} = \dfrac{3n(2-c-2e_n t) + (2-c)t^2(1+\lambda)}{2[-3n + t^2(1+\lambda)]^2} < 0$，解得

$\dfrac{e_n n - \sqrt{n[-4 + en^2 n - 4\lambda + 4c(1+\lambda) - c^2(1+\lambda)]}}{(2-c)(1+\lambda)} < t <$

$\dfrac{e_n n + \sqrt{n[-4 + en^2 n - 4\lambda + 4c(1+\lambda) - c^2(1+\lambda)]}}{(2-c)(1+\lambda)}$；

令 $\dfrac{\partial e_i^{msx}}{\partial t} = \dfrac{7[36n(2-c-2e_n t) + 7(2-c)t^2(1+\lambda)]}{[36n - 7t^2(1+\lambda)]^2} < 0$，解得

$\dfrac{6\{6e_n n - \sqrt{n[4(-7 + 9e_n^2 n - 7\lambda) + 28c(1+\lambda) - 7c^2(1+\lambda)]}\}}{7(2-c)(1+\lambda)} < t <$

$\dfrac{6\{6e_n n + \sqrt{n[4(-7 + 9e_n^2 n - 7\lambda) + 28c(1+\lambda) - 7c^2(1+\lambda)]}\}}{7(2-c)(1+\lambda)}$

命题 2：

证明：(1) $\dfrac{\partial w^{sso}}{\partial e} = \dfrac{p_e}{2} > 0$, $\dfrac{\partial w^{sso}}{\partial p_e} = \dfrac{-(e_n - e)}{2} < 0$; $\dfrac{\partial w^{mso}}{\partial e} = \dfrac{14np_e}{36n - 7p_e^2(1+\lambda)} > 0$, 令 $\dfrac{\partial w^{mso}}{\partial p_e} = \dfrac{14n\{14p_e(2-c)(1+\lambda) - (e_n - e)[36n + 7p_e^2(1+\lambda)]\}}{(36n - 7p_e^2(1+\lambda))^2} > 0$, 解

得 $\dfrac{7(1+\lambda)(2-c) - \sqrt{7}\sqrt{(1+\lambda)[-36(e_n - e)^2 n + 7(-2+c)^2(1+\lambda)]}}{7(e_n - e)(1+\lambda)} < p_e$

$< \dfrac{7(1+\lambda)(2-c) + \sqrt{7}\sqrt{(1+\lambda)[-36(e_n - e)^2 n + 7(-2+c)^2(1+\lambda)]}}{7(e_n - e)(1+\lambda)}$。

(2) $\dfrac{\partial p_i^{sso}}{\partial e} = \dfrac{-np_e}{3n - p_e^2(1+\lambda)} < 0$, 令 $\dfrac{\partial p_i^{sso}}{\partial p_e} =$

$\dfrac{n\{2(-2+c)p_e(1+\lambda) - e[3n + p_e^2(1+\lambda)] + e_n[3n + p_e^2(1+\lambda)]\}}{[-3n + p_e^2(1+\lambda)]^2} < 0$, 解得

$\dfrac{(2-c)(1+\lambda) - \sqrt{(1+\lambda)[4(1+\lambda) - 3(e_n - e)^2 n - c(4-c)(1+\lambda)]}}{(e_n - e)(1+\lambda)} < p_e <$

$\dfrac{(2-c)(1+\lambda) + \sqrt{(1+\lambda)[4(1+\lambda) - 3(e_n - e)^2 n - c(4-c)(1+\lambda)]}}{(e_n - e)(1+\lambda)}$; $\dfrac{\partial p_i^{mso}}{\partial e} =$

$\dfrac{-14np_e}{36n - 7p_e^2(1+\lambda)} < 0$, 令 $\dfrac{\partial p_i^{sso}}{\partial p_e} = \dfrac{14n\{14p_e(2-c)(1+\lambda) + (e_n - e)[36n + 7p_e^2(1+\lambda)]\}}{[36n - 7p_e^2(1+\lambda)]^2} <$

0, 解得 $\dfrac{7(1+\lambda)(2-c) - \sqrt{7}\sqrt{(1+\lambda)[-36(e_n - e)^2 n + 7(-2+c)^2(1+\lambda)]}}{7(e_n - e)(1+\lambda)}$

$< p_e < \dfrac{7(1+\lambda)(2-c) + \sqrt{7}\sqrt{(1+\lambda)[-36(e_n - e)^2 n + 7(-2+c)^2(1+\lambda)]}}{7(e_n - e)(1+\lambda)}$。

(3) $\dfrac{\partial e_i^{sso}}{\partial e} = \dfrac{p_e^2}{6n - 2p_e^2(1+\lambda)} > 0$; 令 $\dfrac{\partial e_i^{sso}}{\partial p_e} = \dfrac{3n[2-c + 2p_e(e - e_n)] + (2-c)p_e^2(1+\lambda)}{2[-3n + p_e^2(1+\lambda)]^2}$

< 0, 解得 $\dfrac{(e_n - e)n - \sqrt{n[-4 + (e_n - e)^2 n - 4\lambda + 4c(1+\lambda) - c^2(1+\lambda)]}}{(2-c)(1+\lambda)} < p_e$

$< \dfrac{(e_n - e)n + \sqrt{n[-4 + (e_n - e)^2 n - 4\lambda + 4c(1+\lambda) - c^2(1+\lambda)]}}{(2-c)(1+\lambda)}$; $\dfrac{\partial e_i^{sso}}{\partial e} =$

$\dfrac{7p_e^2}{36n - 7p_e^2(1+\lambda)} > 0$; 令 $\dfrac{\partial e_i^{sso}}{\partial p_e} = \dfrac{7[36n(2 - c - 2e_n p_e) + 7(2-c)p_e^2(1+\lambda)]}{[36n - 7p_e^2(1+\lambda)]^2} < 0$, 解

得 $\dfrac{6(6(e_n - e)n - \sqrt{n\{4[-7 + 9(e_n - e)^2 n - 7\lambda] + 28c(1+\lambda) - 7c^2(1+\lambda)\}})}{7(2-c)(1+\lambda)} < p_e$

$$< \frac{6\left(6(e_n-e)n+\sqrt{n\{4[-7+9(e_n-e)^2n-7\lambda]+28c(1+\lambda)-7c^2(1+\lambda)\}}\right)}{7(2-c)(1+\lambda)}。$$

命题 3：

证明：（1） $\frac{\partial w^{ssl}}{\delta}=0$； $\frac{\partial p_i^{ssl}}{\delta}=\frac{2(2-c)n\delta(1+\lambda)}{[3n-2\delta^2(1+\lambda)]^2}>0$； $\frac{\partial e_i^{ssl}}{\delta}=\frac{(2-c)[3n+2\delta^2(1+\lambda)]}{2[3n-2\delta^2(1+\lambda)]^2}>0$。

（2） $\frac{\partial w^{msl}}{\delta}=\frac{7(-2+c)n\delta(-3-2\lambda+\lambda^2)}{[9n+\delta^2(-3-2\lambda+\lambda^2)]^2}>0$；

$\frac{\partial p_i^{msl}}{\delta}=-\frac{(-2+c)(-3+\lambda)[-9n+\delta^2(-3-2\lambda+\lambda^2)]}{2[9n+\delta^2(-3-2\lambda+\lambda^2)]^2}>0$；

$\frac{\partial e_i^{msl}}{\delta}=\frac{11(-2+c)n\delta(-3-2\lambda+\lambda^2)}{[9n+\delta^2(-3-2\lambda+\lambda^2)]^2}>0$。

命题 4：

证明：（1）卖方市场： $\frac{\partial w_i^x}{\partial \lambda}=0$； $\frac{\partial p_i^x}{\partial \lambda}=\frac{nt^2(-2+c-e_nt)}{[-3n+t^2(1+\lambda)]^2}<0$； $\frac{\partial e_i^x}{\partial \lambda}=\frac{2t^3(2-c-e_nt)}{[6n-2t^2(1+\lambda)]^2}>0$； $\frac{\partial w_i^o}{\partial \lambda}=0$； $\frac{\partial p_i^o}{\partial \lambda}=\frac{np_e^2(-2+c-ep_e+e_np_e)}{[-3n+p_e^2(1+\lambda)]^2}<0$； $\frac{\partial e_i^x}{\partial \lambda}=\frac{2p_e^3(2-c+ep_e-e_np_e)}{[6n-2p_e^2(1+\lambda)]^2}>0$；

$\frac{\partial w_i^l}{\partial \lambda}=0$； $\frac{\partial p_i^l}{\partial \lambda}=\frac{(2-c)n\delta^2}{[3n-2\delta^2(1+\lambda)]^2}>0$； $\frac{\partial e_i^l}{\partial \lambda}=\frac{4(2-c)\delta^3}{[6n-4\delta^2(1+\lambda)]^2}>0$。

（2）买方市场： $\frac{\partial w_i^x}{\partial \lambda}=\frac{98nt^2(2-c-e_nt)}{[36n-7t^2(1+\lambda)]^2}>0$； $\frac{\partial p_i^x}{\partial \lambda}=\frac{98nt^2(-2+c-e_nt)}{[36n-7t^2(1+\lambda)]^2}<0$； $\frac{\partial e_i^x}{\partial \lambda}=\frac{49t^3(2-c-e_nt)}{[36n-7t^2(1+\lambda)]^2}>0$； $\frac{\partial w_i^o}{\partial \lambda}=\frac{98np_e^2(2-c-ep_e-e_np_e)}{[36n-7p_e^2(1+\lambda)]^2}>0$； $\frac{\partial p_i^o}{\partial \lambda}=\frac{98np_e^2(-2+c-ep_e+e_np_e)}{[36n-7p_e^2(1+\lambda)]^2}<0$； $\frac{\partial e_i^x}{\partial \lambda}=\frac{2p_e^3(2-c+ep_e-e_np_e)}{[6n-2p_e^2(1+\lambda)]^2}>0$； $\frac{\partial w_i^l}{\partial \lambda}=\frac{7(2-c)n\delta^2(1-\lambda)}{[9n+\delta^2(-3-2\lambda+\lambda^2)]^2}>0$； $\frac{\partial p_i^l}{\partial \lambda}=\frac{11(2-c)n\delta^2(1-\lambda)}{[9n+\delta^2(-3-2\lambda+\lambda^2)]^2}>0$； $\frac{\partial e_i^l}{\partial \lambda}=\frac{(-2+c)[9n\delta-\delta^3(3-\lambda)^2]}{2[9n+\delta^2(-3-2\lambda+\lambda^2)]^2}$，若 $9n-\delta^2(3-\lambda)^2 ¥0$，则 $\frac{\partial e_i^l}{\partial \lambda}¥0$。

命题 5：

证明：（1）当 $w^{x-ss}¥w^{x-ms}$ 时， $8n-7t^2(1+\lambda)¥0$；当 $p_i^{x-ss}¥p_i^{x-ms}$ 且 $e^{x-ss}¥e^{x-ms}$ 时， $6n-7t^2(1+\lambda)¥0$。

（2）当 $w^{o-ss}¥w^{o-ms}$ 时， $8n-7p_e^2(1+\lambda)¥0$；当 $p_i^{o-ss}¥p_i^{o-ms}$ 且 e^{o-ss}

≥ e^{o-ms}时,$6n - 7p_e^{\ 2}(1+\lambda) \geq 0$。

(3) 当 $w^{l-ss} \geq w^{l-ms}$时,$2n - \delta^2(3 + 2\lambda - \lambda^2) \geq 0$;当 $p_i^{l-ss} \geq p_i^{l-ms}$ 且 $e^{o-ss} > e^{o-ms}$时,$3n^2 + 2\delta^4(3-\lambda)(1+\lambda)^2 + 4n\delta^2(-2-\lambda+\lambda^2) \geq 0$。

第 10 章　绿色制造商领导下的平台供应链渠道决策：基于 Stackelberg 博弈模型的政府补贴影响分析

近年来，全球绿色产品贸易额呈显著增长趋势，从 2007 年的 0.91 万亿美元增加到 2020 年的 1.43 万亿美元。越来越多的国家将绿色产业发展视为战略重点，并积极进行绿色投资和促进绿色发展的探索与实践。公众对绿色消费方式的自觉选择也日益增多，绿色低碳产品正逐渐成为市场主流。

截至 2023 年 9 月，全球已有 150 多个国家承诺实现碳中和目标，这覆盖了全球 80% 以上的二氧化碳排放量、GDP 和人口。为了实现这一目标，迫切需要通过绿色发展来推动产业转型升级。企业在实现"双碳"目标中扮演着关键角色，制造业企业正积极投入大量的绿色创新以适应消费者对绿色消费偏好的转变。

然而，绿色创新活动需要大量资金投入，企业可能面临资金困难，中小型企业更容易陷入资金困境。制造商的资金限制不仅会影响企业自身的生产运营活动，还会降低整个供应链的运行效率。因此，政府可以对制造商的绿色研发投入和生产成本进行补贴，以缓解企业的资金困境，进一步推动企业的绿色生产。这种补贴措施有助于促进企业进行绿色创新，提高绿色产品的竞争力，并推动整个产业向可持续发展的方向迈进。

随着互联网技术的不断提升，我国电子商务行业正在稳步前进。越来越多的线下企业选择转型发展，积极走上电商化发展道路。根据中国商务部发布的报告显示，到 2022 年，我国实物商品网上零售额达到 11.96 万亿元，同比增长 6.2%，占社会消费品零售总额的比重为 27.2%，较上一年提高了 2.7 个百分点。由此可见，电商市场拉动消费的作用进一步显现。企业与电商平台之间有两种合作模式：批发模式和代理模式。制造商会选择更有利于实现自身利润最大化的销售渠道来销售绿色产品。但是，由于平台和制造商获取利润的方式不同，二者在合作模式的选择上可能存在差异，这使绿色产品的销售渠道选择成为电商供应链成员的一项重要决策。

随着电商技术的不断进步，各大电子商务服务商都致力于向平台用户提供更专业化的服务。因为平台具有数据收集优势，能够获取消费者的绿色消费偏好，所以可利用绿色营销推广的方式筛选出目标客户，实现消费者、绿色产品的精准匹配，提高产品转化率、节约营销成本。

基于上述背景，本章的重点是关注两种针对制造商的政府补贴政策，即基于研发投入和基于生产成本的补贴。同时，考虑到制造商进行绿色研发需要大量资金，所以将资金约束考虑进制造商的决策模型，进一步比较了不同政府补贴和利率水平下的不同渠道的决策和利润，并为制造商和平台在不同政府补贴和利率水平下的合作模式提供了选择。本章主要分析以下问题：

一是不同政府补贴政策如何影响制造商和平台的定价和渠道决策。

二是不同利率水平如何影响政府补贴下供应链成员的运营决策。

10.1 平台供应链渠道文献综述

本章主要讨论了政府在对资金受限的制造商进行补贴时绿色电商供应链的最优渠道选择策略。相关文献可以分为三个主要部分：首先是关于政府补贴政策下绿色供应链定价和减排方面的研究；其次是有关电商供应链渠道选择的研究；最后是针对资金受限供应链定价决策的研究。

10.1.1 政府补贴政策下的供应链定价及减排决策

Meng 等（2021）对双渠道绿色供应链的产品定价决策进行了研究，发现政府补贴可以降低绿色产品的价格，并且对制造商更有利。Yi 等（2018）比较了碳税和政府补贴对供应链成员决策的影响，发现节能产品补贴可以刺激减少碳排放和能源消耗，而碳税政策的有效性取决于制造商的初始污染排放量。Sun 等（2019）研究了政府补贴政策下两级供应链中制造商和材料供应商的最优绿色投资策略，发现绿色投资策略会受到绿色投资成本、投入产出比、搭便车行为利润和政府补贴的影响。Li 等（2021）在碳限额与交易机制下比较分析了技术投资补贴和碳减排量补贴对供应链决策的影响，发现在相同的补贴预算下，绿色技术投资补贴可以使制造商获得更多利润并减少排放，而碳减排量补贴可以带来更多零售商的利润，并促进更多绿色生产和营销努力。Bian 等（2021）对比分析了消费者补贴和制造商补贴两种环境补贴政策，发现消费者补贴相比制造商补贴能够减少更多的排放并增加更高的消费数量，同时为制造商带来更大的供应量和利润，产生更高的社会福利。Jin 等

（2022）研究了贷款担保和利息补贴政策对有融资需求的制造业企业生产和绿色投资的影响，发现这两项政策都对扩大产量和提高经济效益有效，但贷款担保政策对促进绿色投资无效。Ouyang 等（2023）研究了制造商在价格和能源效率方面陷入双重竞争时的最优节能决策，发现在竞争不激烈的情况下，制造商应该增加单位节能；而当竞争强度超过某个阈值时，制造商应该降低单位节能。Han 等（2023）分析了企业在动态环境中的绿色水平决策，发现消费者对绿色问题的敏感性和记忆水平的提高可能不利于企业根据环境补贴来提高其绿色水平的监管承诺。

10.1.2 电商平台供应链渠道选择决策

Wang 等（2017）研究了制造商在实体零售渠道的基础上选择在线渠道的决策，发现当直销渠道的运营成本或转销渠道的收入分配比例足够小时，制造商会选择增加电子渠道。Shi 等（2018）分析了制造商、在线零售商和实体店之间的竞争策略，当产品的匹配概率和到实体店的运输成本较低时，分销渠道是唯一的选择。Pu 等（2021）探讨了制造商在线下渠道存在不同权力结构时的线上渠道策略，结果表明，当佣金率小于给定阈值时，制造商会选择在线代理模式。Yan 等（2019）分析了制造商在销售效率处于劣势时的市场渠道引入策略，结果表明，引入市场渠道对于制造商和电子零售商都是有利的。Qin 等（2021）研究了物流服务分别由不同供应链成员提供时的在线渠道选择决策以及物流服务的成本绩效如何影响平台供应链销售模式的选择。He 等（2022）分析了面对具有战略行为的消费者的企业在不同渠道结构下的最优定价策略，发现先通过线上销售再进行线下销售可以有效缓解消费者的战略性消费行为。Huang 等（2023）探讨了顾客策略行为如何影响渠道成员销售模式的选择决策，发现在客户存在策略行为时，代理和转售模式都可能是帕累托效率销售模式。Wei 等（2022）分析了平台的市场引入决策对供应商渠道选择的影响，发现产品的差异度和平台收取的订单旅行费均会影响供应商的渠道选择决策。Zhang 等（2022）在以往渠道研究的基础上考虑了差异化生产的制造商，探讨了产品的在线分销模式，并进一步研究了不同的营销策略和供应链不同领导主体下的决策。Chen 等（2021）探讨了电子卖家在转售和代理销售模式下的退货运费险策略，并探讨了在平台供应链中谁更适合提供退货运费保险。Xu 等（2021）研究了碳限额与交易政策下通过市场或转售渠道在网上销售产品的制造商的渠道添加问题，并比较了渠道增加前后制造商的最优决策和利润。Cao 等（2022）研究了碳限额与交易政策和不同权力结构下的零售商的渠道选择决策，研究发现，零售商的最优渠道选择会受到平台的年服务费、权力结构和碳交易价格的影响。

10.1.3　资金受限的供应链定价及融资决策

Cao 等（2018）研究了资金受限的制造商在利用碳排放权进行质押贷款时的最佳决策。研究结果表明，资金受限的制造商通过将碳排放许可作为质押物获得贷款，能够比无融资渠道的制造商获得更高的利润。

Zhang 等（2020）分析了由财务受限的制造商和零售商构成的闭环供应链（CLSC）中的运营决策和融资策略。研究考虑了单一银行融资或零售商信贷融资的贷款金额限制，并提出了银行融资和零售商信用融资相结合的混合融资策略。

An 等（2021）研究了碳排放约束和资金约束下，如何实现制造商利润和社会福利最大化的问题；研究考虑了绿色气候融资和传统贸易信贷融资两种方式，并发现在相对严格的碳排放政策下，制造商可以设定适当的绿色投资范围，实现与供应商的双赢局面。

Jin 等（2021）研究了在产品存在缺陷的情况下，供应商中介在零售商融资中的合理方案和效率。研究发现，供应商中介融资方案可以显著提高供应链成员的利润。

Yan 等（2020）研究了搭便车行为和网络金融对线上、线下渠道的最优定价和销售努力的影响。研究发现，双向搭便车和在线融资可以吸引额外需求，并帮助供应链成员获得更多利润。

Zheng 等（2022）考虑到市场不确定性对供应链成员决策的影响，对不确定市场下零售商资金受限的再制造供应链融资决策进行了分析研究。

Sun 等（2022）分析了资金受限的制造商在双渠道销售两种异质产品时的融资策略，并比较了提前付款融资、银行融资和银行组合融资三种方式的有效性。

Fang 等（2020）研究了由资金受限的制造商构成的绿色供应链中的融资问题；研究分析了绿色制造商在绿色融资和部分预付款与绿色信贷相结合的混合融资两种方式下的绿色融资均衡决策。

Deng 等（2023）考虑碳中和下制造商具有资金约束的情况，研究了供应链成员的优化融资决策。研究发现，提高减排效率促使制造商从外部融资方式转向内部融资方式，并且碳交易价格会影响制造商的融资决策。

10.1.4　差异与贡献

综上所述，已有的文献广泛探讨了与本章相关的各个方面。在表 10-1

中，我们对本章与现有文献在低碳政策、资金约束和电商供应链渠道选择方面的差异进行了比较。从表 10-1 可以看出，本章对现有文献进行了以下三个方面的拓展。

表 10-1　　　　　　　　　　　相关文献对比

文献	低碳政策	资金约束	电商供应链	渠道选择
Cao.（2018）	√（碳限额与交易政策）	√		
Wei.（2022）			√	√
Xu.（2021）	√（碳限额）		√	√
An.（2020）	√（碳排放）	√		
Li.（2021）	√（碳限额与交易及政府补贴）			
Huang.（2023）			√	√
Bian.（2021）	√（消费者补贴和制造商补贴）			
本章	√（研发和生产成本补贴）	√	√	√

首先，现有的政府补贴研究主要集中在传统供应链中的定价和减排决策上。考虑到电商供应链的快速发展和其与传统供应链的不同之处，我们研究了政府补贴政策对电商供应链决策的影响。现有研究大多比较了碳税和碳补贴下的决策，但很少有研究不同类型的碳补贴的。由于针对绿色生产的制造商的不同补贴对供应链成员的决策影响不同，本章旨在研究不同制造商补贴下的决策和利润情况，以帮助电商供应链成员作出最优的绿色决策。

其次，在实际情况中，生产企业在进行绿色转型生产时往往面临资金困境。然而，目前对涉及资金约束的绿色电商供应链的研究较少。现有研究主要关注不同情境下供应链成员的融资决策和融资活动对运营决策的影响，但对于资金约束下的供应链渠道选择研究较少。由于资金约束会影响供应链成员的绩效，并进一步影响渠道选择决策，本章考虑分析资金约束下供应链成员的渠道选择和定价决策，以帮助企业优化融资决策以提高自身绩效。

最后，在电商供应链渠道决策的研究中，结合低碳政策进行的绿色电商供应链研究相对较少，主要集中在碳限额和交易政策下的均衡决策分析上。然而，考虑到当前供应链企业进行不同程度的绿色转型，并且政府的补贴政策对绿色生产企业的决策产生影响，我们认为结合政府补贴政策分析电商供应链的决策问题具有重要意义。这对于绿色电商供应链的可持续发展也具有积极影响。

10.2　平台供应链渠道问题描述与假设

在一个由资金受限制的制造商和一个电商平台组成的供应链系统中，制造商负责生产绿色产品，并通过电商平台销售给具有绿色意识的消费者。在制造商与平台之间存在 Stackelberg 博弈，其中，制造商是领导者，平台是追随者。他们可以选择批发或代理两种合作模式（见图 10-1）。

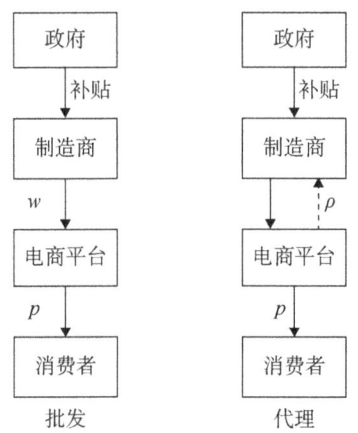

图 10-1　政府补贴下的两种模型

当制造商与平台签订代理合同时，制造商利用电商平台提供的交易场所销售产品，产品的最终定价权在制造商手中，而平台则按照制造商的销售收入收取一定比例的佣金。而当制造商与平台签订批发合同时，制造商首先将产品批发给平台，而平台则负责制定零售价并销售给消费者。在产品的生产和销售过程中，制造商进行绿色技术研发活动以提高产品的绿色度，而电商平台提供绿色营销服务来促进绿色产品的销售。为了促进绿色产品的生产，政府可以通过绿色研发补贴和生产成本补贴来缓解制造商的资金压力，从而鼓励企业进行绿色生产。表 10-2 中列出了模型中使用的变量符号及其描述，便于阐述模型。

假设 1. 消费者有绿色偏好，他们的需求受产品价格、产品绿色度和绿色营销水平的影响。我们假设绿色产品的市场需求可以用线性函数表示，需求函数为 $q = 1 - p + \beta t + \gamma e$。其中，1 为市场的潜在需求，$\gamma$ 为消费者对产品绿色度的敏感系数（$0 < \gamma < 1$），β 为消费者对绿色营销水平的敏感系数（$0 < \beta < 1$）。

表10-2　　　　　　　　　　变量符号及描述

符号	描述
w	单位产品的批发价格
c	单位产品的生产成本
p	绿色产品的零售价
q	市场产品需求
e	产品绿色度
t	平台绿色营销水平
ρ	电商平台的佣金率
γ	消费者绿色敏感系数
β	消费者对平台绿色营销的敏感系数
r	银行贷款利率
K	制造商初始资金
θ	政府对制造商绿色研发投入的补贴系数
μ	政府对制造商单位生产成本的补贴比例
π_m	制造商利润
π_e	电商平台利润

假设2. 假设制造商生产绿色产品的单位成本为 c。为了生产绿色产品，制造商需要进行绿色技术研发投资。用 e 表示绿色研发水平，绿色研发水平越高，相应的绿色技术投入也越多。由于投资往往是规模不经济的，设制造商的绿色研发投入为 $\frac{e^2}{2}$ ($e>0$)。

假设3. 资金受限的制造商选择向银行贷款，并需要支付银行利息作为融资成本。假设制造商的融资成本为 $r\left[cq+(1-\theta)\frac{e^2}{2}-K\right]$，$r$ 为银行贷款利率 ($0<r<1$)，K 为制造商的初始资金。

假设4. 为了提高绿色产品的销量，平台提供绿色营销服务。设平台绿色营销投入为 $\frac{t^2}{2}$，其中，t 为绿色营销水平 ($0<t<1$)。

假设5. 政府根据制造商的绿色研发支出或生产成本的一定比例进行补贴。政府以比例 θ 补贴制造商的绿色研发投入，并以比例 μ 补贴制造商的生产成本。

假设6. 在代理模式下，平台按一定比例收取佣金费。参考 Wei 等的研究，本章假设平台的佣金率为 β，在 1%~25% 的范围。

为了简化说明，用上标 θr、θa 分别表示政府绿色研发补贴下的批发、代理模式；用上标 μr、μa 分别表示政府生产成本补贴下的批发、代理模式。

10.3 模型及均衡解

10.3.1 研发补贴

在本部分，我们首先提出了两种政府补贴政策下批发和代理渠道结构下制造商和平台的目标函数；然后，对最优决策进行了分析，给出了最优决策的特点以及相应的利润。

10.3.1.1 批发

在批发合同下，由于制造商作为领导者，制造商根据利润最大化的原则确定产品的绿色度 e 和批发价 w。制造商将绿色产品批发给平台，平台再根据制造商设定的批发价来确定最终的零售价 p 和绿色营销水平 t。政府按比例 θ 对制造商的绿色研发投入进行补贴，制造商和平台的目标利润函数分别如下：

$$\pi_m^{\theta r} = wq - cq - (1-\theta)\frac{e^2}{2} - r\left[cq + (1-\theta)\frac{e^2}{2} - K\right] \quad (10-1)$$

$$\pi_e^{\theta r} = (p-w)q - \frac{t^2}{2} \quad (10-2)$$

定理一：此时，制造商和平台的最优决策分别为：

$$w^{\theta r} = \frac{(1+r)[-(1+c+cr)(-2+\beta^2) - c\gamma^2 + (1+c+cr)(-2+\beta^2)\theta]}{4-\gamma^2+2\beta^2(-1+\theta)+2r(-2+\beta^2)(-1+\theta)-4\theta}$$

$$e^{\theta r} = -\frac{(-1+c+cr)\gamma}{4-\gamma^2+2\beta^2(-1+\theta)+2r(-2+\beta^2)(-1+\theta)-4\theta}$$

$$t^{\theta r} = \frac{(1+r)(-1+c+cr)\beta(-1+\theta)}{4-\gamma^2+2\beta^2(-1+\theta)+2r(-2+\beta^2)(-1+\theta)-4\theta}$$

$$p^{\theta r} = \frac{(1+r)\{(-3+\beta^2)(-1+\theta)+c[-(1+r)(-1+\beta^2)-\gamma^2+(1+r)(-1+\beta^2)\theta]\}}{4-\gamma^2+2\beta^2(-1+\theta)+2r(-2+\beta^2)(-1+\theta)-4\theta}$$

进一步，根据供应链成员的最优决策，可计算出各成员的最优利润：

$$\pi_m^{\theta r} = \frac{1+2c(1+r)^2(-1+\theta)-c^2(1+r)^3(-1+\theta)-\theta+r[1-4k(1+r)(-2+\beta^2)-2k\gamma^2-\theta+4k(1+r)(-2+\beta^2)\theta]}{-4(1+r)(-2+\beta^2)-2\gamma^2+4(1+r)(-2+\beta^2)\theta}$$

$$\pi_e^{\theta r} = -\frac{(1+r)^2(-1+c+cr)^2(-2+\beta^2)(-1+\theta)^2}{2[-4+\gamma^2-2\beta^2(-1+\theta)-2r(-2+\beta^2)(-1+\theta)+4\theta]^2}$$

证明：利用逆向归纳法，先求解平台的最优决策。此时，平台根据利润最大化确定线上零售价格和绿色营销水平，$\pi_e^{\theta r}$ 关于 p 和 t 的 Hessian 矩阵为：
$\begin{bmatrix} -2 & \beta \\ \beta & -1 \end{bmatrix}$，二阶行列式大于零，存在唯一的 p 和 t 使平台利润最大化。此时，平台的最优决策为：

$$p = \frac{1 + w - w\beta^2 + e\gamma}{2 - \beta^2}, t = \frac{\beta(-1 + w - e\gamma)}{-2 + \beta^2}$$

将 p 和 t 代入制造商的利润函数中，得到以下 $\pi_m^{\theta r}$ 关于 w 和 e 的一阶导数和 Hessian 矩阵：

$$\frac{\partial \pi_m^{\theta r}}{\partial w} = \frac{1 + c + cr - 2w + e\gamma}{2 - \beta^2}$$

$$\frac{\partial \pi_m^{\theta r}}{\partial e} = \frac{(c + cr - w)\gamma}{-2 + \beta^2} + e(1 + r)(-1 + \theta)$$

$$H = \begin{bmatrix} \dfrac{2}{-2 + \beta^2} & \dfrac{\gamma}{2 - \beta^2} \\ \dfrac{\gamma}{2 - \beta^2} & (1 + r)(-1 + \theta) \end{bmatrix}$$

因为 $|H| = \dfrac{4 - \gamma^2 + 2\beta^2(-1 + \theta) + 2r(-2 + \beta^2)(-1 + \theta) - 4\theta}{(-2 + \beta^2)^2}$，当 $4 - \gamma^2 + 2\beta^2(-1 + \theta) + 2r(-2 + \beta^2)(-1 + \theta) - 4\theta > 0$ 时，二阶行列式大于零，矩阵是负定的。令 $\dfrac{\partial \pi_m^{\theta r}}{\partial w} = 0$、$\dfrac{\partial \pi_m^{\theta r}}{\partial e} = 0$ 求得制造商利润最大化时的 w 和 e，进而求得 p 和 t。定理一得证。

10.3.1.2 代理

在代理模式下，制造商首先对产品的绿色度 e 和零售价 p 进行决策，平台在此基础上进行绿色营销水平 t 的决策。政府按比例 μ 对制造商的绿色研发投入进行补贴，制造商和平台的目标利润函数分别为：

$$\pi_m^{\theta a} = pq - \rho pq - cq - (1 - \theta)\frac{e^2}{2} - r\left[cq + (1 - \theta)\frac{e^2}{2} - K\right] \tag{10-3}$$

$$\pi_e^{\theta a} = \rho pq - \frac{t^2}{2} \tag{10-4}$$

定理二：此时，制造商和平台的最优决策分别为：

$$p^{\theta a} = -\frac{(1 + r)\{c\gamma^2(-1 + \rho) - (-1 + \theta)[1 - \rho - c(1 + r)(-1 + \beta^2\rho)]\}}{(-1 + \rho)[\gamma^2(-1 + \rho) + 2(1 + r)(-1 + \theta)(-1 + \beta^2\rho)]}$$

$$e^{\theta a} = \frac{\gamma[1 - \rho + c(1 + r)(-1 + \beta^2\rho)]}{\gamma^2(-1 + \rho) + 2(-1 + \theta)(-1 + \beta^2\rho) + 2r(-1 + \theta)(-1 + \beta^2\rho)}$$

$$t^{\theta a} = -\frac{(1+r)\beta\rho\{c\gamma^2(-1+\rho)-(-1+\theta)[1-\rho-c(1+r)(-1+\beta^2\rho)]\}}{(-1+\rho)[\gamma^2(-1+\rho)+2(1+r)(-1+\theta)(-1+\beta^2\rho)]}$$

进一步，根据供应链成员的最优决策，可计算出各成员的最优利润：

$$\pi_m^{\theta a} = \frac{\begin{array}{c}-2c(1+r)^2(-1+\theta)(-1+\rho)(-1+\beta^2\rho)+c^2(1+r)^3(-1+\theta)\\(-1+\beta^2\rho)^2+(-1+\rho)\{(-1+\theta)(-1+\rho)+4kr^2(-1+\theta)(-1+\beta^2\rho)\\+r[2k\gamma^2(-1+\rho)+(-1+\theta)(-1+\rho)+4k(-1+\theta)(-1+\beta^2\rho)]\}\end{array}}{2(-1+\rho)[\gamma^2(-1+\rho)+2(-1+\theta)(-1+\beta^2\rho)+2r(-1+\theta)(-1+\beta^2\rho)]}$$

$$\pi_e^{\theta a} = \frac{\begin{array}{c}(1+r)^2\rho\{-c[-1+\gamma^2+r(-1+\theta)+\theta]+(-1+\theta)(-1+\rho)+\\c[\gamma^2+(1+r)\beta^2(-1+\theta)]\rho\}(-(-1+\theta)(-1+\rho)(-2+3\beta^2\rho)+\\c\{2(1+r)(-1+\theta)+\beta^2[3+3r+\gamma^2-3(1+r)\theta]\rho+\beta^2[-\gamma^2+\\(1+r)\beta^2(-1+\theta)]\rho^2\})\end{array}}{2(-1+\rho)^2[\gamma^2(-1+\rho)+2(-1+\theta)(-1+\beta^2\rho)+2r(-1+\theta)(-1+\beta^2\rho)]^2}$$

证明： 通过对平台利润方程中的 t 求一阶偏导，可以得到：

$$\frac{\partial \pi_e^{\theta a}}{\partial t} = -t + p\beta\rho$$

因为 $\pi_e^{\theta a}$ 关于 t 的二阶导数 $\frac{\partial^2 \pi_e^{\theta a}}{\partial t^2} = -1 < 0$，当 $\frac{\partial \pi_e^{\theta a}}{\partial t} = 0$ 时求得使平台利润最大化的唯一 t，$t = p\beta\rho$。将 t 代入制造商的利润函数中，分别求出 $\pi_m^{\theta a}$ 对 p 和 e 的二阶导数。因此，可以得到 $\pi_m^{\theta a}$ 关于 p 和 e 的 Hessian 矩阵如下：

$$H = \begin{bmatrix} -2(-1+\rho)(-1+\beta^2\rho) & \gamma-\gamma\rho \\ \gamma-\gamma\rho & (1+r)(-1+\theta) \end{bmatrix}$$

因为 $|H| = -(-1+\rho)[\gamma^2(-1+\rho)+2(-1+\theta)(-1+\beta^2\rho)+2r(-1+\theta)(-1+\beta^2\rho)]$，当 $\gamma^2(-1+\rho)+2(-1+\theta)(-1+\beta^2\rho)+2r(-1+\theta)(-1+\beta^2\rho) > 0$ 时，二阶行列式大于零，矩阵是负定的。可以通过令 $\frac{\partial \pi_m^{\theta a}}{\partial p} = 0$、$\frac{\partial \pi_m^{\theta a}}{\partial e} = 0$，求得制造商利润最大化时的 p 和 e。定理二得证。

10.3.2 生产成本补贴

10.3.2.1 批发

制造商和平台的目标利润函数分别为：

$$\pi_m^{\mu r} = wq - (1-\mu)cq - \frac{e^2}{2} - r\left[(1-\mu)cq + \frac{e^2}{2} - K\right] \qquad (10-5)$$

$$\pi_e^{\mu r} = pq - \frac{t^2}{2} \qquad (10-6)$$

定理三：此时，制造商和平台的最优决策分别为：

$$w^{\mu r} = -\frac{(1+r)\{2-\beta^2+c[(1+r)(-2+\beta^2)+\gamma^2](-1+\mu)\}}{2(1+r)(-2+\beta^2)+\gamma^2}$$

$$e^{\mu r} = \frac{\gamma[-1-c(1+r)(-1+\mu)]}{2(1+r)(-2+\beta^2)+\gamma^2}$$

$$p^{\mu r} = -\frac{(1+r)\{3-\beta^2+c[(1+r)(-1+\beta^2)+\gamma^2](-1+\mu)\}}{2(1+r)(-2+\beta^2)+\gamma^2}$$

$$t^{\mu r} = \frac{(1+r)\beta[-1-c(1+r)(-1+\mu)]}{2(1+r)(-2+\beta^2)+\gamma^2}$$

进一步，根据供应链成员的最优决策，可计算出各成员的最优利润：

$$\pi_m^{\mu r} = \frac{(1+r)[-1+4kr(-2+\beta^2)]+2kr\gamma^2-2c(1+r)^2(-1+\mu)-c^2(1+r)^3(-1+\mu)^2}{2[2(1+r)(-2+\beta^2)+\gamma^2]}$$

$$\pi_e^{\mu r} = -\frac{(1+r)^2(-2+\beta^2)[1+c(1+r)(-1+\mu)]^2}{2[2(1+r)(-2+\beta^2)+\gamma^2]^2}$$

证明：利用逆向归纳法，先求解平台的最优决策。此时，平台根据利润最大化确定线上零售价格和绿色营销水平，$\pi_e^{\mu r}$关于p和t的Hessian矩阵为：$\begin{bmatrix} -2 & \beta \\ \beta & -1 \end{bmatrix}$，二阶行列式大于零，存在唯一的$p$和$t$使平台利润最大化。此时，平台的最优决策为：

$$p = \frac{1+w-w\beta^2+e\gamma}{2-\beta^2}, t = \frac{\beta(-1+w-e\gamma)}{-2+\beta^2}$$

将p和t代入制造商的利润函数中，得到以下$\pi_m^{\mu r}$关于w和e的一阶导数和Hessian矩阵：

$$\frac{\partial \pi_m^{\mu r}}{\partial w} = \frac{-1+2w-e\gamma+c(1+r)(-1+\mu)}{-2+\beta^2}$$

$$\frac{\partial \pi_m^{\mu r}}{\partial e} = -e(1+r) - \frac{\gamma(w+c(1+r)(-1+\mu))}{-2+\beta^2}$$

$$H = \begin{bmatrix} \dfrac{2}{-2+\beta^2} & -\dfrac{\gamma}{-2+\beta^2} \\ -\dfrac{\gamma}{-2+\beta^2} & -1-r \end{bmatrix}$$

$|H| = -\dfrac{2(1+r)(-2+\beta^2)+\gamma^2}{(-2+\beta^2)^2}$，当$2(1+r)(-2+\beta^2)+\gamma^2 < 0$时，二阶行列式大于零，矩阵是负定的。令$\dfrac{\partial \pi_m^{\mu r}}{\partial w}=0$、$\dfrac{\partial \pi_m^{\mu r}}{\partial e}=0$，求得制造商利润最大化时的$w$和$e$。定理三得证。

10.3.2.2 代理

制造商和平台的目标利润函数分别为:

$$\pi_m^{\mu a} = pq - \rho pq - (1-\mu)cq - \frac{e^2}{2} - r\left[(1-\mu)cq + \frac{e^2}{2} - K\right] \quad (10-7)$$

$$\pi_e^{\mu a} = \rho pq - \frac{t^2}{2} \quad (10-8)$$

定理四:此时,制造商和平台的最优决策分别为:

$$p^{\mu a} = -\frac{(1+r)\left(-1+\rho+c(-1+\mu)\{1+r-\gamma^2+[-(1+r)\beta^2+\gamma^2]\rho\}\right)}{(-1+\rho)[2(1+r)(-1+\beta^2\rho)+\gamma(\gamma-\gamma\rho)]}$$

$$e^{\mu a} = -\frac{\gamma[-1+\rho+c(1+r)(-1+\mu)(-1+\beta^2\rho)]}{2+2r-\gamma^2+[-2(1+r)\beta^2+\gamma^2]\rho}$$

$$t^{\mu a} = -\frac{(1+r)\beta\rho\left(-1+\rho+c(-1+\mu)\{1+r-\gamma^2+[-(1+r)\beta^2+\gamma^2]\rho\}\right)}{(-1+\rho)[2(1+r)(-1+\beta^2\rho)+\gamma(\gamma-\gamma\rho)]}$$

进一步,根据供应链成员的最优决策,可计算出各成员的最优利润:

$$\pi_m^{\mu a} = \frac{\begin{array}{c}2c(1+r)^2(-1+\mu)(-1+\rho)(-1+\beta^2\rho) + c^2(1+r)^3(-1+\mu)^2 \\ (-1+\beta^2\rho)^2 + (-1+\rho)\{-1+\rho+r[-1+\rho+2k(-2-2r+\gamma^2+\\ 2\beta^2\rho+2r\beta^2\rho-\gamma^2\rho)]\}\end{array}}{2(-1+\rho)[-2-\gamma^2(-1+\rho)+2\beta^2\rho+2r(-1+\beta^2\rho)]}$$

$$\pi_e^{\mu a} = \frac{\begin{array}{c}(1+r)^2\rho\left((-1+\rho)(-2+3\beta^2\rho)+c(-1+\mu)\{2(1+r)-\\ \beta^2(3+3r+\gamma^2)\rho+\beta^2[(1+r)\beta^2+\gamma^2]\rho^2\}\right)\{1-\rho+c(-1+\mu)\\ [-1+\gamma^2+\beta^2\rho-\gamma^2\rho+r(-1+\beta^2\rho)]\}\end{array}}{2(-1+\rho)^2[2+\gamma^2(-1+\rho)-2\beta^2\rho+r(2-2\beta^2\rho)]^2}$$

证明:通过对平台利润方程中的 t 求一阶偏导,可以得到:

$$\frac{\partial \pi_e^{\mu a}}{\partial t} = -t + p\beta\rho$$

因为 $\pi_e^{\mu a}$ 关于 t 的二阶导数 $\frac{\partial^2 \pi_e^{\mu a}}{\partial t^2} = -1 < 0$,当 $\frac{\partial \pi_e^{\mu a}}{\partial t} = 0$ 时,求得使平台利润最大化的唯一 t,$t = p\beta\rho$。将 t 代入制造商的利润函数中,分别求出 $\pi_m^{\mu a}$ 对 p 和 e 的二阶导数。因此,可以得到 $\pi_m^{\mu a}$ 关于 p 和 e 的 Hessian 矩阵如下:

$$H = \begin{bmatrix} -2(-1+\rho)(-1+\beta^2\rho) & \gamma-\gamma\rho \\ \gamma-\gamma\rho & -1-r \end{bmatrix}$$

$|H| = (-1+\rho)[-2-\gamma^2(-1+\rho)+2\beta^2\rho+2r(-1+\beta^2\rho)]$,当 $-2-\gamma^2(-1+\rho)+2\beta^2\rho+2r(-1+\beta^2\rho) < 0$ 时,二阶行列式大于零,矩阵是负定的。

令 $\frac{\partial \pi_m^{\mu a}}{\partial p}=0$、$\frac{\partial \pi_m^{\mu a}}{\partial e}=0$，求得制造商利润最大化时的 p 和 e。定理四得证。

10.3.3 敏感性分析

通过以上的分析和求解，我们获得了制造商和平台在不同政府补贴政策下的均衡决策和利润。为了更好地理解关键因素对最优决策的影响，随后我们对研发补贴系数 θ、成本补贴系数 μ 进行了敏感性分析，如命题1至命题4所示。

命题1 $0<c\leqslant \frac{1}{2}, 0<r<1$ 或 $\frac{1}{2}<c<1, 0<r<\frac{1-c}{c}$ 时，$\frac{\partial w^{\theta r}}{\partial \theta}>0$，$\frac{\partial p^{\theta r}}{\partial \theta}>0$，$\frac{\partial e^{\theta r}}{\partial \theta}>0$，$\frac{\partial t^{\theta r}}{\partial \theta}>0$。

命题1说明，在批发渠道中，较高水平的政府研发补贴有助于消费者获得更高绿色度的产品，但消费者也需要支付更高的价格，因为随着研发补贴水平的提高，绿色产品的最终零售价格也会随之提高。随着研发补贴的增加，制造商会设定较高的批发价格，这样增加的批发价和政府研发补贴可以部分抵消绿色投资的成本，从而激励制造商提高产品的绿色度。批发价格的上升导致平台制定的零售价格上升，这使一些价格敏感的消费者放弃购买该产品。在这种情况下，平台将增加绿色营销力度以扩大需求。

证明：分别对 $w^{\theta r}$、$p^{\theta r}$、$e^{\theta r}$、$t^{\theta r}$ 求关于 θ 的一阶偏导，可得：

$$\frac{\partial w^{\theta r}}{\partial \theta}=\frac{(1+r)(-1+c+cr)(-2+\beta^2)\gamma^2}{[-4+\gamma^2-2\beta^2(-1+\theta)-2r(-2+\beta^2)(-1+\theta)+4\theta]^2}$$

$$\frac{\partial p^{\theta r}}{\partial \theta}=\frac{(1+r)(-1+c+cr)(-3+\beta^2)\gamma^2}{[-4+\gamma^2-2\beta^2(-1+\theta)-2r(-2+\beta^2)(-1+\theta)+4\theta]^2}$$

$$\frac{\partial e^{\theta r}}{\partial \theta}=\frac{2(1+r)(-1+c+cr)(-2+\beta^2)\gamma}{[-4+\gamma^2-2\beta^2(-1+\theta)-2r(-2+\beta^2)(-1+\theta)+4\theta]^2}$$

$$\frac{\partial t^{\theta r}}{\partial \theta}=-\frac{(1+r)(-1+c+cr)\beta\gamma^2}{[-4+\gamma^2-2\beta^2(-1+\theta)-2r(-2+\beta^2)(-1+\theta)+4\theta]^2}$$

当 $0<c\leqslant \frac{1}{2}, 0<r<1$ 或 $\frac{1}{2}<c<1, 0<r<\frac{1-c}{c}$ 时，$-1+c+cr<0$，可以得到 $\frac{\partial w^{\theta r}}{\partial \theta}>0$，$\frac{\partial p^{\theta r}}{\partial \theta}>0$，$\frac{\partial e^{\theta r}}{\partial \theta}>0$，$\frac{\partial t^{\theta r}}{\partial \theta}>0$。

命题2 $0<\theta<\frac{-2-2r+\gamma^2+2\beta^2\rho+2r\beta^2\rho-\gamma^2\rho}{-2-2r+2\beta^2\rho+2r\beta^2\rho}$，$0<c<\frac{-1+\rho}{-1-r+\beta^2\rho+r\beta^2\rho}$ 时，$\frac{\partial p^{\theta a}}{\partial \theta}>0$，$\frac{\partial e^{\theta a}}{\partial \theta}>0$，$\frac{\partial t^{\theta a}}{\partial \theta}>0$。

命题2指出，在代理渠道模式下，政府的研发补贴可以激励制造商不断改进技术，提高产品的绿色度。为了平衡增加技术研发投入导致的成本上升，制造商会提高零售价。因此，制造商仍然有动力去提高产品的绿色度。随着零售价的上升，需求量会减少，平台会增加绿色营销水平来稳定需求。

证明：分别对$p^{\theta a}$、$e^{\theta a}$、$t^{\theta a}$求关于θ的一阶偏导，可得：

$$\frac{\partial p^{\theta a}}{\partial \theta} = \frac{(1+r)\gamma^2[1-\rho+c(1+r)(-1+\beta^2\rho)]}{[\gamma^2(-1+\rho)+2(-1+\theta)(-1+\beta^2\rho)+2r(-1+\theta)(-1+\beta^2\rho)]^2}$$

$$\frac{\partial e^{\theta a}}{\partial \theta} = -\frac{2(1+r)\gamma(-1+\beta^2\rho)[1-\rho+c(1+r)(-1+\beta^2\rho)]}{[\gamma^2(-1+\rho)+2(-1+\theta)(-1+\beta^2\rho)+2r(-1+\theta)(-1+\beta^2\rho)]^2}$$

$$\frac{\partial t^{\theta a}}{\partial \theta} = \frac{(1+r)\beta\gamma^2\rho[1-\rho+c(1+r)(-1+\beta^2\rho)]}{[\gamma^2(-1+\rho)+2(-1+\theta)(-1+\beta^2\rho)+2r(-1+\theta)(-1+\beta^2\rho)]^2}$$

当$0<\theta<\dfrac{-2-2r+\gamma^2+2\beta^2\rho+2r\beta^2\rho-\gamma^2\rho}{-2-2r+2\beta^2\rho+2r\beta^2\rho}$，$0<c<\dfrac{-1+\rho}{-1-r+\beta^2\rho+r\beta^2\rho}$时，

$1-\rho+c(1+r)(-1+\beta^2\rho)>0$，可以得到$\dfrac{\partial p^{\theta a}}{\partial \theta}>0$，$\dfrac{\partial e^{\theta a}}{\partial \theta}>0$，$\dfrac{\partial t^{\theta a}}{\partial \theta}>0$。

命题3 $\dfrac{\partial w^{\mu r}}{\partial \mu}<0$，$\dfrac{\partial e^{\mu r}}{\partial \mu}>0$，$\dfrac{\partial t^{\mu r}}{\partial \mu}>0$，$0<\beta\leqslant\sqrt{1-\gamma^2}$，$0<r<1$ 或 $\sqrt{1-\gamma^2}<\beta<\dfrac{\sqrt{2-\gamma^2}}{\sqrt{2}}$，$\dfrac{1-\beta^2-\gamma^2}{-1+\beta^2}<r<1$ 时，$\dfrac{\partial p^{\mu r}}{\partial \mu}<0$。

命题3说明，在批发渠道下，随着生产成本补贴比例的提高，产品的绿色度和绿色营销水平会提高，批发价和零售价会降低。政府对生产成本进行补贴同样有助于消费者获得更高绿色度的产品，但消费者购买绿色产品所需支付的价格会随着成本补贴水平的提高而降低。制造商的生产成本得到直接补贴后，制造商制定的批发价格也相应降低。相应地，平台会降低零售价，同时增加绿色营销力度来扩大需求。

证明：分别对$w^{\mu r}$、$p^{\mu r}$、$e^{\mu r}$、$t^{\mu r}$求关于μ的一阶偏导，可得：

$$\frac{\partial w^{\mu r}}{\partial \mu} = -\frac{c(1+r)[(1+r)(-2+\beta^2)+\gamma^2]}{2(1+r)(-2+\beta^2)+\gamma^2}$$

$$\frac{\partial p^{\mu r}}{\partial \mu} = -\frac{c(1+r)[(1+r)(-1+\beta^2)+\gamma^2]}{2(1+r)(-2+\beta^2)+\gamma^2}$$

$$\frac{\partial e^{\mu r}}{\partial \mu} = -\frac{c(1+r)\gamma}{2(1+r)(-2+\beta^2)+\gamma^2}$$

$$\frac{\partial t^{\mu r}}{\partial \mu} = -\frac{c(1+r)^2\beta}{2(1+r)(-2+\beta^2)+\gamma^2}$$

因为$2(1+r)(-2+\beta^2)+\gamma^2<0$，$(1+r)(-2+\beta^2)+\gamma^2<0$，可以得到

$\frac{\partial w^{\mu r}}{\partial \mu}<0$，$\frac{\partial e^{\mu r}}{\partial \mu}>0$，$\frac{\partial t^{\mu r}}{\partial \mu}>0$；当 $0<\beta \leqslant \sqrt{1-\gamma^2}$，$0<r<1$ 或 $\sqrt{1-\gamma^2}<\beta<\frac{\sqrt{2-\gamma^2}}{\sqrt{2}}$，$\frac{1-\beta^2-\gamma^2}{-1+\beta^2}<r<1$ 时，$(1+r)(-1+\beta^2)+\gamma^2<0$，即 $\frac{\partial p^{\mu r}}{\partial \mu}<0$。

命题 4 $\frac{\partial p^{\mu a}}{\partial \mu}<0$，$\frac{\partial e^{\mu a}}{\partial \mu}>0$，$\frac{\partial t^{\mu a}}{\partial \mu}>0$。

命题 4 阐明，在代理合同下，政府成本补贴的增加会导致零售价降低，同时产品的绿色度和绿色营销水平也会随之提高。政府的成本补贴使制造商的成本减少，从而提高了利润空间，因此制造商倾向于降低零售价格，并仍然有动力生产更绿色的产品。平台的利润主要来自制造商支付的佣金，价格降低会减少平台的利润，因此平台会提高绿色营销水平来扩大需求。

证明：分别对 $p^{\mu a}$、$e^{\mu a}$、$t^{\mu a}$ 求关于 μ 的一阶偏导，可得：

$$\frac{\partial p^{\mu a}}{\partial \mu}=\frac{1}{2}c(1+r)\left\{\frac{1}{-1+\rho}+\frac{\gamma^2}{2+2r-\gamma^2+[-2(1+r)\beta^2+\gamma^2]\rho}\right\}$$

$$\frac{\partial e^{\mu a}}{\partial \mu}=-\frac{c(1+r)\gamma(-1+\beta^2\rho)}{2+2r-\gamma^2+[-2(1+r)\beta^2+\gamma^2]\rho}$$

$$\frac{\partial t^{\mu a}}{\partial \mu}=-\frac{c(1+r)\beta\rho\{1+r-\gamma^2+[-(1+r)\beta^2+\gamma^2]\rho\}}{(-1+\rho)[2(1+r)(-1+\beta^2\rho)+\gamma(\gamma-\gamma\rho)]}$$

因为 $2+2r-\gamma^2+[-2(1+r)\beta^2+\gamma^2]\rho>0$，$1+r-\gamma^2+[-(1+r)\beta^2+\gamma^2]\rho>0$，$2(1+r)(-1+\beta^2\rho)+\gamma(\gamma-\gamma\rho)<0$，可以得到 $\frac{\partial p^{\mu a}}{\partial \mu}<0$，$\frac{\partial e^{\mu a}}{\partial \mu}>0$，$\frac{\partial t^{\mu a}}{\partial \mu}>0$。

10.4 数值分析

本部分旨在通过数值分析对前文所述问题和模型求解进行进一步分析，探究政府补贴系数和银行贷款利率对供应链成员决策变量的影响。以下是各项参数的具体赋值：$c=0.3, r_1=0.05, r_2=0.10, \rho=0.10, \beta=0.2, \gamma=0.1, K=0$。参数满足上述约束条件。$p_1^{\theta r}$、$p_2^{\theta r}$ 分别表示 $r_1=0.05, r_2=0.10$ 下政府研发补贴时批发模式的零售价（下同）。

10.4.1 补贴系数和利率对决策变量的影响

10.4.1.1 研发补贴下补贴系数和利率对决策变量的影响

图 10-2 展示了研发补贴系数和利率对供应链成员决策变量的影响。从图 10-2（a）至图 10-2（d）可以观察到，零售价、批发价、产品绿色度和

绿色营销水平与研发补贴系数呈正相关。在批发渠道下，零售价和绿色营销水平高于代理渠道，而产品绿色度在代理渠道下更高。图 10-2（a）和图 10-2（b）显示利率的上升导致相同研发补贴系数下的零售价和批发价上升。图 10-2（c）显示利率对不同渠道下平台绿色营销水平的影响正负不同，批发渠道下的绿色营销水平与利率呈负相关，代理渠道下则相反。图 10-2（d）显示产品绿色度与利率呈负相关。

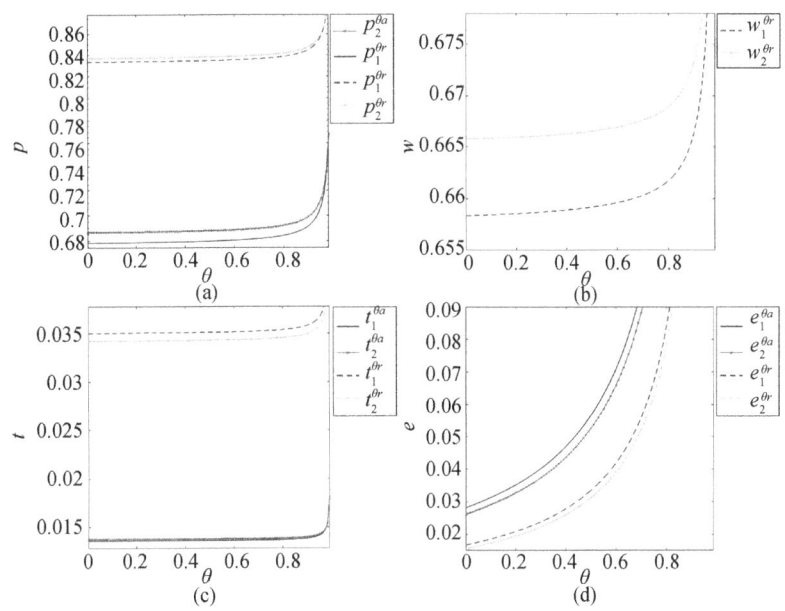

图 10-2　补贴系数 θ 和利率对批发和代理渠道各决策变量的影响

对于制造商而言，利润主要来自线上渠道的直接和间接产品销售。在代理模式下，制造商需要根据销售额支付一定比例的平台佣金。因此，从图 10-2 中可以看出，代理渠道下制造商的零售价高于批发渠道的批发价。结合图 10-4，研发补贴下代理渠道的利润高于批发渠道，因此制造商在代理渠道下更有动力进行绿色生产创新并生产更高绿色度的产品。

对于平台而言，利润主要来自代理模式下的佣金收入或批发模式下的产品销售收入。在批发模式下，平台根据制造商的批发价制定零售价，利率的变化首先直接影响制造商的定价决策，然后间接影响平台的定价决策，因此，利率对代理模式下的零售价影响更大。由于批发模式下的零售价较高，会降低消费者的需求。为了稳定需求，平台会增加营销投入以扩大需求。结合图 10-4，在研发补贴下，平台在批发渠道中获得更高的利润，因此平台更有动力进行绿色营销。

10.4.1.2 生产成本补贴下补贴系数和利率对决策变量的影响

图 10-3 说明了成本补贴系数和利率对各种决策变量的影响。从图 10-3 中可以看出,成本补贴与零售价、批发价呈负相关,而与产品绿色度呈正相关。此外,成本补贴对绿色营销水平的正负影响取决于销售渠道,批发渠道下绿色营销水平与利率呈正相关,而代理渠道下则相反。与研发补贴下类似,成本补贴下利率对各种决策变量的正负影响也相同。

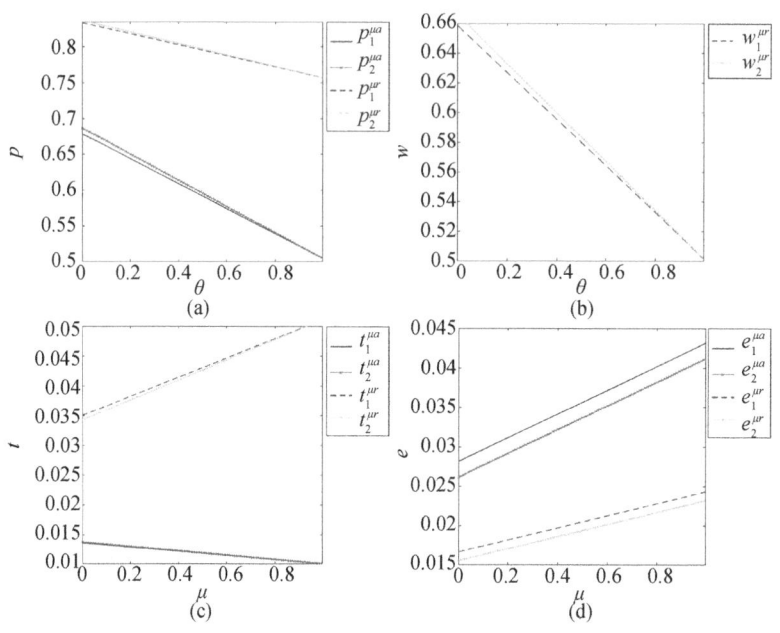

图 10-3 补贴系数 μ 和利率对批发和代理渠道各决策变量的影响

对于制造商来说,成本补贴能够直接降低单位产品的生产费用,因此制造商的产品定价主要受成本的影响。随着成本补贴水平的提高,制造商制定的产品批发价和零售价会不断降低。政府补贴的激励也会促使制造商提高产品的绿色度。结合图 10-5,制造商在代理渠道下获得更高的利润,因此,制造商会更有动力进行绿色生产创新。

对于平台来说,政府补贴会通过制造商对平台产生一定的间接影响。因此,从图 10-3(a)可以看出,政府成本补贴对代理渠道下的零售价影响更为显著。随着代理模式下零售价的显著降低,平台的利润空间也会不断缩小。此时,平台绿色营销对需求的影响相对于价格对需求的影响是很微小的,因此平台便没有动力再增加绿色营销投入来扩大需求。

10.4.2 补贴系数和利率对渠道决策的影响

10.4.2.1 研发补贴下补贴系数和利率对渠道决策的影响

根据图10-4（a），可以看出制造商的利润随着研发补贴水平的升高而增加。此外，代理渠道下的利润高于批发渠道。制造商追求利润最大化，因此它会选择代理合同。受利率升高的影响，批发和代理渠道下的利润均会降低，但代理渠道的利润变化更显著。值得注意的是，利率的高低并未影响制造商的渠道选择决策。

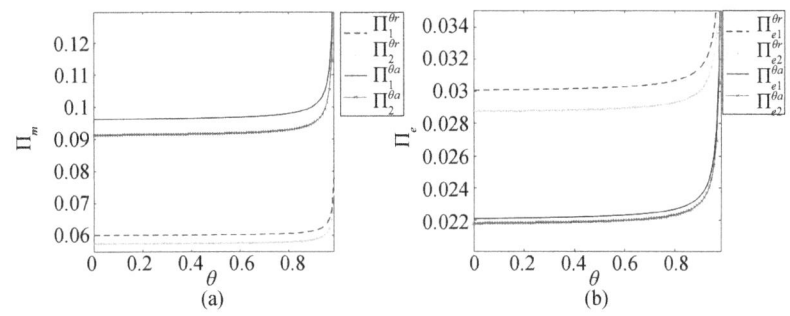

图10-4 补贴系数 θ 和利率对制造商和平台利润的影响

从图10-4（b）可以看出，政府补贴不仅对制造商有益，对平台也有间接利益，即平台的利润随着研发补贴水平的升高而上升。此时，在批发合同下，平台的利润高于代理合同下的利润，因此平台会选择批发合同。同样，利率升高会使两种渠道下的利润下降，但平台批发合同下的利润对利率变化更为敏感。

10.4.2.2 生产成本补贴下补贴系数和利率对渠道决策的影响

根据图10-5（a），可以看出成本补贴水平的增加会提高制造商的利润，而代理渠道下的利润高于批发渠道。制造商追求利润最大化，因此它会选择代理合同。受利率升高的影响，批发和代理渠道下的利润都会减少，但是代理渠道的利润变化更为显著。值得注意的是，利率的高低并未影响制造商的渠道选择决策。

从图10-5（b）可以看出，平台的利润随着成本补贴水平的增加而增加，尤其是在批发渠道下，平台的利润对成本补贴水平的变动更为敏感。在成本补贴下，批发渠道下的平台利润高于代理渠道，因此平台会选择批发渠道以实现利润最大化。同样，利率的上升会导致两个渠道下的利润下降，这表明利率不仅直接影响制造商，还会间接影响平台的利润。

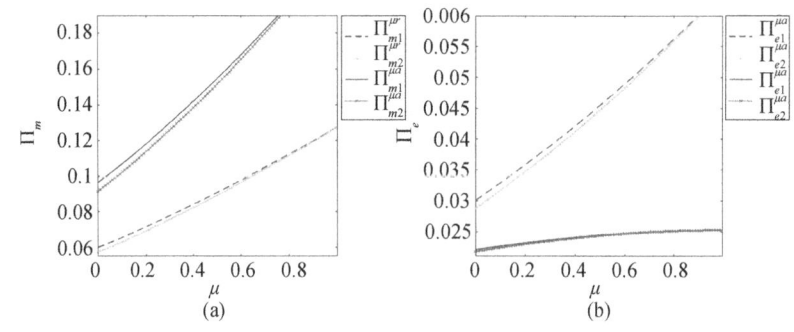

图 10-5　补贴系数 μ 和利率对制造商和平台利润的影响

本研究基于政府补贴政策，对比了受资金约束的电商平台供应链销售渠道的选择。不同的补贴政策和利率水平会影响制造商和平台的定价决策，并对二者之间的合作模式产生影响。本章考虑由一个制造商和一个电商平台组成的电商供应链，制造商通过平台销售绿色产品，并与平台有批发和代理两种合作模式。因此，本章建立了 Stackelberg 博弈模型，对不同政府补贴政策下供应链成员在不同渠道的均衡决策进行了分析，并得出以下结论：

（1）不论利率水平如何，两种补贴政策都会对制造商和平台的利润产生积极影响，但高利率会降低两者的利润水平。在不同政策下，制造商利润最高的模式均为代理，而平台利润最高的模式均为批发。因此，制造商的最优渠道均为代理渠道，平台的最优渠道均为批发。尽管利率的变动会影响制造商和平台的利润，但并不会影响到供应链成员的渠道决策。

（2）在运营决策方面，不同的政府补贴政策会对制造商和平台的零售价、批发价和绿色营销水平决策产生不同影响。研发补贴会提高批发价、零售价以及代理渠道下的绿色营销水平，而生产成本补贴则会降低批发价、零售价以及代理渠道下的绿色营销水平。此外，政府补贴政策与银行贷款利率水平之间存在紧密关联性。不同的利率水平对政府补贴下决策变量的影响也不同。在政府补贴下，高利率会导致零售价、批发价和代理渠道下的绿色营销水平较高；而产品绿色度、批发渠道下的绿色营销水平则会受到利率水平的影响。

这项研究对企业在绿色电商供应链中提高经济和环境绩效具有现实意义。随着电商行业的迅速发展，线上渠道的选择对供应链成员变得越来越重要。由于消费者对低碳意识的提高，政府促进绿色发展的补贴政策能够给制造商和平台带来好处。因此，绿色电商供应链渠道的研究具有现实意义。此外，面对绿色敏感的消费者，制造商进行绿色创新投入可以促进绿色产品的销售。因此，作为供应链的领导者，制造商应加大对绿色研发的投入，不断提高产品的绿色度，以更好地适应消费者的绿色消费需求。最后，研发和生产成本补贴都有利于制造商和平台的利润增长,但也导致了二者在在线渠道选择上的矛盾。制造商倾向于选择代理模式,而平台更愿意选择批发模式。在这种情况下,作为领导者的制造商应该通过协调机制等适当手段重新分配利润,以实现与平台之间的合作协调。

然而,本章存在以下局限和未来研究方向:

(1) 本章仅考虑了制造商和平台一对一的关系,未来的研究可以考虑多主体下的绿色电商平台渠道决策研究。

(2) 本章只考虑了资金约束的制造商进行的银行贷款融资,未来的研究可以分析制造商在不同融资方式下的渠道选择决策。

(3) 本章只考虑政府补贴这一种低碳政策,未来可以结合碳限额与交易或碳税等低碳政策,对比分析不同政策对电商供应链决策的影响。

第 11 章 气象灾害对我国粮食供应链韧性的影响及提升策略：基于系统动力学模型的分析

近年来，不断发生的极端天气事件表明全球将频繁遭受更严重的气象灾害，这对地球上的所有生命都将产生影响甚至威胁。尽管技术和作物产量潜力取得了巨大进步，但粮食生产仍然高度依赖气候因素，如太阳辐射、温度和降水，这些是作物生长的主要驱动因素。气候还影响着植物的病虫害情况以及灌溉用水的供需情况（Rosenzweig、Iglesius 和 Yang 等，2001）。我国是全球受气象灾害影响最为严重的国家之一，气象灾害种类达 20 多种，而且其强度和频率都很高。每年因气象灾害导致的粮食减产在我国超过 500 亿公斤，其中旱灾造成的损失最为严重，约占总损失的 60%。这是因为每升高 1℃ 的气温，粮食产量将减少 10%。例如，2021 年 7 月，河南省郑州市遭受特大暴雨，导致农作物受灾面积达到 1048.5 千公顷，成灾面积为 527.3 千公顷，绝收面积为 198.2 千公顷。2022 年夏季，全国各地持续高温天气，江西遭遇 1953 年以来最严重的旱灾，30% 的耕地受旱；福建遭遇 1939 年以来最大的旱灾，全省受旱面积达 1133 万亩；安徽受旱面积为 334.5 万亩。2017—2022 年的 5 年间，我国农产品批发价格上涨了 24.09%，粮食供应链中的供求关系也变得复杂起来。对于国家和地方政府来说，加强对农业气象灾害的研究和预防，提高农业生产的抗灾能力，减少经济损失，保障农民的生产生活和国家的粮食安全都是至关重要的。

在我国的 20 多种气象灾害中，台风、暴雨、干旱和洪水是最主要的 4 种农业气象灾害，它们对我国粮食供应链的影响至关重要。因此，提升我国粮食供应链的韧性以应对台风、暴雨、干旱和洪水等气象灾害是关键。这些气象灾害所带来的冲击可以通过经济、政治和基础设施等多种因素在粮食供应链中传播或减弱。粮食供应链在实现粮食安全方面发挥着至关重要的作用，它通过提供合理的价格和高质量的粮食来满足需求。随着粮食供应链日益全球化，了解农业气象灾害如何在粮食供应链的韧性建设中传播或减弱潜在风险就得尤为重要。

11.1 粮食供应链韧性领域文献综述

在粮食供应链（GSC）领域的研究中，大部分文献集中在特定粮食作物供应链上，如水稻、小麦、大豆和玉米等。学术界对粮食供应链冲击的研究主要关注玉米、水稻和小麦以及农业生产和极端降雨、温度等因素（Davis、Downs 和 Gephart，2021）。气候变化和自然灾害对农产品的影响因地区而异，因此许多学者分析了区域气候变化对我国粮食生产的影响（Zhong 等，2010；Holst 等，2013）。此外，在大量供应链韧性的研究文献中，显示出在工业领域中对供应链韧性的管理，读者可以参考 Huang、Wang 和 Lee 等（2023）的研究以深入了解。相比于工业领域供应链韧性及其对策的大量研究，针对受农业气象灾害影响的粮食供应链韧性提升策略的研究较少。综上所述，本章主要围绕以下几个方面进行回顾：粮食供应链相关研究进展；气象灾害对 GSC 的影响；有关供应链韧性的研究。

11.1.1 粮食供应链研究现状

在研究水稻供应链方面，可细分为水稻供应链决策优化、低碳水稻供应链、可持续性水稻供应链、水稻供应链数据分析等领域。例如，Cheraghalipour、Paydar 和 Hajiaghaei-Keshteli（2019）提出了一个双级优化模型，以水稻最小化和两个决策者的意见相关的总成本为目标；采用了遗传算法、粒子群优化、混合算法和改进算法来求解模型，并将其应用到伊朗的一个适用案例上。Li、Fang 和 Yang（2022）设计了一个基于"合作+仓储公司"的契约耕作水稻供应链网络，并提出了一个多产品、多周期、双目标优化模型，使网络利润最大化，碳排放最小化；他们发现深耕面积大小的变化对碳排放有显著影响，而深耕面积的大小与农场总大小呈负相关，从而影响二氧化碳的释放。Elyasi 和 Teimoury（2023）研究了如何为伊朗构建可持续的水稻供应链，并开发了一个基于综合系统元方法的框架，来解决可持续性的不同方面。Liu、Guo 和 Xue 等（2023）通过分析各个阶段的质量平衡一致性和现有数据源的元分析，确定了水稻供应链生产、贸易、存储和消费四个阶段不同来源的合理性和相互一致性，并发现供给侧水稻的生产和贸易数据相对一致，而利用供给侧水稻的消费、库存、损失、浪费数据往往不确定。

在研究小麦供应链方面，大多关注可持续性、碳排放和供应链决策优化。

O'Donnell、Goodchild 和 Cooper 等（2009）使用生命周期评估案例研究将交通运输对温室气体排放的供应链贡献与其他以美国小麦谷物作为代表性产品的供应链贡献者相结合，他们发现运输贡献了美国小麦供应链排放的 39%～56%。Gholamian 和 Taghanzadeh（2017）设计了小麦产品的综合供应链，包括长期的供应商选择和定位新的仓库的决策，以及小麦及其产品的分配和分配的中期决策；他们通过考虑将不同类型的小麦混合以生产不同的产品，在小麦链的各个层次上定位新的筒仓和不同的运输方式，增加了出口部门，降低了运输成本。Deng、Zhang 和 Wang 等（2021）探讨了如何改善小麦供应链的环境和经济可持续性，并发现小麦供应链的可持续性主要受小麦种植的影响，而赋予小农权力和将各个阶段整体整合可以改善粮食供应链的可持续性。Yousefi–Babadi、Bozorgi–Amiri 和 Tavakkoli–Moghaddam 等（2023）设计了一个从小麦粉到面包的供应链网络，并提出了一个四目标混合整数线性规划模型，来解决不确定性下的可持续发展问题。

在研究玉米和大豆供应链方面，可持续性和低碳方面是主要的研究内容。Feng、Zhuo 和 Liu 等（2023）以中国玉米为研究案例，分析了玉米消费对水量和水质的影响，突出了作物供应链对农业投入消费中水量和水质的影响，并逐步分析了供应链对区域作物节水管理的重要性。Jia、Peng 和 Green 等（2020）确定了四个主题：驱动因素、全球价值链治理、后果和潜在障碍，在大豆供应链管理中研究了这些主题。由此可见，不论是针对特定粮食作物供应链还是综合性的粮食供应链，大多数研究都集中在低碳或可持续性供应链方面。因此，提高粮食供应链的韧性相关方面的研究是目前值得关注的，特别是提升粮食供应链应对气象灾害的韧性。

11.1.2 气象灾害对粮食供应链的影响

大量文献和资料记录了洪水、干旱、自然灾害以及其他极端事件对粮食生产的影响，但少有文献研究特定气象灾害对粮食供应链其他环节（如贸易、存储、加工阶段、批发和零售阶段）的影响。Rosenzweig、Iglesius 和 Yang（2001）讨论了气候变化对粮食生产、营养不良风险以及杂草、昆虫和疾病的发病率的影响，并关注极端天气事件对农业的影响，观察了最近、过去和未来预测的例子。Fischer、Shah 和 Van Velthuizen（2002）在全球粮食和农业系统的背景下，对气候变化对农业生态系统的影响进行了首次全面和综合的全球生态经济评估。Devereux（2007）通过一个分析框架来理解干旱和洪水对生产、劳动力、贸易和非正式转移的影响，并讨论了在人道主义紧急情况下调动的正式转移，包括粮食援助和现金转移。Baas、Trujillo 和 Lombardi

(2015)评估了2003—2013年大规模自然灾害和灾害对发展中国家农业部门和分部门的影响,重点关注了直接的物理损害和间接的经济损失。他们的研究结果将支持国家和国际努力减少灾害造成的损失并加强农业部门的韧性。Duchenne-Moutien和Neetoo(2021)综述了气候变化和变化对现有和新出现的食品安全风险的原因和影响,并考虑了解决全球变暖和气候变化问题的缓解和适应战略。尽管气象灾害对粮食供应链的影响受到广泛关注,但据我们所知,目前理论界缺乏研究气象灾害对粮食供应链各环节的影响。此外,还缺乏提高粮食供应链应对气象灾害韧性的研究。

11.1.3 供应链韧性

供应链韧性,是指供应链系统在受到干扰后能够恢复到原始状态或达到一个新的、更理想的状态,或者使现有资源和技能适应新的情况和操作条件的能力(Yang和Xu,2015)。许多研究已经深入探讨了供应链韧性策略,例如Ambulkar、Blackhurst、Grawe(2015)通过实施韧性策略来研究以供应链中断为导向的企业如何增强对供应链中断的韧性;他们发现,在高影响中断的情况下,资源重新配置完全调节了供应链中断方向和企业韧性之间的关系;而在低影响中断的情况下,供应链中断导向和风险管理基础设施对于增强企业韧性具有协同效应。Cohen、Cui和Doetsch(2022)研究了管理者如何实际看待韧性策略,并分析了运营、供应链特征和实施策略之间的关系;通过对高级供应链高管的访谈,他们检查了产品、伙伴关系和流程的复杂性,将韧性策略与供应链原型相匹配;揭示了韧性策略中内部供应链过程的同质性以及端到端供应链中其他行动者的整合这两个主要影响因素。他们发现,不同的供应链在面临不同的韧性障碍时有不同的韧性要求,可以采用不同的方式来实现韧性(也可以称为"定制的供应链韧性")。Alikhani、Ranjbar和Jamali(2023)提出了一种基于资源依赖理论和两阶段随机规划的混合方法,以在资源约束下选择正确的韧性策略。他们提出了一种确定最合适的候选策略组合的新方法,并展示了同时应用多种韧性策略的好处:在供应链韧性的预算限制下,考虑韧性策略之间的协同效应是至关重要的。

还有很多相关文献关注了供应链韧性理论与实践的结合,这些研究关注了在新兴产业和最近发生的突发事件中提升供应链韧性的问题。Huang、Wang和Lee等(2023)认为供应链协作和供应链可见性是IT资源和供应链韧性关系的中介。Liu、Wu和Gong(2023)探讨了如何将海上供应链中的供应链韧性从概念扩展到实践,并通过文献综述构建了供应链韧性的框架。他们发现,稳健性和适应性是当前最重要的两个韧性目标。Shen和Sun(2023)

利用从京东获得的定量运营数据,分析了疫情对供应链韧性的影响,总结了中国零售供应链所经历的具有挑战性的情景,并提供了一个使用实际运营指标来分析供应链韧性的例子,同时建议企业关注除供应链之外的运营灵活性和协作,以应对大规模供应链中断。Ali、Arslan 和 Tarba(2023)研究了气候变化如何影响供应链韧性,以及面对极端事件时,公司内部和公司间的社会资本和网络复杂性是否受这种关系影响。

根据 Yang 和 Xu(2015)总结的供应链韧性(Supply Chain Resilience, SCR)的定义,我们给出了粮食供应链韧性(Grain Supply Chain Resilience, GSCR)的具体定义:GSCR 是指粮食供应链(GSC)系统在受到干扰后能够恢复到原始状态或达到一个新的、更理想的状态,或者使现有资源和技能适应新的情况和操作条件的能力。显然,GSC 在受到干扰后恢复到原始状态或达到一个新的、更理想状态的能力,即为 GSC 的恢复能力;而使现有资源和技能适应新的情况和操作条件的能力则代表了 GSC 的响应能力。因此,研究 GSC 的响应能力和恢复能力是研究如何增强 GSCR 在不同气象灾害下的两个主要目标,同时也意味着后续的实验分析需要考虑这两个维度(即响应能力和恢复能力)。

综上所述,现有的粮食供应链相关研究主要集中于低碳或可持续性方面;而在气象灾害对粮食供应链的影响方面,存在较多文献仅讨论气象灾害对单独环节的影响,而不是整个供应链。此外,在供应链韧性方面的研究主要集中于工业领域,对农业领域的粮食供应链韧性关注不足。因此,本章旨在考虑我国主要的农业气象灾害情况,探讨提升我国粮食供应链韧性的领域和措施,回答以下研究问题:

(1)四种农业气象灾害如何影响我国粮食供应链的发展。

(2)四种气象灾害如何影响我国粮食供应链各个阶段的响应能力和恢复能力。

(3)我国粮食供应链各个阶段的响应能力和恢复能力如何影响其韧性。

(4)针对我国粮食供应链三个不同阶段,提出提升其应对气象灾害韧性的建议。

本章的贡献在于:首先拓展了供应链韧性研究的理论范畴,同时完善了粮食供应链相关研究。其次,我们分析了气象灾害对我国粮食供应链各个环节韧性的影响,并通过敏感性分析发现一年多熟的粮食作物受气象灾害的负面影响更剧烈。此外,我们还发现在贸易、存储和加工阶段,加工企业表现出了最强的供应链韧性,而在仅考虑气象灾害对批发和零售阶段的影响时,供应链上各个主体的韧性逐级减弱,出现"韧性逆牛鞭效应"。

11.2 粮食供应链韧性模型和方法

本部分介绍了粮食供应链系统的定义、主要建模假设、系统动力学模型以及模型验证。

11.2.1 系统定义

我国的粮食供应链（GSC）主要包括生产、贸易、存储、再生产加工、批发和零售等阶段。这些阶段涉及生产、中储粮集团（China Grain Reserves Group，CGRG）的采购、企业采购、运输、存储、加工、批发和销售等活动（见图11-1）。图11-1是对我国粮食供应链的概念性可视化描述。在图11-1中，为了保障粮食安全，我国特别设立了国家粮食和物资储备局来管理粮食储备，通过CGRG进行粮食的储备，其他企业和个人也是粮食的购买者；国家储备粮按照不同地区各品种粮食的储存年限制订储备计划，并在灾难发生时进行应急调配；超过储存年限的储备粮会在特定市场上销售或拍卖。CGRG的粮食采购货源考虑了国际和国内两个市场的粮食来源。因此，GSC可能并不代表严格的顺序粮食流动，并且在不同的过程中可能存在重叠。例如，运输、库存几乎在每个阶段都存在。粮食供应链的三个阶段每个阶段都有流入和流出信息：生产阶段的流入是粮食产量，流出是销售给CGRG和加工企业的销售率；贸易、存储、加工阶段的流入是生产阶段的流出信息，流出是CGRG和加工企业的销售率；批发和零售阶段的流入只考虑了加工企业的流出，没有考虑CGRG的流出，批发和零售阶段的流出则是加工品市场销售率。

四种主要的气象灾害会对我国粮食供应链的三个阶段造成不同的影响（见表11-1）。本章提到的四种气象灾害之间也会相互影响，例如，台风会带来暴雨灾害，持续时间长的暴雨会带来洪水灾害；但为了简化系统设置，所以并未在本章构建的系统中考虑。根据Davis、Downs和Gephart（2021）总结出食品供应链的各个阶段受到环境变化的主要影响，结合中国气象局所公布的信息，构建了四种主要气象灾害对我国粮食供应链各个阶段的影响。

11.2.2 系统动力学模型

系统动力学模型中涉及的符号及定义见表11-2。

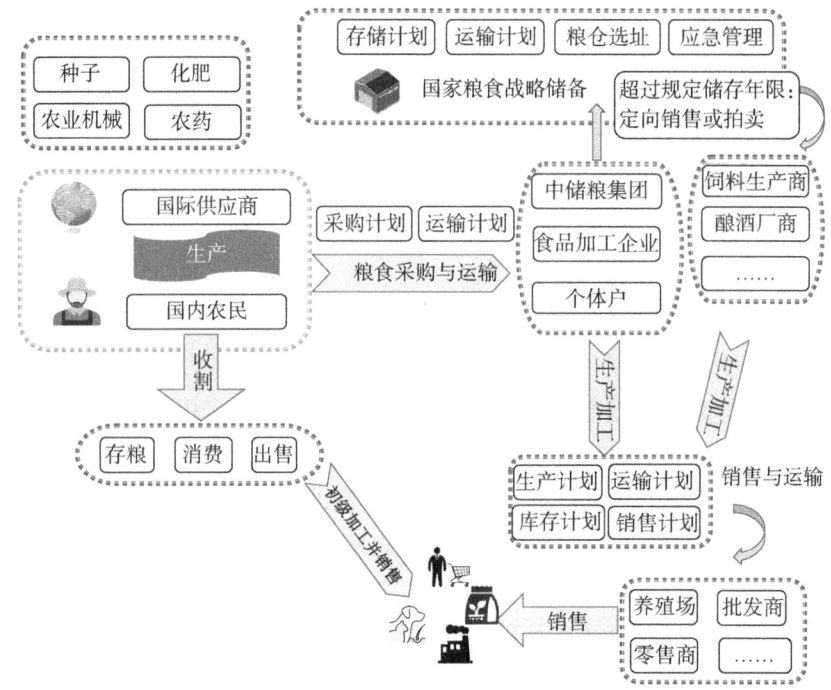

图 11-1　我国粮食供应链运作概念

表 11-1　四种气象灾害对我国粮食供应链各阶段的影响

供应链阶段	气象灾害对各阶段的直接影响
生产阶段	粮食生产延迟、部分耕地绝收（有效耕地面积减少）、相关主体之间的信息延迟
贸易、存储和加工阶段	运输延迟、加工延迟、国家储备粮应急调配增加、供应链信息延迟
批发和零售阶段	批发和零售阶段的期望库存、订单量、销售预测、销售率

表 11-2　系统动力学模型中涉及的符号及定义

符号	定义	符号	定义
_存量_		_参数_	
IOf	农民粮食库存	p_i	表示不同气象灾害月发生概率，$i \in \{t, r, f, d\}$，其中 t 表示台风，r 表示暴雨，f 表示洪水，d 表示干旱
$IOgp$	加工企业粮食库存	EI_j	表示不同主体的期望库存，$j \in \{s, p, c, w, r\}$，其中 s 表示农民，p 表示加工企业，c 表示 CGRG，w 表示批发商，r 表示零售
$IOpp$	加工企业产品库存		
IOc	CGRG 粮食库存		
IOw	批发商库存	cl_i	表示不同气象灾害影响耕地面积的比例，$i \in \{t, r, f, d\}$

续表

符号	定义	符号	定义
存量		参数	
IOr	零售商库存	FS_j	表示不同主体的销售预测，$j \in \{s,p,c,w,r\}$，其中 c 表示 CGRG 的应急需求预测
流量			
POf	农民粮食生产率	O_j	表示不同主体的订单或生产需求，$j \in \{s,p,c,g,w,r\}$，其中 g 表示 CGRG 的国际订单
SRfc	销售给 CGRG 的销售率		
SRfp	销售给加工企业的销售率	C	耕地面积，其中c_r为耕地生产效率
CRp	加工转化率	PcD	生产延迟，PcDb 表示基础生产延迟
TR	临期率	PsD	加工延迟，PsDb 表示基础加工延迟
DRe	应急调配需求率	TD	运输延迟，TDb 表示基础运输延迟
DRt	临期粮食需求率	MD	信息延迟，MDb 表示基础信息延迟
SRp	加工企业产品销售率	MAT	移动平均时间，MATb 表示基础移动平均时间
SRw	批发商销售率	IAT	库存调整时间，IATb 表示基础库存调整时间
SRr	加工品市场需求率	REL	灾害导致的有效耕地面积减少
		EIT	期望库存持续时间，EITb 表示基础期望库存持续时间

根据 Elyasi 和 Teimoury（2023）的研究，使用积分方程（11-1）来描述系统中的所有存量-流量结构：

$$stock(t) = stock(t_0) + \int_{t_0}^{t} |inflow(s) - outflow(s)| \qquad (11-1)$$

其中，$inflow(s)$ 和 $outflow(s)$ 分别表示在初始时间 t_0 和当前时间 t 之间的任何时间的流入和流出的值。本部分的研究采用 Vensim 仿真软件，该软件的积分方程显示为等式（11-2）：

$$stock(t) = stock(t - \Delta_t) + inflow \times \Delta_t - outflow \times \Delta_t \qquad (11-2)$$

在这个方程中，存量是一个状态变量，说明了系统在时间 t 时的状态，用 Vensim 中的矩形表示。流量表示存量随时间的变化，用 Vensim 中的阀门符号表示。如果阀门符号后有一个指向存量的箭头，它表示该存量的流入，而一个向外箭头将表示该存量的流出。箭头线为影响线，其方向表示信息流的方向。模型中所涉及的主要存量、流量以及参数如表 11-2 所示。其中，存量和流量之间的关系采用了 Vensim 软件的逻辑，即等式（11-2）。

11.2.2.1 生产阶段

根据四种主要的气象灾害对我国粮食供应链的生产阶段造成的影响的情况，构建了我国粮食供应链生产阶段与四种主要气象灾害的因果关系图（见图 11-2）；其系统动力学流图如图 11-3 所示。因果关系图由农民、CGRG、加工企业三个粮食供应链主体，一个负反馈回路以及三条延迟因果链组成。其中，农民月粮食产量、农民生产需求和农民月粮食库存构成了一个负反馈回路，这个回路是农民进行粮食生产与储备的重要依据。农民月粮食产量受到了生产延迟和有效耕地面积减少的双重影响。农民生产需求则由农民月粮食库存、农民期望库存、农民销售预测、库存调整时间确定；农民期望库存由期望库存持续时间和农民销售预测共同决定，期望库存持续时间根据信息延迟确定；农民销售预测又根据农民销售给加工企业和CGRG的销售率以及移动平均时间确定，移动平均时间也是根据信息延迟确定，而农民销售给加工企业和CGRG的销售率则共同受运输延迟的影响；生产延迟、有效耕地面积减少、库存调整时间、移动平均时间、信息延迟、运输延迟均受到四种气象灾害的影响。

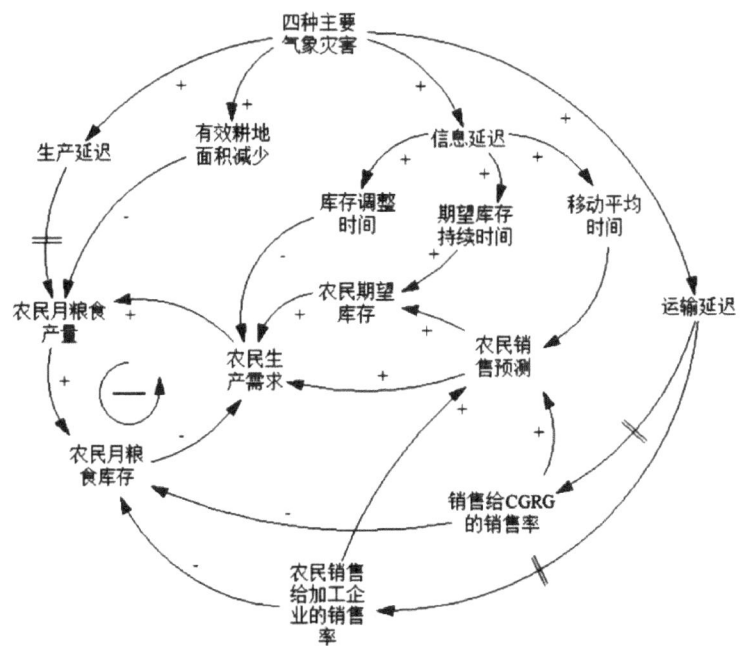

图 11-2　生产阶段气象灾害与我国粮食供应链的因果关系

如图 11-3 所示，生产阶段系统动力学流图中包含一个存量——农民粮食库存，以及三个流量——农民粮食生产率、销售给加工企业的销售率和销售给 CGRG 的销售率。

系统中的各种延迟、库存调整时间、期望库存持续时间、移动平均时间根据等式（11-3）至等式（11-8）计算，这些等式中的 INTEGER（ ）函数是 Vensim 软件中自带的取整函数。

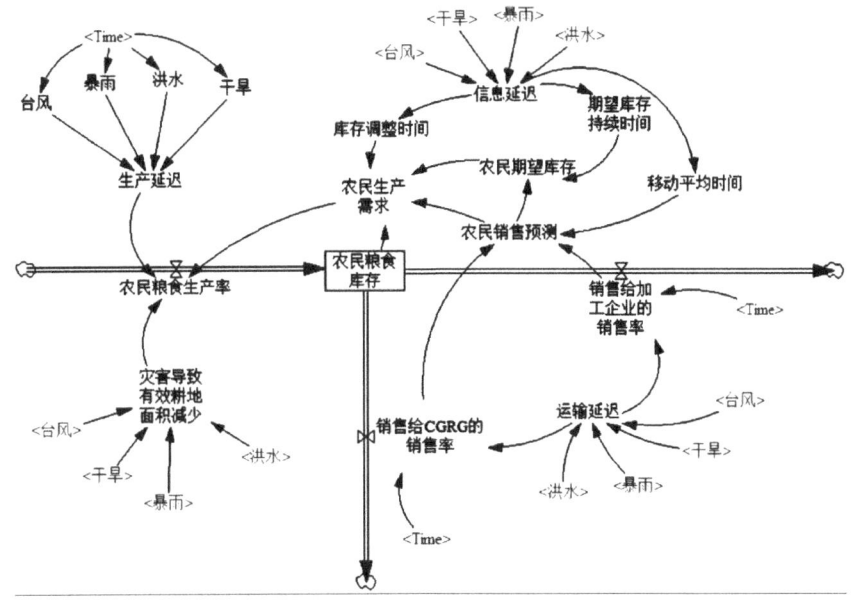

图 11-3　生产阶段气象灾害与我国粮食供应链的系统动力学流

$$MD = INTEGER\Big[MDb \times \Big(1 + \sum_{i \in \{t,r,f,d\}} p_i\Big)\Big] \quad (11-3)$$

$$PcD = INTEGER\Big[PcDb \times \Big(1 + \sum_{i \in \{t,r,f,d\}} p_i\Big)\Big] \quad (11-4)$$

$$TD = INTEGER\Big[TDb \times \Big(1 + \sum_{i \in \{t,r,f,d\}} p_i\Big)\Big] \quad (11-5)$$

$$IAT = IATb + MD \quad (11-6)$$

$$EIT = EITb + MD \quad (11-7)$$

$$MAT = MATb + MD \quad (11-8)$$

销售给加工企业和 CGRG 的销售率分别根据等式（11-9）和等式（11-10）计算，其中 $DELAY1()$ 是 Venism 软件中自带的一阶延迟函数，$Time$ 是系统时间，$SRfpb$ 和 $SRfcb$ 分别表示加工企业和 CGRG 各自的基础销售率。

$$SRfp = \begin{cases} SRfpb, Time = 1 \\ DELAY1(SRfpb + randomnormal(0,300,0,100,1),TD), else \end{cases} \quad (11-9)$$

$$SRfc = \begin{cases} SRfcb, Time = 1 \\ DELAY1(SRfcb + randomnormal(0,300,0,100,1),TD), else \end{cases}$$

$$(11-10)$$

农民销售预测根据销售给加工企业和 CGRG 的销售率以及移动平均时间平滑确定，其中，$SMOOTH()$ 是 Venism 软件中自带的平滑函数。

$$FS_s = SMOOTH(SRfp + SRfc, MAT) \quad (11-11)$$

农民期望库存由期望库存持续时间和农民销售预测决定：

$$EI_s = EIT \times FS_s \quad (11-12)$$

灾害导致的有效耕地面积减少由耕地面积、不同气象灾害月发生概率和其对应的影响耕地面积的比例共同决定：

$$REL = C \times \sum_{i \in \{t,r,f,d\}} (p_i \times cl_i) \quad (11-13)$$

农民生产需求根据农民期望库存、农民销售预测、农民粮食库存以及库存调整时间确定：

$$O_s = max[EI_s, FS_s + (EI_s - IOf)/IAT] \quad (11-14)$$

农民粮食生产率则根据农民生产需求、灾害导致有效耕地面积减少、耕地生产效率、生产延迟、耕地面积以及基础生产率 ξ 来确定：

$$POf = \begin{cases} O_s + \xi - REL \times c_r, & O_s \leq C \times c_r \\ C \times c_r - REL \times c_r \end{cases} \quad (11-15)$$

11.2.2.2 贸易、存储和加工阶段

与生产阶段类似，贸易、存储和加工阶段的因果关系图（见图 11-4）由农民、CGRG、加工企业三个粮食供应链主体构成，其中每个主体分别存在一个负反馈回路。如图 11-5 所示，贸易、存储和加工阶段系统动力学流图中包含五个存量——农民粮食库存、加工企业粮食库存、加工企业产品库存、CGRG 库存和临期粮食，以及八个流量——农民粮食生产率、销售给加工企业的销售率、销售给 CGRG 的销售率、加工转化率、产品批发商需求率、临期率、临期粮食市场需求率和应急调配需求率。

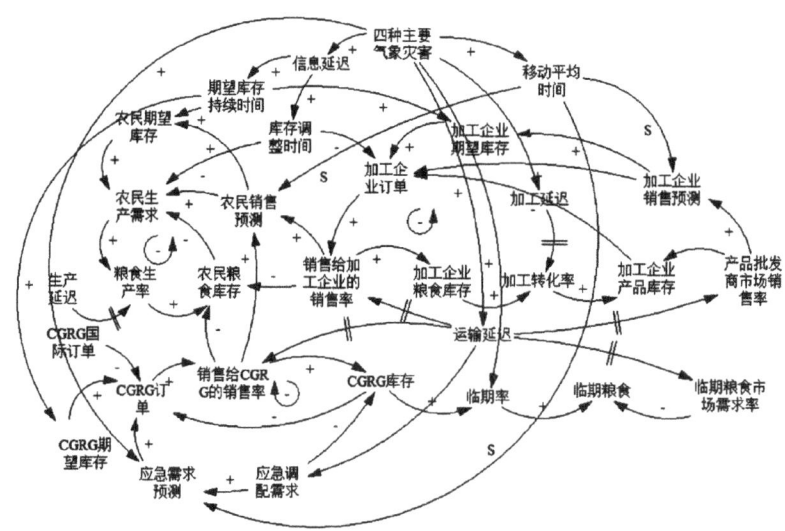

图 11-4 贸易、存储和加工阶段气象灾害与我国粮食供应链的因果关系

该阶段系统粮食生产率不会受到气象灾害的影响：

$$POf = DELAY1(O_s, PcDb) \qquad (11-16)$$

销售给加工企业和 CGRG 的销售率根据等式（11-17）和等式（11-18）计算：

$$SRfp = DELAY1(O_c, TD) \qquad (11-17)$$

$$SRfc = DELAY1(O_p, TD) \qquad (11-18)$$

CGRG 订单根据 CGRG 期望库存、应急需求预测、CGRG 国际订单、CGRG 粮食库存以及库存调整时间确定：

$$O_c = max[EI_c, FS_c - O_c + (EI_c - IOc)/IAT] \qquad (11-19)$$

加工企业订单根据加工企业销售预测、期望库存、产品库存、加工转化率以及库存调整时间确定：

$$O_p = max[EI_p, FS_p + (EI_p - IOpp/CRp)/IAT] \qquad (11-20)$$

CGRG 期望库存和加工企业期望库存根据各自的期望库存持续时间和应急需求预测决定：

$$EI_j = EIT \times FS_j, \forall j \in \{c, p\} \qquad (11-21)$$

应急需求预测根据应急调配率和四种灾害月发生率以及移动平均时间平滑确定：

$$FS_s = SMOOTH[DRe \times (1 + \sum_{i \in \{t,r,f,d\}} p_i), MAT] \qquad (11-22)$$

临期率根据 CGRG 粮食库存、CGRG 综合宜存率 ϑ 及四种灾害月发生率确定，其中宜存率 ϑ 表示仓库中本期适宜继续存放的粮食比率：

$$TR = IOc \times (1 - \vartheta) \times (1 + \sum_{i \in \{t,r,f,d\}} p_i) \qquad (11-23)$$

加工企业销售预测根据产品批发商需求率（加工企业销售率）和移动平均时间平滑确定：

$$FS_p = SMOOTH(SRp, MAT) \qquad (11-24)$$

加工转化率根据等式开工率 σ、加工企业粮食库存以及加工延迟计算：

$$CRp = DELAY1(IOgp \times \sigma, PsD) \qquad (11-25)$$

加工延迟的计算如下：

$$PsD = INTEGER[PsDb \times (1 + \sum_{i \in \{t,r,f,d\}} p_i)] \qquad (11-26)$$

应急调配率根据等式（11-23）确定，其中 DReb 是基础应急调配需求：

$$DRe = \begin{cases} DReb, Time = 4 \\ DELAY1[DReb + randomnormal(-200, 200, 0, 100, 4), TD], else \end{cases}$$

$$(11-27)$$

临期粮食需求率根据等式（11-23）确定，其中 $DRtb$ 是基础临期粮食需求：

$$DRt = \begin{cases} DRtb, Time = 4 \\ DELAY1[DRtb + randomnormal(-200, 200, 0, 100, 4), TD], else \end{cases}$$

(11-28)

产品批发市场需求率（加工企业销售率）根据等式（11-29）确定，其中 $SRpb$ 是基础产品批发市场需求：

$$SRp = \begin{cases} SRpb, Time = 4 \\ DELAY1[SRpb + randomnormal(-200, 200, 0, 100, 4), TD], else \end{cases}$$

(11-29)

系统中涉及的其他参数、存量、流量的计算和生产阶段一致。

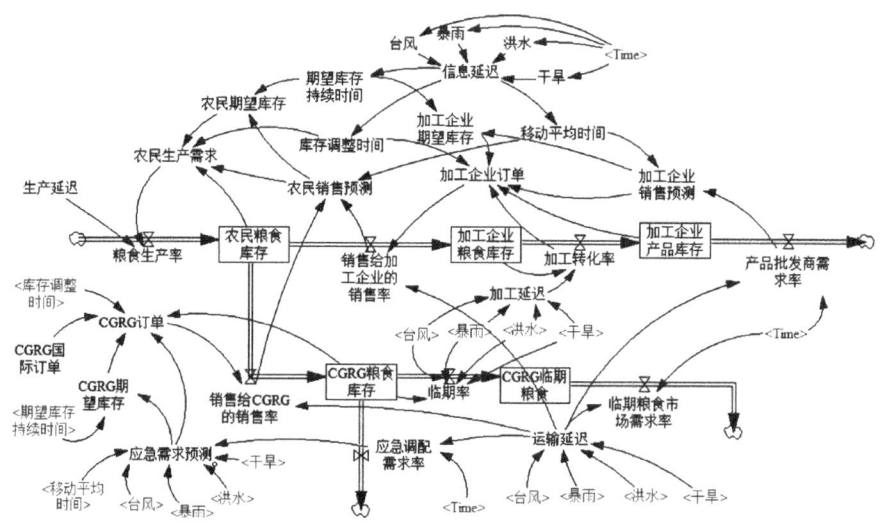

图 11-5　贸易、存储和加工阶段气象灾害与我国粮食供应链的系统动力学流

11.3.2.3　批发和零售阶段

如图 11-6 和图 11-7 所示，批发和零售阶段系统动力学流图中包含 7 个存量——农民粮食库存、加工企业粮食库存、加工企业产品库存、CGRG 库存、临期粮食、批发商产品库存以及零售商产品库存，10 个流量——农民粮食生产率、销售给加工企业的销售率、销售给 CGRG 的销售率、加工转化率、加工企业销售率、批发企业销售率、加工品市场需求率、临期率、临期粮食市场需求率和应急调配需求率。与贸易、存储和加工阶段的模型不同的是，生产阶段和贸易、存储和加工阶段所涉及到的主体的活动均不会受到气象灾害的影响。需要注意的是，为了简化整个粮食供应链网络，我们将四种气象灾害所造成的信息延迟与库存调整时间、移动平均时间、运输延迟分开计算。换句话说，库存调整时间、移动平均时间、期望库存持续时间和运输延迟不会直接受信息延迟的影响。此外，生产延迟、加工延迟和应急需求预测也不会受气象灾害的影响。换言之，生产延迟、库存调整时间、期望库存持续时间、移动平均时间、运输延迟和加工延迟都被设定为常数值。此阶段 $TD = TDb$，$PsD = PsDb$。

农民、加工企业、CGRG 的期望库存根据各自的期望库存持续时间和应急需求预测决定：

$$EI_j = EIT \times FS_j, \forall j \in \{s,p,c\} \quad (11-30)$$

批发商和零售商的期望库存受信息延迟的影响：

$$EI_j = (EIT + MD) \times FS_j, \forall j \in \{w,r\} \quad (11-31)$$

应急需求预测根据应急调配率及移动平均时间平滑确定：

$$FS_s = SMOOTH(DRe, MAT) \quad (11-32)$$

批发商和零售商销售预测数据会受信息延迟的影响：

$$FS_j = SMOOTH(FS_j, MAT + MD), \forall j \in \{w,r\} \quad (11-33)$$

临期率根据 CGRG 粮食库存、CGRG 综合宜存率 ϑ 确定：

$$TR = IOc \times (1 - \vartheta) \quad (11-34)$$

加工企业产品销售率的计算如下：

$$SRp = DELAY1(O_w, TD) \quad (11-35)$$

批发企业销售率的销售率计算如下：

$$SRw = DELAY1(O_r, TD + MD) \quad (11-36)$$

加工品市场需求率根据等式（11-29）确定，其中，$SRrb$ 是基础加工品市场需求：

$$SRr = \begin{cases} SRrb, Time = 4 \\ DELAY1[SRrb + randomnormal(-200,200,0,100,4), TD], else \end{cases}$$
$$(11-37)$$

批发商和零售商订单根据各自的销售预测、期望库存、库存、库存调整时间以及信息延迟确定：

$$O_j = max[EI_j, FS_j + (EI_j - IOj)/(IAT + MD)], \forall j \in \{w,r\} \quad (11-38)$$

信息延迟的计算和生产阶段保持一致，其余参数、存量、流量的计算与贸易、存储和加工阶段保持一致。

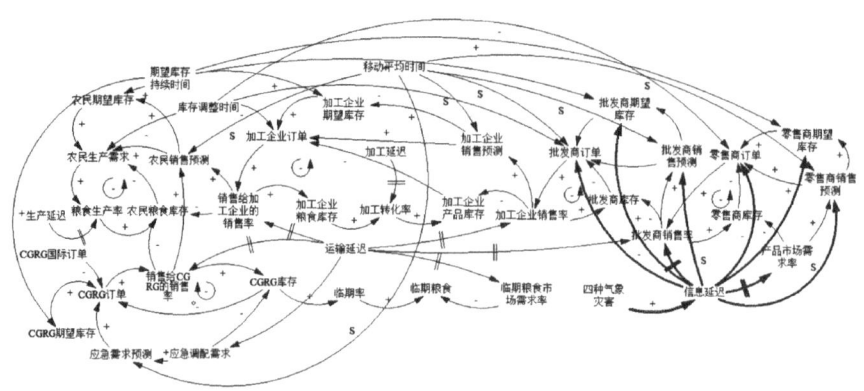

图 11-6　批发和零售阶段气象灾害与我国粮食供应链的因果关系

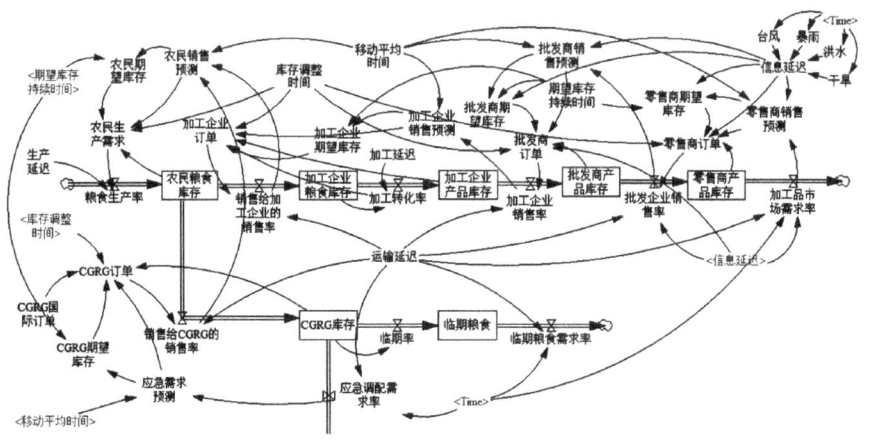

图 11-7　批发和零售阶段气象灾害与我国粮食供应链的系统动力学流

11.3　仿真实验设计

本部分介绍了我们仿真实验设计中的实验因素和模型参数。在本部分的研究中，我们考虑了四种气象灾害对我国粮食供应链的影响。这些影响包括粮食产量、生产延迟、加工延迟、信息延迟、移动平均时间、库存调整时间和应急粮食调配等方面的影响。粮食产量受气象灾害影响主要集中在生产阶段，而其他时间方面的影响贯穿整个粮食供应链。应急粮食调配对库存和临期粮食的影响是 CRCG 的重要因素。因此，气象灾害对应急粮食调配的影响主要体现在 CRCG 的库存和临期粮食量上。

下面将逐个介绍系统中所用到的参数来源。首先，整个粮食供应链系统的时间单位为月，而四种气象灾害发生的概率需要考虑12个月，并以12个月为周期循环。因此，系统参数需要收集我国每年1月至12月台风、暴雨、洪水和干旱四种气象灾害的月平均发生概率。对于暴雨的月平均发生概率，我们根据《中华人民共和国气象行业标准》中所列出的未受到台风影响的持续性暴雨事件的基本信息进行概括。在该标准中，公布了1954—2010年25起江淮-江南型区域和18起华南型区域持续性暴雨事件的具体时间、持续天数和影响面积等信息。我们根据这43起暴雨事件的相关信息计算了我国的暴雨月平均发生概率以及暴雨对我国耕地减产的比例。在计算台风的月平均发生概率时，我们使用了1949年至2014年期间我国夏季台风（6月、7月、8月）和秋季台风（9月、10月）中超强台风的相关数据。超强台风在秋季台风中的比例为27.9%，而在夏季台风中的比例为16.3%。干旱、洪水和台风三种灾害对我国耕地减产的相关数据是根据国家统计局和农业农村部2009—2019年公布的农作物受旱灾、洪涝灾和台风灾害的绝收面积等数据进行的汇总和整理。洪水灾害的月平均发生率是根据李宜霏等人（2014）总结的我国洪水灾害从1950年到2008年时空分布变化的相关数据设置。而干旱灾害的月平均发生率则根据Guan等（2021）计算的干旱灾害的异常率和平均值，以及我国每年受干旱灾害影响的主要季节进行设置。四种气象灾害的月平均发生概率和对耕地面积的影响比例如表11-3和表11-4所示。

表11-3 四种气象灾害月平均发生概率（%）

种类 概率 月份	1月	2月	3月	4月	5月	6月	7月	8月	9月	10月	11月	12月
台风	0	0	0	0	0	5	5	5	14	14	0	0
暴雨	0	0	0	2	2	55	36	5	0	0	0	0
干旱	0	0	54	54	54	54	10	10	10	10	0	0
洪水	0	0	0	0	10	30	30	30	0	0	0	0

表11-4 四种气象灾害影响的耕地面积比例

气象灾害	洪水	干旱	暴雨	台风
影响耕地比例	0.45%	0.92%	0.57%	0.45%

其他参数是根据CRGC、农业农村部、国家统计局等官方网站公布的信息进行处理后设置的。在表11-5中列出了其他系统参数的具体数值。需要说明的是，表11-5中未包含的参数是因为在仿真实验中对这些参数进行了敏

感性分析，所以没有在此处具体设置。

表 11-5　　　　　　　　　　系统参数的具体设置

参数	值	参数	值
C	98610 km² (2022 年全国月均粮食播种面积)	c_r	0.058 万吨/km² (2022 年月均粮食产量/C)
O_g	1000 万吨	$MATb$	3 月
ϑ	98%	$IATb$	3 月
$DReb$	1000 万吨	$EITb$	3 月
$DRtb$	435 万吨	σ	80%
$SRpb$	1000 万吨	$SRfcb$	3981 万吨 (月均粮食产量 - 月均消费量)
$SRrb$	1000 万吨	$SRfpb$	1148 万吨 (非农人口 × 月人均粮食消费量)

11.4　实验结果及分析

本部分介绍了我们在 Venism 软件中对第三部分所构建的三个系统动力学模型进行的仿真实验结果。根据这些实验结果，我们对 GSC 的每个阶段进行了响应能力和恢复能力分析。最后，结合实验结果和韧性分析，我们为 GSC 每个阶段的管理提出了相关建议。

11.4.1　生产阶段

根据第三部分的结果显示，生产阶段包含三个 GSC 主体：农民、加工企业及 CGRG。图 11-8 展示了在 100 个月内，农民粮食库存、农民粮食生产率以及两个销售率的周期变化情况。其中，生产率、销售率使用右边的纵坐标轴，而农民粮食库存采用左边的纵坐标轴。农民粮食生产率和销售给加工企业以及 CGRG 的销售率的变动趋势最终趋于水平，并且均呈现出 8 个峰值（代表至少经历了 8 个变化周期）。然而，随着时间的推移，农民粮食库存在波动中上升，其峰值仅有 7 个，这表明周期性的气象灾害对农民粮食库存的影响是持久且滞后的。持久的影响代表了该阶段 GSCR 的恢复力不足，而滞后的影响则说明该阶段 GSCR 的响应能力较弱。这可能是因为受气象灾害的影响后，农民在销售粮食方面变得保守，会留存更多的粮食以备不时之需。

这种情况也表明农民将更多的粮食留在仓库中,并不利于整个粮食供应链的良性循环。

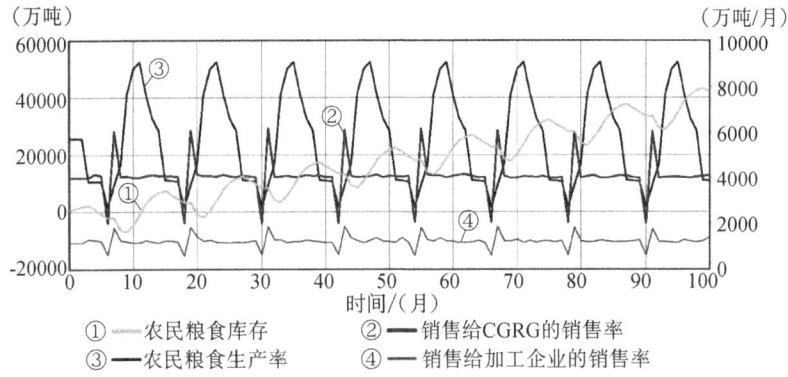

图 11-8　生产阶段存量和流量的周期变化趋势

根据我们的研究,我们通过修改基础生产延迟,模拟了四种不同情况下农民粮食生产率的周期变化。如图 11-9 所示,随着基础生产延迟的增加,农民的粮食生产率呈现出峰值延后和下降的趋势,从细长形状转变为矮胖形状。这表明,随着基础生产延迟的增加,农民对气象灾害的响应能力减弱,但受到的影响减少。实际情况中,一年一熟的粮食作物受气象灾害的影响较小,而一年多熟的粮食作物更难恢复到正常水平。

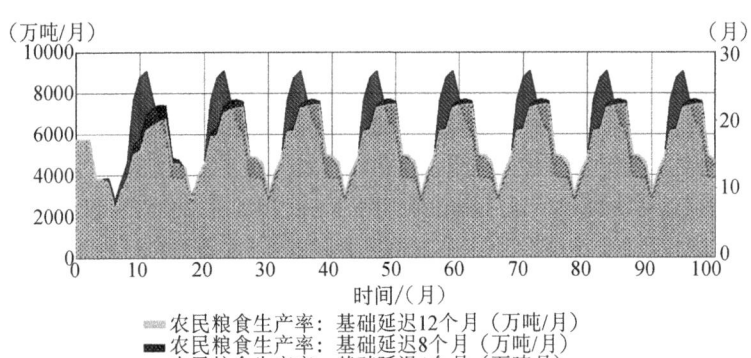

图 11-9　农民粮食生产率在不同的基础生产延迟情况下的周期变化

我们还通过修改基础信息延迟,模拟了三种不同情况下农民粮食销售预测和生产需求的周期变化。如图 11-10 所示,随着基础信息延迟的增加,农民的生产需求倍增,每个周期的最大值也更高。而农民的销售预测在每个周期中的最大值减小,最小值增大,但整体波动没有农民的生产需求大。这种趋势表明农民的生产需求受到气象灾害的影响较大,响应能力减弱,但恢复能力没有变化。同时,农民的销售预测随着基础信息延迟的增加响应能力增强,但恢复能力减弱。从实际情况来看,农民的销售预测受到气象灾害的影响要比生产需求明显小,这是因为农民的生产需求实际上受到多次信息延迟的叠加影响。

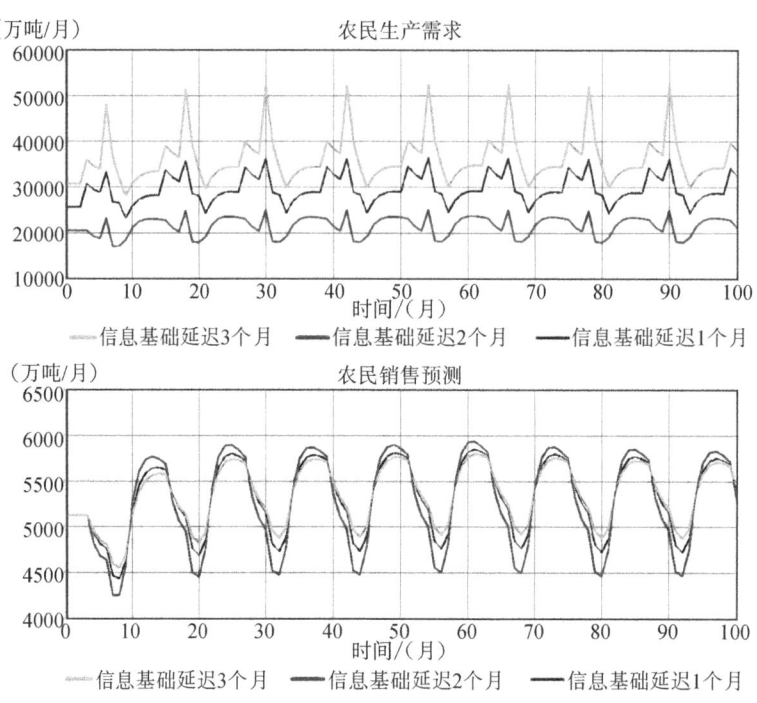

图 11-10 不同的基础信息延迟情况下的农民粮食销售预测和农民生产需求周期变化

11.4.2 贸易、存储、加工阶段

在模拟实验中,我们首先展示了贸易、存储和加工阶段中各供应链主体的粮食库存周期变化情况。如图 11-11 所示,经过 10 个月后,CGRG 和加工企业的库存维持在较低水平,而加工企业的库存波动较小。与此相反,农民的粮食库存相对较高。这表明,农民在应对气象灾害方面的响应能力和恢复能力明显较弱,而加工企业是三者中应对气象灾害韧性最强的供应链主体。

其次,通过修改基础信息延迟,我们模拟了三种不同情况下的 CGRG 临期粮食、农民粮食库存、应急需求预测以及 CGRG 粮食库存的周期变化。如图 11-12 所示,随着基础信息延迟的增加,CGRG 临期粮食、农民粮食库存以及 CGRG 粮食库存不断增加,而应急需求预测的最大值减小,最小值增

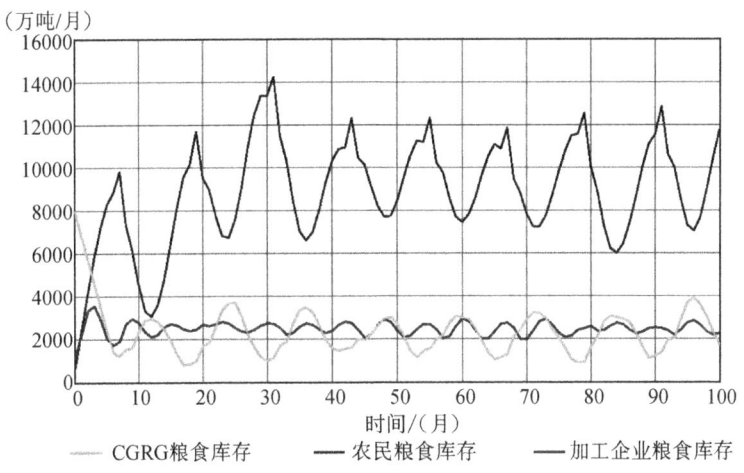

图 11-11　贸易、存储和加工阶段各供应链主体粮食库存的周期变化

大,总体趋势呈减少趋势。这说明在气象灾害影响力增强时,农民和 CGRG 都通过增加库存来抵御气象灾害的冲击。同时,在气象灾害影响力增强的情况下,应急需求预测的响应能力增强,但恢复能力降低。

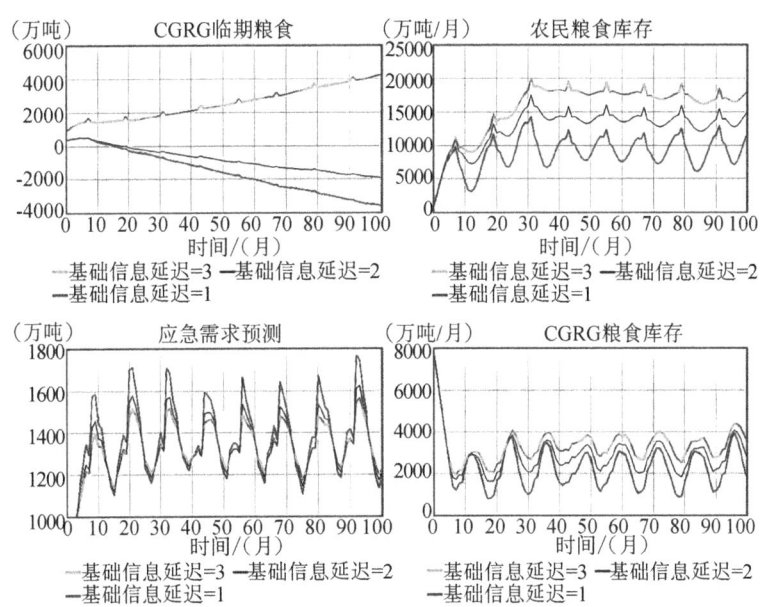

图 11-12　不同基础信息延迟下主要信息的数据周期变化

11.4.3　批发和零售阶段

在零售和批发阶段的模拟实验中,我们主要通过修改基础信息延迟来进行仿真。我们模拟了三种不同情况下的基础信息延迟,对加工企业和批发商的销售率、零售商、批发商、农民和加工企业的销售预测、加工企业的粮食库存、批发商和零售商的产品库存以及加工品市场需求率进行了周期性变化模拟。相关结果如图 11-13、图 11-14 和图 11-15 所示。

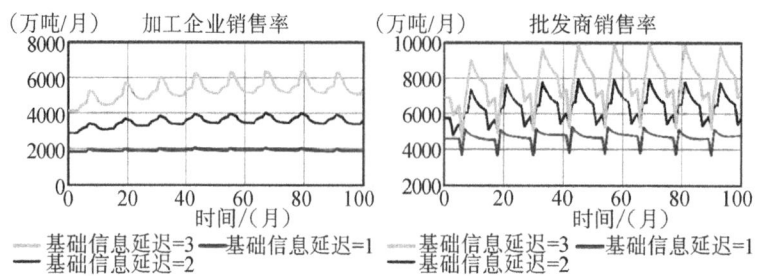

图 11-13 加工企业和批发商的销售率在不同基础信息延迟下的周期变化

根据图 11-13 的实验结果,我们可以得出以下几点信息:首先,随着基础信息延迟的增加,加工企业和批发商的销售率也随之增加;其次,这种增长趋势在每个周期内的波动幅度也在增大;最后,与加工企业相比,批发商的销售率在单个周期内波动更大。这些实验结果表明,随着气象灾害的影响力增强,加工企业和批发商对销售率变化的响应能力逐渐减弱,而且加工企业的销售率恢复能力也在减弱。

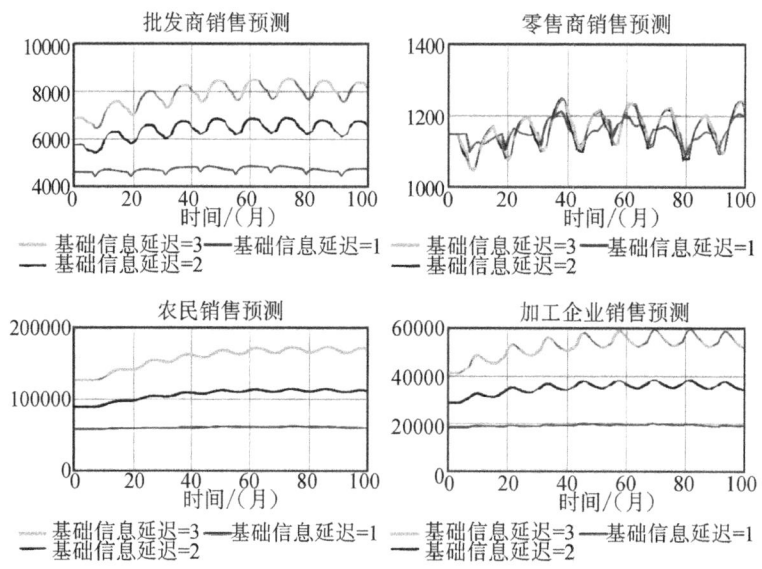

图 11-14 供应链各主体的销售预测在不同基础信息延迟下的周期变化

对于图 11-14 的实验结果，我们可以总结如下：首先，农民、加工企业、批发商和零售商的销售预测随着基础信息延迟的增加而增加；其次，销售预测呈现出周期性规律，但沿着"零售商—批发商—加工企业—农民"的路径逐渐减弱；最后，零售商的销售预测状态不太稳定，但总体上随着基础信息延迟的增加而增加。这些结果说明，随着气象灾害的影响力增强，农民、加工企业、批发商和零售商的销售预测能力和恢复能力都在减弱。此外，响应能力和恢复能力的变化幅度呈现出逐级减弱的趋势，这种现象类似于"牛鞭效应"，即信息流从零售商到农民的传递过程中，供应链上各个主体的响应能力和恢复能力逐渐减弱。本章将这种现象称为"韧性逆牛鞭效应"。

图 11-15 呈现了以下几个方面的信息：首先，批发商和零售商的产品库存随着基础信息延迟的增加而增加，尽管它们的周期性变化不明显，但总体上呈逐渐增加的趋势；其次，在前 20 个月内，加工企业粮食库存波动较大，之后波动逐渐放缓，并且随着基础信息延迟的增加而增加；最后，加工品的市场需求率在延迟信息的影响下呈现出复杂的变化趋势，其最大值逐渐增加，而最小值则逐渐减少，但总体上也是随着基础信息延迟的增加而增加。

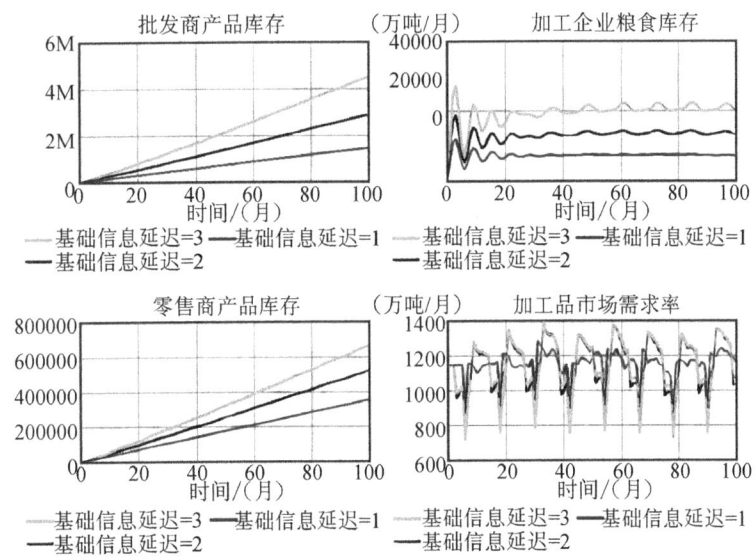

图 11-15　不同基础信息延迟下主要信息数据的周期变化

这些信息揭示了气象灾害对供应链各环节的影响。随着气象灾害影响力的增强，供应链上的批发商和零售商库存变化的周期性减弱，表明它们的恢复能力和响应能力变弱；加工企业粮食库存和加工品市场需求率的恢复能力和响应能力也在降低。

11.4.4 管理见解

根据上述实验结果和分析，针对 GSC 的三个阶段，我们提出以下建议，以提升供应链主体在应对气象灾害时的韧性。

（1）农民在种植一年多熟的粮食作物时需要更加关注气象灾害。因为在生产阶段，如果种植的是一年多熟的粮食作物，气象灾害对粮食供应链的响应能力和恢复能力的负面影响更为严重。因此，农民在种植一年多熟的粮食作物时需要更加关注气象灾害的影响。

（2）农民需要控制过度保守的库存策略。在气象灾害频发的时期，粮食自给储备量随着气象灾害的影响而增加。然而，农民需要适当减少储备量，避免过多的粮食库存所带来的浪费。

（3）我国的气象部门和农业农村部需要更加关注一年多熟的粮食产区的气象灾害防范和预警。及时将气象灾害预警传达给相关产区的农民，加强相关产区的气象灾害防护基础设施建设。

（4）农民和 CGRG 需要加强与加工企业的信息交流。在贸易、存储和加工阶段，加工企业在应对气象灾害时表现出最强的供应链韧性。为了增强自身应对气象灾害的韧性，农民和 CGRG 需要与加工企业加强信息交流。

（5）所有粮食供应链中的主体都应加强合作与交流，尽量避免信息延迟下的博弈行为。由于各主体的韧性在信息流从零售商向农民传递时逐渐变弱，我们提到的"韧性逆牛鞭效应"会出现。严重情况下，这可能导致生产计划过度调整和资源浪费等问题。

"凡邦有会同师役之事，则治其粮与其食。"粮食是人类生存和发展的基础，我国历代政府都把粮食安全放在首位。我国的粮食供应链中的各个主体之间存在着复杂的经济和社会环境关系，由于利益相关者的期望具有矛盾的本质，各粮食供应链主体对粮食供应链韧性的要求更高。气象灾害已成为目前影响农业生产和农民生活的重要因素之一，因此气象灾害对我国粮食供应链的影响也不仅仅局限在粮食生产的单一环节，而是贯穿我国粮食供应链的始终。目前，在粮食供应链的相关文献研究中，大多集中在低碳或可持续性的粮食供应链方面；许多文献主要讨论气象灾害对粮食供应链单独的环节的影响，没有同时对供应链多个环节进行研究；而关于供应链韧性的相关研究也主要集中于工业领域，目前对农业领域的粮食供应链韧性的关注较少。在本章的研究中，将我国粮食供应链划分为生产阶段，贸易、存储和加工阶段，以及批发和零售阶段共三个阶段；在每一个阶段分别建立了受四种气象灾害影响的粮食供应链系统动力学模型；利用多个官方网站收集并整理的相关数据作为模型参数进行系统仿真实验；分析了四种气象灾害对我国粮食供应链各个阶段供应链主体韧性的影响。在对批发和零售阶段的相关实验结果进行分析整理后，发现沿着我国粮食供应链的终端逆行到原始供应商农民的方向，供应链上各个主体的韧性逐级减弱，呈现"韧性逆牛鞭效应"。根据这些发现，我们提出了五个建议来提升我国粮食供应链应对气象灾害时的韧性，着重关注农民的生产决策以及粮食供应链上各主体的信息交流。

目前，本章的局限性在于将我国主要的粮食综合起来考虑，未能得出不同粮食应对气象灾害时提升供应链韧性的方法。此外，在我们的研究中只考虑了库存、需求、销售等信息，因为我国粮食价格是中央统一制定，故没有考虑到粮食价格的影响。未来的研究可以按照粮食分类研究，也可以考虑由市场决定粮食价格的其他国家的粮食供应链。

第 12 章　结束语

12.1　主要结论

"双碳"目标导向的数智供应链运作管理研究结论主要包括以下几点。

12.1.1　碳排放减少策略

通过采用清洁能源、优化运输和物流网络、推广绿色包装等措施,可以显著减少供应链运作过程中的碳排放。研究表明,采取综合性的碳排放减少策略,可以实现可观的环境效益,并为企业创造更可持续的竞争优势。

12.1.2　智能技术应用

运用物联网、人工智能、大数据等智能技术,可以实现供应链运作的智慧化管理。智能化的供应链管理系统可以实时监测和优化运输路径、调整物流节点和库存管理等,从而提高运作效率,减少能源消耗和碳排放。

12.1.3　循环经济与资源回收

研究表明,在供应链运作中积极推动循环经济模式和资源回收,可以减少对原材料的消耗,减少废弃物和排放物的产生,并为企业提供经济回报。通过循环经济的实施,供应链可以实现碳减排和资源优化的双重目标。

12.1.4　合作伙伴协同与共享经济

供应链各环节的合作伙伴之间加强协同作业,共享资源和信息,优化运输路径和库存管理,有助于减少重复工作和资源浪费,提高效益。研究发现,共享经济模式在供应链运作中的应用可以显著减少碳排放和能源消耗。

12.1.5 政策和法规支持

政策和法规的支持对于推动"双碳"目标的数智供应链运作至关重要。研究表明，相关政策和法规的制定和执行，例如碳排放许可制度、绿色供应链认证和减税政策等，可以激励企业采取行动，实现碳减排和可持续发展的目标。

这些研究结论表明，"双碳"目标导向的数智供应链运作管理可以在减少碳排放的同时提升运作效率和企业竞争力，为构建低碳、绿色和可持续的供应链作出贡献。

12.2 研究展望

未来的"双碳"目标导向的数智供应链运作管理研究将呈现以下几个方面的展望：

12.2.1 智能化技术的深入应用

随着物联网、人工智能、大数据等技术的不断发展，数智供应链运作管理将更加智能化。未来的研究将探索更先进的智能技术应用，如无人机、自动化仓储系统、机器学习等，以提高供应链的运作效率和可持续性。

12.2.2 多方合作与共享经济的发展

未来的研究将更加重视供应链各环节间的多方合作与共享经济模式的应用。跨组织协同、资源共享、信息共享等将成为研究的重点，以进一步减少资源浪费、提高运作效率，并实现碳排放的减少。

12.2.3 循环经济与绿色创新

未来的研究将更加注重循环经济理念在供应链运作中的应用，通过优化产品设计、材料选择、废弃物回收等方式，实现资源的最大化利用和能源的最小化消耗，促进供应链的绿色创新和可持续发展。

12.2.4 政策法规的完善与支持

未来将出台更加严格的碳排放和环境保护的政策法规，推动"双碳"目标的数智供应链运作管理。政策法规的完善将为研究提供更加明确的指导框架和支持,进一步激励企业采取行动并加速供应链的可持续转型。

12.2.5 跨界合作与国际合作

欧盟碳边境调节机制(CBAM)实施后,未来的研究将更加注重跨界合作与国际合作。供应链的碳减排挑战是全球性的,国际合作和经验共享将成为研究的重要方向。联合研究、数据共享和最佳实践的推广,可以加速"双碳"目标的数智供应链运作管理的实施。

总之,未来的"双碳"目标导向的数智供应链运作管理研究将更为深入和综合,也更注重智能化技术的应用、多方合作与共享经济的发展、循环经济与绿色创新的推进以及政策法规的完善与支持。这将促进供应链行业向低碳、绿色和可持续的方向持续发展。

参考文献

[1] Agi M A N, Yan X. Greening products in a supply chain under market segmentation and different channel power structures [J]. International Journal of Production Economics, 2020, 223: 107523.

[2] Ali I, Arslan A, Tarba S, et al. Supply chain resilience to climate change inflicted extreme events in agri – food industry: The role of social capital and network complexity [J]. International Journal of Production Economics, 2023: 108968.

[3] Alikhani R, Ranjbar A, Jamali A, et al. Towards increasing synergistic effects of resilience strategies in supply chain network design [J]. Omega, 2023, 116: 102819.

[4] Ambulkar S, Blackhurst J, Grawe S. Firm's resilience to supply chain disruptions: Scale development and empirical examination [J]. Journal of operations management, 2015, 33: 111 – 122.

[5] An S, Li B, Song D, et al. Green credit financing versus trade credit financing in a supply chain with carbon emission limits [J]. European Journal of Operational Research, 2021, 292 (1): 125 – 142.

[6] Baas S, Trujillo M, Lombardi N. Impact of disasters on agriculture and food security [J]. 2015.

[7] Bian J, Zhang G, Zhou G. Manufacturer vs. Consumer Subsidy with Green Technology Investment and Environmental Concern [J]. European Journal of Operational Research, 2020, 287 (3): 832 – 843.

[8] Brandenburg M. Low carbon supply chain configuration for a new product – a goal programming approach [J]. International Journal of Production Research, 2015, 53 (21): 6588 – 6610.

[9] Cachon G P, Lariviere M A. Supply chain coordination with revenue – sharing contracts: Strengths and limitations [J]. Management Science, 2005, 51 (1): 30 – 44.

[10] Cao E, Yu M. The bright side of carbon emission permits on supply chain financing and performance [J]. Omega, 2019, 88 (Oct.): 24-39.

[11] Cao K, Su Y, Xu Y, et al. Channel selection for retailers in platform economy under cap-and-trade policy considering different power structures [J]. Electronic Commerce Research and Applications, 2022, 56 (Nov): 101205.

[12] Chen B, Chen J. When to introduce an online channel, and offer money back guarantees and personalized pricing? [J]. European Journal of Operational Research, 2017, 257 (2): 614-624.

[13] Chen X, Wang X, Zhou M. Firms' green R&D cooperation behaviour in a supply chain: Technological spillover, power and coordination [J]. International Journal of Production Economics, 2019, 218: 118-134.

[14] Chen Z, Fan Z, Zhao X. Offering return-freight insurance or not: Strategic analysis of an e-seller's decisions [J]. Omega, 2021 (1): 102447.

[15] Cheraghalipour A, Paydar M M, Hajiaghaei-Keshteli M. Designing and solving a bi-level model for rice supply chain using the evolutionary algorithms [J]. Computers and Electronics in Agriculture, 2019, 162: 651-668.

[16] Cohen M, Cui S, Doetsch S, et al. Bespoke supply-chain resilience: the gap between theory and practice [J]. Journal of Operations Management, 2022, 68 (5): 515-531.

[17] D'Aspremont C, Jacquemin A. Cooperative and noncooperative R&D in duopoly with spillovers [J]. American Economic Review, 1988, 5, 1133-1137

[18] Davis K F, Downs S, Gephart J A. Towards food supply chain resilience to environmental shocks [J]. Nature Food, 2021, 2 (1): 54-65.

[19] Deng L, Cao C, Dai J. How do the carbon emission trading prices affect the financing decision of the supply chain considering carbon neutrality? [J]. Environmental Science and Pollution Research, 2023, 30 (30): 76171-76191.

[20] Deng L, Zhang H, Wang C, et al. Improving the sustainability of the wheat supply chain through multi-stakeholder engagement [J]. Journal of cleaner production, 2021, 321: 128837.

[21] Devereux S. The impact of droughts and floods on food security and policy options to alleviate negative effects [J]. Agricultural Economics, 2007, 37: 47-58.

[22] Duchenne-Moutien R A, Neetoo H. Climate change and emerging food safety issues: a review [J]. Journal of food protection, 2021, 84 (11): 1884-

1897.

[23] Ebrahimi S, Hosseini-Motlagh S M, Nematollahi M, et al. Coordinating double-level sustainability effort in a sustainable supply chain under cap-and-trade regulation [J]. Expert Systems with Applications, 2022, 207: 117872.

[24] Elyasi A, Teimoury E. Applying Critical Systems Practice meta-methodology to improve sustainability in the rice supply chain of Iran [J]. Sustainable Production and Consumption, 2023, 35: 453-468.

[25] Erjiang E, Peng Geng, Tian Xin, et al. Online cooperative promotion and cost sharing policy under supply chain competition [J]. Mathematical Problems in Engineering, 2016, (1): 1-11.

[26] Fang L, Xu S. Financing equilibrium in a green supply chain with capital constraint [J]. Computers & Industrial Engineering, 2020, 143 (May): 106390.

[27] Feng B, Zhuo L, Liu Y, et al. Tracking indirect water footprints, virtual water flows, and burden shifts related to inputs and supply chains for croplands: A case for maize in China [J]. Journal of Environmental Management, 2023, 342: 118347.

[28] Field C B, Barros V R, Mastrandrea M D, et al. Summary for policymakers [M] //Climate change 2014: impacts, adaptation, and vulnerability. Part A: global and sectoral aspects. Contribution of Working Group II to the Fifth Assessment Report of the Intergovernmental Panel on Climate Change. Cambridge University Press, 2014: 1-32.

[29] Fischer G, Shah M M, Van Velthuizen H T. Climate change and agricultural vulnerability [J]. 2002.

[30] Gao J, Xiao Z, Wei H. Competition and coordination in a dual-channel green supply chain with an eco-label policy [J]. Computers & Industrial Engineering, 2021, 153: 107057.

[31] Gholamian M R, Taghanzadeh A H. Integrated network design of wheat supply chain: A real case of Iran [J]. Computers and Electronics in Agriculture, 2017, 140: 139-147.

[32] Ghosh S K, Seikh M R, Chakrabortty M. Analyzing a stochastic dual-channel supply chain under consumers' low carbon preferences and cap-and-trade regulation [J]. Computers & Industrial Engineering, 2020, 149: 106765.

[33] Ghoshal A, Kumar S, Mookerjee V. Dilemma of Data Sharing Alliance: When Do Competing Personalizing and Non-Personalizing Firms Share Data [J].

Production and Operations Management, 2020, 29 (8): 1918 -1936.

[34] Gupta S. Channel structure with knowledge spillovers [J]. Marketing Science, 2008, 27 (2), 247 -261.

[35] Han X, Khouja M, Liu X. A dynamic model considering consumer green awareness and environmental subsidy [J]. International Journal of Production Economics, 2023, 260 (Jun): 108840.

[36] He P, He Y, Zhou L. Channel strategies for dual - channel firms to counter strategic consumers [J]. Journal of Retailing and Consumer Services, 2023, 70 (Jan): 103180.

[37] Holst R, Yu X, Grün C. Climate change, risk and grain yields in China [J]. Journal of Integrative Agriculture, 2013, 12 (7): 1279 -1291.

[38] Hu J, Hu M, Zhang H. Has the construction of ecological civilization promoted green technology innovation? [J]. Environmental Technology & Innovation, 2023, 29: 102960.

[39] Huang K, Wang K, Lee P K C, et al. The impact of industry 4.0 on supply chain capability and supply chain resilience: A dynamic resource - based view [J]. International Journal of Production Economics, 2023, 262: 108913.

[40] Huang L, Huang Z, Liu B. Agency selling or reselling? Online selling format selection in the presence of customer strategic behavior [J]. Electronic Commerce Research and Applications, 2023, 59 (May): 101271.

[41] Jen - Yi C, Stan D, Hubert P. The impact of government subsidy on supply chains' sustainability innovation [J]. Omega, 2019, 86 (Jul): 42 -58.

[42] Jia F, Peng S, Green J, et al. Soybean supply chain management and sustainability: A systematic literature review [J]. Journal of Cleaner Production, 2020, 255: 120254.

[43] Jiang, Z., & Shao, S. Distributional effects of a carbon tax on Chinese households: A case of Shanghai [J]. Energy Policy, 2014, 73, 269 -277.

[44] Jin W, Ding W, Yang J. Impact of financial incentives on green manufacturing: Loan guarantee vs. interest subsidy [J]. European Journal of Operational Research, 2022, 300 (3): 1067 -1080.

[45] Jin X, Zhou H, Wang J. Joint Finance and Order Decision for Supply Chain with Capital Constraint of Retailer Considering Product Defect [J]. Computers & Industrial Engineering, 2021, 157 (Mar): 107293.

[46] Khorshidvand B, Soleimani H, Sibdari S, et al. Developing a two -

stage model for a sustainable closed – loop supply chain with pricing and advertising decisions [J]. Journal of Cleaner Production, 2021, 309: 127165.

[47] Kirchherr J, Piscicelli L, Bour R, Kostense – Smit E, Muller J, Huibrechtse – Truijens A, Hekkert M. Barriers to the circular economy: Evidence from the European Union (EU) [J]. Ecological Economics, 2018, 150, 264 – 272.

[48] Lai Z, Lou G, Yin L, et al. Supply chain green strategy considering manufacturers' financial constraints: how to manage the risk of green supply chain financing [J]. Annals of Operations Research, 2023: 1 – 32.

[49] Lanoie P, Laurent – Lucchetti J, Johnstone N, Ambec S. Environmental policy, innovation and performance: New insights on the porter hypothesis [J]. Journal of Economics & Management Strategy, 2011 20 (3), 803 – 842.

[50] Li G, Shi X, Yang Y, et al. Green Co – Creation Strategies among Supply Chain Partners: A Value Co – Creation Perspective [J]. Sustainability, 2020, 12 (10): 4305.

[51] Li J, Fang Y, Yang J. Minimizing carbon emissions of the rice supply chain considering the size of deep tillage lands [J]. Sustainable Production and Consumption, 2022, 29: 744 – 760.

[52] Li Q, Ma M, Shi T, et al. Green investment in a sustainable supply chain: The role of blockchain and fairness [J]. Transportation Research Part E: Logistics and Transportation Review, 2022, 167: 102908.

[53] Li Y, Huang L, Tong Y. Cooperation with competitor or not? The strategic choice of a focal firm's green innovation strategy [J]. Computers & Industrial Engineering, 2021, 157: 107301.

[54] Li Z, Pan Y, Yang W, et al. Effects of government subsidies on green technology investment and green marketing coordination of supply chain under the cap – and – trade mechanism – ScienceDirect [J]. Energy Economics, 2021, 101 (Sep): 105426.

[55] Liu G, Yang H, Dai R. Which contract is more effective in improving product greenness under different power structures: revenue sharing or cost sharing? [J]. Computers & Industrial Engineering, 2020, 148: 106701.

[56] Liu J, Wu J, Gong Y. Maritime supply chain resilience: From concept to practice [J]. Computers & Industrial Engineering, 2023, 182: 109366

[57] Liu P. Pricing policies and coordination of low – carbon supply chain considering targeted advertisement and carbon emission reduction costs in the big da-

ta environment [J]. Journal of cleaner production, 2019, 210: 343-357.

[58] Liu W, Liu W, Shen N, et al. Pricing and collection decisions of a closed-loop supply chain with fuzzy demand [J]. International Journal of Production Economics, 2022, 245: 108409.

[59] Liu X, Guo J, Xue L, et al. Where has all the rice gone in China? A farm-to-fork material flow analysis of rice supply chain with uncertainty analysis [J]. Resources, Conservation and Recycling, 2023, 190: 106853.

[60] Long Q, Tao X, Chen Y, et al. Exploring combined effects of dominance structure, green sensitivity, and green preference on manufacturing closed-loop supply chains [J]. International Journal of Production Economics, 2022, 251: 108537.

[61] Luo R, Zhou L, Song Y, et al. Evaluating the impact of carbon tax policy on manufacturing and remanufacturing decisions in a closed-loop supply chain [J]. International Journal of Production Economics, 2022, 245: 108408.

[62] Lv F, Xiao L, Xu M, et al. Quantity-payment versus two-part tariff contracts in an assembly system with asymmetric cost information [J]. Transportation Research Part E: Logistics and Transportation Review, 2019, 129: 60-80.

[63] Mateus R, Silva S M, de Almeida M G. Environmental and cost life cycle analysis of the impact of using solar systems in energy renovation of Southern European single-family buildings [J]. Renewable Energy, 2019, 137: 82-92.

[64] Meng Q, Li M, Liu W, et al. Pricing policies of dual-channel green supply chain: Considering government subsidies and consumers' dual preferences [J]. Sustainable Production and Consumption, 2021, 26 (6): 1021-1030.

[65] Nie D, Li H, Qu T, et al. Optimizing supply chain configuration with low carbon emission [J]. Journal of Cleaner Production, 2020, 271: 122539.

[66] O'Donnell B, Goodchild A, Cooper J, et al. The relative contribution of transportation to supply chain greenhouse gas emissions: A case study of American wheat [J]. Transportation Research Part D: Transport and Environment, 2009, 14 (7): 487-492.

[67] Ouchida Y, Goto D. Cournot duopoly and environmental R&D under regulator's precommitment to an emissions tax [J]. Applied Economics Letters, 2016, 23 (5), 324-331.

[68] Ouyang J, Fu J. Energy-saving and subsidy policy decisions for double competition manufacturers [J]. Energy economics, 2023, 117 (Jan): 106410.

[69] Pan X, Wei Z, Han B, et al. The heterogeneous impacts of interregional green technology spillover on energy intensity in China [J]. Energy Economics, 2021, 96: 105133.

[70] Panda S, Modak N M, Cárdenas – Barrón L E. Does extended warranty depict competitive advantage to a retailer in a retail – e – tail channel supply chain [J]. Computers & Industrial Engineering, 2020, 149: 106770.

[71] Peng H, Pang T, Cong J. Coordination contracts for a supply chain with yield uncertainty and low – carbon preference [J]. Journal of Cleaner Production, 2018, 205: 291 – 302.

[72] Pu X, Zhang S, Ji B, et al. Online channel strategies under different offline channel power structures for the Belt and Road of China [J]. Journal of Retailing and Consumer Services, 2021, 60 (May): 102479.

[73] Qin X, Liu Z, Tian L. The Optimal Combination between Selling Mode and Logistics Service Strategy in an E – commerce Market [J]. European Journal of Operational Research, 2021, 289 (2): 639 – 651.

[74] Rosenzweig C, Iglesius A, Yang X B, et al. Climate change and extreme weather events – Implications for food production, plant diseases, and pests [J]. 2001.

[75] Schiederig T, Tietze F, Herstatt C. Green innovation in technology and innovation management – an exploratory literature review [J]. R&D Management, 2012, 42 (2): 180 – 192.

[76] Shaharudin M S, Fernando Y, Jabbour C J C, et al. Past, present, and future low carbon supply chain management: A content review using social network analysis [J]. Journal of cleaner production, 2019, 218: 629 – 643.

[77] Shang H, Jiang L, Pan X, et al. Green technology innovation spillover effect and urban eco – efficiency convergence: Evidence from Chinese cities [J]. Energy Economics, 2022, 114: 106307.

[78] Shen Z M, Sun Y. Strengthening supply chain resilience during COVID – 19: A case study of JD. com [J]. Journal of Operations Management, 2023, 69 (3): 359 – 383.

[79] Sheu J B, Chou Y H, Hu C C. An integrated logistics operational model for green – supply chain management [J]. Transportation Research Part E: Logistics and Transportation Review, 2005, 41 (4): 287 – 313.

[80] Shi S, Sun J, Cheng T. Wholesale or drop – shipping: Contract choices

of the online retailer and the manufacturer in a dual - channel supply chain [J]. International Journal of Production Economics, 2020, 226 (Aug): 107618.

[81] Sim J, Ouardighi F E, Kim B. Economic and environmental impacts of vertical and horizontal competition and integration [J]. Naval Research Logistics, 2019, 66: 133 - 153.

[82] Song C, Zhang Z, Xu W, et al. The spatial effect of industrial transfer on carbon emissions under firm location decision: A carbon neutrality perspective [J]. Journal of Environmental Management, 2023, 330: 117139.

[83] Spena T R, Di Paola N. Moving beyond the tensions in open environmental innovation towards a holistic perspective [J]. Business Strategy and the Environment, 2020, 29 (5): 1961 - 1974.

[84] Strambach S. Combining knowledge bases in transnational sustainability innovation: Microdynamics and institutional change [J]. Economic Geography, 2017, 93 (5): 500 - 526.

[85] Sun C, Zhang X, Zhou Y, et al. Pricing, financing and channel structure for capital - constrained dual - channel supply chains with product heterogeneity [J]. International Journal of Production Economics, 2022, 253: 108591.

[86] Sun H, Wan Y, Zhang L, et al. Evolutionary Game of the Green Investment in a Two - echelon Supply Chain under a Government Subsidy Mechanism [J]. Journal of Cleaner Production, 2019, 235 (20): 1315 - 1326.

[87] Taleizadeh A A, Alizadeh - Basban N, Sarker B R. Coordinated contracts in a two - echelon green supply chain considering pricing strategy [J]. Computers & Industrial Engineering, 2018, 124: 249 - 275.

[88] Tao F, Zhou Y, Bian J, et al. Optimal channel structure for a green supply chain with consumer green - awareness demand [J]. Annals of Operations Research, 2023, 324 (1 - 2): 601 - 628.

[89] Wang C, Leng M, Liang L. Choosing an online retail channel for a manufacturer: Direct sales or consignment? [J]. International Journal of Production Economics, 2018, 195 (Jan): 338 - 358.

[90] Wang Q, Tang D, Yin L, et al. A method for green modular design considering products platform planning strategy [J]. Procedia CIRP, 2016, 56: 40 - 45.

[91] Wang W, Li G, Cheng T C E. Channel selection in a supply chain with a multi - channel retailer: The role of channel operating costs [J]. International

Journal of Production Economics, 2016, 173: 54 - 65.

[92] Wei J, Lu J, Zhao J. Interactions of competing manufacturers' leader - follower relationship and sales format on online platforms [J]. European Journal of Operational Research, 2020, 280 (2): 508 - 522.

[93] Wei Y, Dong Y. Product distribution strategy in response to the platform retailer's marketplace introduction [J]. European Journal of Operational Research, 2022, 303 (2): 986 - 996.

[94] Wong C W Y, Lai K, Shang K C, et al. Green operations and the moderating role of environmental management capability of suppliers on manufacturing firm performance [J]. International journal of production economics, 2012, 140 (1): 283 - 294.

[95] Wu Y, Zhang X, Chen J. Cooperation of green R&D in supply chain with downstream competition [J]. Computers & Industrial Engineering, 2021, 160: 107571.

[96] Xia Q, Zhi B, Wang X. The role of cross - shareholding in the green supply chain: Green contribution, power structure and coordination [J]. International journal of production economics, 2021, 234: 108037.

[97] Xia X Q, Li C Y, Zhu Q H. Game analysis for the impact of carbon trading on Low - Carbon Supply Chain [J]. Journal of Cleaner Production, 2020, 276 (3): 1 - 12.

[98] Xu L, Fan M, Yang L, et al. Heterogeneous green innovations and carbon emission performance: evidence at China's city level [J]. Energy Economics, 2021, 99: 105269.

[99] Xu S, Fang L, Govindan K. Energy performance contracting in a supply chain with financially asymmetric manufacturers under carbon tax regulation for climate change mitigation [J]. Omega, 2022, 106: 102535.

[100] Xu X, He P, Zhang S. Channel Addition from Marketplace or Reselling under Regional Carbon Cap - and - Trade Regulation [J]. International Journal of Production Economics, 2021, 236 (8): 108130.

[101] Xu X, Zhang M, Dou G, et al. Coordination of a supply chain with an online platform considering green technology in the blockchain era [J]. International Journal of Production Research, 2023, 61 (11): 3793 - 3810.

[102] Yan D, Liu X, Hao X P, et al. Tracing environmental impacts of grain losses along the supply chain in the North China Plain: An integrated framework

[J]. Resources, Conservation and Recycling, 2023, 189: 106771.

[103] Yan N, Zhang Y, Xu X, et al. Online finance with dual channels and bidirectional free – riding effect [J]. International Journal of Production Economics, 2020, 231: 107834.

[104] Yan Y, Zhao R, Xing T. Strategic introduction of the marketplace channel under dual upstream disadvantages in sales efficiency and demand information [J]. European Journal of Operational Research, 2019, 273 (3): 968 – 982.

[105] Yang L, Zhang Q, Ji J. Pricing and carbon emission reduction decisions in supply chains with vertical and horizontal cooperation [J]. International Journal of Production Economics, 2017, 191: 286 – 297.

[106] Yang Y, Xu X. Post – disaster grain supply chain resilience with government aid [J]. Transportation Research Part E: Logistics and Transportation Review, 2015, 76: 139 – 159.

[107] Yi Y, Li J. The effect of governmental policies of carbon taxes and energy – saving subsidies on enterprise decisions in a two – echelon supply chain [J]. Journal of Cleaner Production, 2018, 181 (20): 675 – 691.

[108] Yi Y, Wang Y, Fu C, et al. Taxes or subsidies to promote investment in green technologies for a supply chain considering consumer preferences for green products [J]. Computers & Industrial Engineering, 2022, 171: 108371.

[109] Yin S, Zhang N, Li B. Enhancing the competitiveness of multi – agent cooperation for green manufacturing in China: An empirical study of the measure of green technology innovation capabilities and their influencing factors [J]. Sustainable Production and Consumption, 2020, 23: 63 – 76.

[110] Yousefi – Babadi A, Bozorgi – Amiri A, Tavakkoli – Moghaddam R, et al. Redesign of the sustainable wheat – flour – bread supply chain network under uncertainty: An improved robust optimization [J]. Transportation Research Part E: Logistics and Transportation Review, 2023, 176: 103215.

[111] Yu W, Wang Y, Feng W, et al. Low carbon strategy analysis with two competing supply chain considering carbon taxation [J]. Computers & Industrial Engineering, 2022, 169: 108203.

[112] Zhan Q U, Horst R. Two – Part Tariffs, Inventory Stockpiling, and the Bullwhip Effect [J]. European Journal of Operational Research, 2022.

[113] Zhang M, Yan T, Gao W, et al. How does environmental regulation affect real green technology innovation and strategic green technology innovation?

[J]. Science of The Total Environment, 2023: 162221.

[114] Zhang Y, Hezarkhani B. Competition in dual-channel supply chains: The manufacturers' channel selection [J]. European Journal of Operational Research, 2021, 291 (1): 244-262.

[115] Zhang Z, Xu H, Chen K. Operational decisions and financing strategies in a capital-constrained closed-loop supply chain [J]. International Journal of Production Research, 2021, 59 (15): 4690-4710.

[116] Zhang Z, Xu H, Ke G, et al. Selecting online distribution modes for differentiated products in a platform supply chain [J]. International Journal of Production Economics, 2022, 244 (Feb): 108384.

[117] Zhang Z, Yu L. Altruistic mode selection and coordination in a low-carbon closed-loop supply chain under the government's compound subsidy: A differential game analysis [J]. Journal of Cleaner Production, 2022, 366: 132863.

[118] Zhang Z, Yu L. Dynamic optimization and coordination of cooperative emission reduction in a dual-channel supply chain considering reference low-carbon effect and low-carbon goodwill [J]. International Journal of Environmental Research and Public Health, 2021, 18 (2): 539.

[119] Zhao, R., Liu, Y., Zhang, N., & Huang, T. An optimization model for green supply chain management by using a big data analytic approach [J]. Journal of Cleaner Production, 2017, 142: 1085-1097.

[120] Zheng Y, Zhao Y, Wang N, et al. Financing decision for a remanufacturing supply chain with a capital constrained retailer: A study from the perspective of market uncertainty [J]. International Journal of Production Economics, 2022, 245 (Mar): 108397.

[121] Zhong L, Liu L, Liu Y. Natural disaster risk assessment of grain production in Dongting Lake Area, China [J]. Agriculture and Agricultural Science Procedia, 2010, 1: 24-32.

[122] Zhou Y, Hu F, Zhou Z. Pricing decisions and social welfare in a supply chain with multiple competing retailers and carbon tax policy [J]. Journal of cleaner production, 2018, 190: 752-777.

[123] Zhu X, Ding L, Zhu H, et al. The dual-credit policy model, a production strategy decision-making algorithm and application to Chinese automakers [J]. Neural Computing and Applications, 2022: 1-15.

[124] 陈静, 胡婷婷, 韩燕, 杜志平. 基于收益共享的双渠道供应链低

碳协调研究[J]. 统计与决策, 2020, 36 (10): 176-180.

[125] 陈克兵, 孔颖琪, 雷东. 考虑消费者偏好及渠道权力的可替代产品供应链的定价和绿色投入决策[J]. 中国管理科学, 2023, 31 (05): 1-10.

[126] 段炼, 袁柳洋. 绿色供应链技术创新与合作伙伴选择决策研究[J]. 计算机集成制造系统, 2023, 29 (09): 3086-3099.

[127] 范贺花, 张超, 周永卫. 考虑随机需求环境下的低碳供应链渠道选择[J]. 统计与决策, 2020, 36 (14): 166-170.

[128] 韩先锋, 宋文飞, 李勃昕. 中国双向直接投资单边-联动的动态绿色创新效应研究[J]. 管理科学, 2023, 36 (01): 16-33.

[129] 何新华, 卫佳茹, 胡文发. 低碳约束与产品替代率情形下的供应链策略[J]. 南京工业大学学报 (社会科学版), 2019, 18 (01): 54-64, 112.

[130] 黄帝, 张菊亮. 不同权力结构下碳税对供应链减排水平的影响[J]. 中国管理科学, 2021, 29 (07): 57-70.

[131] 黄红伟, 陈振颂, 吴胜, 焦建锋, 王先甲. 两部定价契约下基于销售努力的双渠道供应链定价与协调[J]. 计算机集成制造系统, 2022, 28 (09): 2998-3008.

[132] 金永刚. 关于能源效率问题的内涵、逻辑及影响因素的研究综述[J]. 辽宁大学学报 (哲学社会科学版), 2020, 48 (02): 51-58.

[133] 莱斯特·R. 布朗. 生态经济革命: 拯救地球和经济的五大步骤[M]. 台北: 扬智文化事业股份有限公司, 1999: 138.

[134] 李佩, 陈静, 张永芬. 基于竞争性产品的零售商双渠道策略研究[J]. 管理工程学报, 2018, 32 (01): 178-185.

[135] 李晓静, 艾兴政, 马建华, 汪敢甫. 基于交叉销售供应链的两部定价契约决策[J]. 系统管理学报, 2019, 28 (01): 192-200.

[136] 李友东, 夏良杰, 王锋正. 基于产品替代的低碳供应链博弈与协调模型[J]. 中国管理科学, 2019, 27 (10): 66-76.

[137] 梁喜, 蒋琼, 郭瑾. 不同双渠道结构下制造商的定价决策与渠道选择[J]. 中国管理科学, 2018, 26 (07): 97-107.

[138] 刘丽, 韩同银, 金浩. 基于绿色技术创新和制造商竞争的绿色供应链微分博弈研究[J]. 管理学报, 2023, 20 (01): 116-126.

[139] 刘名武, 刘亚琼, 付巧灵. 关税、权力结构与消费者偏好下的绿色供应链决策研究[J]. 中国管理科学, 2022, 30 (03): 131-141.

[140] 宿丽霞,杨忠敏,张斌,王兆华.企业间绿色技术合作的影响因素:基于供应链角度[J].中国人口·资源与环境,2013,23(06):149-154.

[141] 万光羽,曹裕,易超群.考虑渠道碳排放差异的零售商渠道选择策略[J].系统工程理论与实践,2021,41(01):77-92.

[142] 汪明月,李颖明,毛逸晖,张浩.市场导向的绿色技术创新机理与对策研究[J].中国环境管理,2019,11(03):82-86.

[143] 汪明月,李颖明,王子彤.技术和市场双重不确定性下企业绿色技术创新及绩效[J].系统管理学报,2021,30(02):353-362.

[144] 魏光兴,高婷婷.零售商主导型低碳供应链的成本分担契约联合减排决策[J].生态经济,2022,38(08):32-39,79.

[145] 吴隽,徐迪.基于文献计量的低碳供应链管理研究述评[J].经济管理,2020,42(03):192-208.

[146] 吴军,巴依勒,郝伟怡等.碳标签制度下基于AT解的三级供应链收益分配研究[J].系统科学与数学,2022,42(04):955-964.

[147] 伍星华,艾兴政,李思寰.产品网络外部性对低碳供应链减排与定价决策影响研究[J].中央财经大学学报,2021(06):118-128.

[148] 伍星华,艾兴政.生产商规模不经济下低碳供应链的决策与协调[J].科技管理研究,2022,42(10):186-193.

[149] 夏良杰,孔清逸,李友东,徐春秋.考虑交叉持股的低碳供应链减排与定价决策研究[J].中国管理科学,2021,29(04):70-81.

[150] 夏西强,李梦雅,路梦圆.碳减排政策对授权再制造影响的对比研究[J].系统工程理论与实践,2023,43(05):1380-1395.

[151] 夏西强,朱庆华,路梦圆.外包制造下碳交易对低碳供应链影响及协调机制研究[J].系统工程理论与实践,2022,42(05):1290-1302.

[152] 邢青松,曾梦秋,邓富民.环境规制下考虑策略退出的绿色技术合作创新动态演化分析[J].系统工程理论与实践,2023,43(06):1798-1814.

[153] 许以撒,刘名武,卢旭.普通产品竞争下的低碳供应链渠道结构及决策研究[J].数学的实践与认识,2021,51(17):11-21.

[154] 杨发明,许庆瑞,吕燕.绿色技术创新功能源研究[J].科研管理,1997(03):57-62.

[155] 杨磊,张琴,张智勇.碳交易机制下供应链渠道选择与减排策略[J].管理科学学报,2017,20(11):75-87.

[156] 杨仕辉,肖导东. 两级低碳供应链渠道选择与协调[J]. 软科学, 2017, 31 (3): 92-98.

[157] 原毅军,陈喆. 环境规制、绿色技术创新与中国制造业转型升级[J]. 科学学研究, 2019, 37 (10): 1902-1911.

[158] 张川,马慧敏,郭振. 碳限额与交易机制和消费者低碳偏好下的供应链减排及融资策略[J]. 控制与决策, 2023, 38 (11): 3271-3278.

[159] 张莉. 绿色供应链组织间知识共享决策模型及实证研究——基于关系风险的视角[J]. 南京社会科学, 2016 (03): 23-30.

[160] 张喜征,刘琛,张人龙. 基于可替代产品竞争的双渠道供应链定价与协调[J]. 软科学, 2016, 30 (03): 121-125.

[161] 张玉明,邢超,张瑜. 媒体关注对重污染企业绿色技术创新的影响研究[J]. 管理学报, 2021, 18 (04): 557-568.

[162] 周晶淼,武春友,肖贵蓉. 绿色增长视角下环境规制强度对导向性技术创新的影响研究[J]. 系统工程理论与实践, 2016, 36 (10): 2601-2609.

[163] 邹浩,秦进. 碳交易下考虑风险规避的低碳供应链定价决策研究[J]. 铁道科学与工程学报, 2023, 20 (02): 516-525.

后 记

实现碳减排已成为全球共同的目标,通过数智化转型推动制造业绿色低碳高质量发展,是形成"双碳"目标高质量发展的重要抓手。开展"双碳"目标导向的数智供应链运作管理研究具有十分重要的意义。开展"双碳"目标导向的数智供应链运作管理研究,不仅能提高供应链低碳智能运作管理效率、环境治理效率、资源利用效率,还能促进生态可持续发展,促进企业供应链的低碳转型,实现"双碳"目标,为企业带来巨大的经济和社会效益。

"'双碳'目标驱动的智慧供应链运作管理研究"是本人承担的科技部高端外国专家引进计划项目"极端气象条件下智慧物流中的数据科学技术研究"(G2021014038L),国家社会科学基金后期资助项目"'双碳'目标驱动的智慧供应链运作管理研究"(23FGLB070)的阶段性研究成果。

该研究包括减排和碳足迹管理、资源效率提高和循环经济的促进、材料选择和供应商评估、风险管理和韧性建设、创新和竞争优势,以及可持续发展和企业形象等;分析了全球环境问题对供应链管理的重要性和挑战,以及实现"双碳"目标的迫切性和可行性;介绍了"双碳"目标导向下的数智供应链优化管理的理论、方法和策略,深入探讨了供应链优化管理的核心过程与方法,并提供了样本企业实际操作指南。

本书撰写时参考了大量学术研究和文献资料,还进行了实际案例分析。这些案例涵盖了多个领域,包括低碳供应链、绿色供应链、平台供应链、粮食供应链等,展示了如何应用所提出的方法和策略解决实际问题。相信本书能够为学术界和供应链企业提供有价值的参考和指导。

通过数智供应链运作管理的创新和改进,我们可以实现"双碳"目标,推动可持续发展。这不仅对改进碳排放运营环境有益,也会为供应链企业带来竞争优势。

本书的整体框架由本人设计和总撰完成。写作过程中,我的博士研究生周丹、丁莲参与了本书第11章、第9章的撰写;硕士研究生王舒参与了本书第10章的撰写。我所主持项目的研究团队夏宇老师及其所带领的研究生参与了本书第 8 章的撰写。

  2022 年南京信息工程大学与中国社科院工业经济研究所共建了"低碳经济与气候变化研究院"，围绕"双碳"目标与经济发展，资助开展了相关专题研究，且已产出一些研究成果。在此感谢工业经济研究所所长史丹研究员给予的大力支持。感谢东南大学经济管理学院赵林度教授、南京财经大学营销与物流管理学院乔均教授在本书写作过程中给予的指导和帮助。教育部新文科建设工作组副组长、教育部高等学校物流管理与工程类专业教学指导委员会主任黄有方教授在百忙之中为本书撰写了序言，并对本书研究给予了很高的评价和鼓励，在此表示特别感谢。最后，感谢所有支持和帮助我的人，尤其是我的家人和同事，感谢你们的鼓励和支持！

邱玉琢
于南京信息工程大学西苑
2023 年 12 月